大学院文化科学研究科

国際政治

藤原帰一

総合文化プログラム

国際政治（'07）
© 2007　藤原帰一

装幀　畑中　猛　　　k-3

まえがき

　大学院の教材でありながら，この授業では国際政治のごく基本的な考え方を説明することに焦点を置いている。ヨーロッパの歴史にさかのぼった議論も多く，世界史を勉強したことのない人は苦労するかもしれない。その一方で，同時多発テロ事件とか，北朝鮮の核実験とか，近年に起こった出来事の説明はほとんどしていない。
　このように，やや古風な構成を取っている理由は，ヨーロッパ近代の始まりに生まれた「国際政治」という仕組みの意味を，その歴史にさかのぼり，基本的な構図から理解することなしには現代国際政治を理解することができない，と私が考えるからである。現在起こっている出来事をただ追いかけるのでなく，その意味を捉えるためには，回り道のように見えても基本的な判断力を養うことのほうが必要ではないか，と私は思う。
　それでは，国際政治に関する基本的な判断力とは何か。一言でいえば，国際政治をできるだけ正確に分析し，そこで取ることのできる選択肢をできるだけ幅広く考えることである。ごく当たり前のことだが，それが実に難しい。
　政治学のなかで，国際政治は最も広い領域を対象とする分野である。自分の住む国の政治を理解するだけでも大変なのに，聞いたこともないような国との関係をどう理解すればよいのか。対象が広いだけに，具体的な分析を積み重ねるのではなく，現実を単純化したり，色眼鏡をかけて見るようなことも増えてしまう。見る側の持つ固定観念によって，議論が左右されるのである。
　たとえば，次の文章を読んで，どう思うだろうか。
　国際政治を支配するのは力だ。国際機関とか，国際法とか，そんなものは頼りにならない。自分の国の利益を確保するためには，自分で守るほかはない。力の現実に目を向けるべきだ。
　ずいぶんきつい議論には違いない。だが，これを否定できる人は

果たしてどれだけいるだろうか。

　別の議論を考えてみよう。

　力と力がぶつかり合う限り，戦争はなくならない。各国が自分の国だけでなく，世界全体のためになることを考えることが必要ではないか。現実に追随するのではなく，新たな秩序を考えるべきだ。

　これは前のものとはほとんど正反対，まるで夢のように響くが，その通りじゃないかと思った人も多いだろう。そして，どちらにも賛成した人は少ないのではないだろうか。

　この二つの議論の中核には，軍隊によって平和が保たれるのか，という問題がある。突き放すようにいえば，軍事力によって相手国の軍事行動を押しとどめることは可能なばかりか，国際政治では最も基本的な行動である。だが，軍事的威嚇が常に成功するとは限らず，思い通りに戦争を戦うことができるという保証もない。つまり，どちらの議論も，そのままでは正しいとも間違っているともいえない。

　多くの人は，こんな中途半端な状態に耐えることができない。だからこそ，軍隊でガツンとやるほかないという主張が，武力を放棄して平和な世界をつくるべきだという主張とぶつかり合う，およそ展望のない議論が国際政治のなかで続けられてきた。現実を見据えて選択を考えるのでなく，自分の思い込みによって決めつけてしまうわけだ。

　力の世界だからしょうがないと割り切るのではなく，かといって力関係から目を背けるのでもなく，錯綜した現実をできるだけそのまま理解し，そのなかで取ることのできる選択肢をどうすれば考えることができるのか。国際政治を学ぶ意味はそこにある。

　そこで必要となるのが，自分の持つ価値判断や思い込みと，目の前の現実をできるだけ切り離し，より客観的な分析を行うトレーニングである。いうまでもなく，これは価値観を持つべきでないなどという意味ではない。大量殺人や飢餓のように強い反発を引き起こす現実を前にしているからこそ，希望的観測や現実追随などに走ることのないよう，自分のかけている眼鏡が歪んではいないかと，た

えず疑い続ける必要がある，という意味である。

本書は，全体を五部に分けた。最初の三部，つまり基礎，外交，体系は，国際政治に関する基本的な概念を理解することを目的としている。次の二部，すなわち変容，および統合と紛争では，現代国際政治に入って拡大した課題の輪郭をつかむことが目的となる。

国際政治（ないしは国際関係論）という学問分野において展開されている学説については必要な限りで触れたが，学者と学説をただ覚えるだけでは意味がない。ここで展開した議論をきっかけに，自分の頭で問題を立て，その問題に対して複数の回答を試み，その回答のなかで最も適切な選択を考える練習をしていただきたい。巻末には，その用途のための研究課題を列挙した。図書館でしか入手できないものも含め，数多くの参考文献も挙げている。この授業をきっかけとして，自分で研究を進める人が一人でも増えれば，というのが私の願いである。

いつまでたっても原稿が進まなかった。私の遅筆のため，出版に当たって放送大学教育振興会の阿部孝郎氏にたいへんなご迷惑をおかけし，原稿の整理，校正，索引づくりについて放送教材社の阿部猛郎氏に想像を絶するご負担をおかけしてしまった。お二人がいらっしゃらなければ，この本は存在しなかった。また，これまで私の書いた文章の一部を本書で使っているが，これも転載を快く認めて下さった出版社の皆様なしにはありえなかった。本書の成りたちにご協力をいただいた皆様に心から感謝いたします。

2007年2月

藤原帰一

目次

まえがき ……………………………………………3

第1部　基　礎

1　戦争の体系としての国際政治
(1)　戦争の承認か，戦争の制限か……………………11
(2)　中世世界の転換……………………………………13
(3)　三十年戦争とその時代……………………………14
(4)　国家の体系，戦争の体系…………………………16
(5)　近代国家政治の始まり……………………………17

2　国際秩序はどう構想されてきたか
(1)　理念の四類型………………………………………21
(2)　自然状態としての国際関係
　　　（ホッブズからスピノザへ）……………………23
(3)　国家間の法と協調
　　　（グロティウス，バッテル，ヒューム）………25
(4)　市民の政府と平和
　　　（ペン，カント，ベンサム）……………………27
(5)　社会内部の闘争と国際関係における闘争
　　　（マルクス，ソレル，ファノン）………………30

3　誰が国際政治の主体なのか
(1)　主体としての国家…………………………………33
(2)　国家と主権…………………………………………35

(3) 実体としての国家…………………………36
　　(4) 国家から社会へ……………………………38
　　(5) 主体としての市民…………………………41
　　(6) 国際政治における分析レベル……………45

第2部　外　交

4　権力と国益
　　(1) 権力闘争としての国際政治………………47
　　(2) 権力とは何か………………………………49
　　(3) 権力の構成要素……………………………50
　　(4) 権力の多元性とソフトパワー……………55
　　(5) 相対利得と絶対利得………………………58

5　外交政策の類型
　　(1) 外交政策の領域……………………………61
　　(2) 外交政策の類型……………………………65
　　(3) 外交政策の選択……………………………71

6　外交政策はなぜ誤るのか
　　(1) 危機管理における政策決定………………75
　　(2) 官僚政治モデル……………………………78
　　(3) 認知の限界…………………………………80
　　(4) 歴史の教訓…………………………………82
　　(5) 2レベルゲーム……………………………85

第3部 体 系

7 力の均衡とは何か
 (1) 力の均衡……………………………………89
 (2) バンドワゴン………………………………92
 (3) 力の均衡と戦争……………………………95
 (4) ウィーン体制の意味………………………97

8 同盟の力学
 (1) 冷戦と抑止…………………………………105
 (2) 好戦国家と拡大抑止………………………107
 (3) 同盟とは何か………………………………111
 (4) 同盟と戦争…………………………………115

9 帝国と覇権
 (1) 帝国と国際政治……………………………121
 (2) 植民地支配と資本主義……………………124
 (3) 戦後世界と帝国主義論……………………127
 (4) 非公式の帝国………………………………129
 (5) 冷戦と覇権的秩序…………………………133

第4部　変　容

10　国際政治はどのように拡大したのか
　(1)　非西欧諸国の統合 …………………………………139
　(2)　植民地独立とは何だったのか ……………………142
　(3)　アメリカの世紀 ……………………………………145
　(4)　民主主義の平和 ……………………………………148
　(5)　民主主義と国際関係 ………………………………151

11　ナショナリズム
　(1)　国民国家の時代 ……………………………………157
　(2)　民族とは何か ………………………………………159
　(3)　民族はいつ生まれたのか …………………………162
　(4)　市民の政府・民族の国家 …………………………164
　(5)　民族自決と国際関係 ………………………………167
　(6)　冷戦終結と民族紛争 ………………………………170

12　戦争とその変化
　(1)　世界戦争の世紀 ……………………………………175
　(2)　冷戦の起源 …………………………………………177
　(3)　冷戦の展開 …………………………………………182
　(4)　冷戦の終結 …………………………………………185
　(5)　冷戦後の戦争 ………………………………………188

第5部　統合と紛争

13 相互依存は国際政治を変えるのか
　(1)　国際政治における制度形成 …………………………191
　(2)　相互依存とは何か …………………………………194
　(3)　リアリズムと複合的相互依存 ……………………200
　(4)　相互依存の限界 ……………………………………204

14 EUはなぜ生まれたのか
　(1)　ヨーロッパ統合の始まり …………………………207
　(2)　欧州共同体の設立 …………………………………210
　(3)　統合の波及，統合の限界 …………………………214
　(4)　グローバル化のなかの地域統合 …………………217
　(5)　どこまで統合は進むのか …………………………220

15 国際政治の制度化
　(1)　国際機構とその時代 ………………………………225
　(2)　空間としての国際機構 ……………………………228
　(3)　覇権と国際体制 ……………………………………231
　(4)　国際貿易体制 ………………………………………234
　(5)　国際通貨体制 ………………………………………237
　(6)　グローバリゼーションと制度形成 ………………240

● 研究課題 …………………………………………………245

● 参考文献 …………………………………………………249

● 索　引 ……………………………………………………257

第1部 基　礎

第1章　戦争の体系としての国際政治

　　近代国際政治は国家を主体とし，その国家が戦争を遂行することを当然の手段として認める体系である。武装集団が割拠し，争うことを認める秩序など，ふつうに考えるならとても受け入れることができないだろう。ところが，そのような体系がヨーロッパ世界に生まれた後，3世紀を経て世界全体にまで波及するに至っている。それでは，どうしてそのような体系が生まれたのか，ヨーロッパ中世末期の状況にさかのぼって，国際政治の誕生を考えることがこの章の課題である。

---

(1)　戦争の承認か，戦争の制限か

　国際政治とは何だろうか。それは戦争であり，権力闘争のことだ，と考える人がいるに違いない。各国にとって最も重要な課題は，他の国によって攻め込まれたりしないように自国の防衛を図ることではないか。そして世界の国々がこのように自国の防衛を図ろうとするのであれば，国際政治が権力闘争の舞台となるのは当然ではないか。国際政治とはそれぞれの国家が，その利益を最大にすべく権力闘争を展開する空間だ，という考え方である。

　この考え方と反対の考えを持つ人もいるだろう。世界の各国が権力闘争を続けるならば，戦争ばかりが繰り返され，世界は破滅に向かってしまう。各国それぞれの勝手な行動によって世界が滅びるようなことのないように，世界の諸国が力を合わせて協力し，国際連合のような国際機構を設立する領域，それこそが国際政治だ，という考え方である。

　第一の考え方，つまり国際政治は権力闘争だ，という考え方は，国際政治が無政府状態である，という判断を基礎としている。国内の政治を考えるときとは異なり，国際政治の世界では，法をつくりそれを執行する中央政府のようなものは存在しない。存在するのは世界の多くの国々であって，それぞれが法を

つくり，それを執行する権力を持っている。国内社会であれば，それぞれの集団が勝手に法をつくり執行したりするなら無政府状態に陥ってしまうが，国際政治はそのような無政府状態こそむしろ当たり前の状態なのである。

　無政府状態のなかに置かれたとき，政府に頼って自分を守ってもらうことはできない。国内政治であれば，政府の持つ軍隊によって外国の侵略から，また警察と裁判所の働きによって犯罪行為から自分の身を守ることができるだろう。だが，国際関係のなかに置かれた各国が頼ることのできる世界政府とか世界警察などという存在がない以上，自分の国の力で，その安全を守るほかに方法はない。

　世界各国が互いに争いを繰り返すなどといえば，ずいぶん極端な考えのように聞こえるかもしれないが，このような権力闘争が繰り返される背後には，世界各国よりも上位に立ち，各国に対して実効的な制裁を下すことのできるような権力とか機構などというものは国際政治のなかには存在しない，という現実がある。こうして，各国政府に，政策の手段として武力行使を認める空間としての国際関係が生まれることになる。

　だが，国際政治における権力闘争とは，軍事力を用いた脅しであり，戦争である。どれほど世界政府がないからといったところで，世界各国が戦争を準備し，戦争に訴えることをいとわない世界は，決して望ましいものとは思われないだろう。戦争に勝ち続け，あるいは軍事的に威嚇することで外からの侵略を排除し続けることができるならともかく，実際に戦争が起こり，それが大きな惨禍をもたらしてしまえば，戦争によって得ることのできる利益よりも失うもののほうがはるかに大きくなってしまうからである。そこで，国際政治の課題とは，戦争が起こらないように政策の手段としての戦争を制限することであり，戦争を制限するような制度を作りあげることだ，という議論が生まれることになる。

　政策の手段として，戦争を認めるのか，それとも制限するのか。二つの考えは正面からぶつかるように見えるが，実はどちらも国際政治の実態を反映するものだといってよい。国際政治の歴史とは戦争の歴史であるとともに，その戦争を規制する試みの歴史でもあるからである。そしてその基礎にある現実の条件は，世界が数多くの「国家」によって構成されており，それぞれの国家より

も上位に立つ機構や権力は存在しない，より正確に言えば，存在したところで各国の行動を拘束するような力は持たない，という現実である。それでは，このような「国家に分かれた世界」はいつ，どのように始まったのか。国際政治の源流を探るためには，17世紀ヨーロッパの混乱のなかに目を向けなければならない。

(2) 中世世界の転換

　1648年，ドイツ・ウェストファリアのミュンスターとオスナブルックという二つの町で，後にウェストファリア条約と総称されることになる二つの条約が結ばれた。このウェストファリア条約は，それまでヨーロッパを席巻した三十年戦争を終結させただけでなく，近代国際政治の始まりとしていまも語られている。それでは三十年戦争は，そしてウェストファリア条約は，何を変えたのだろうか。

　出発点として確認しておかなければならないのは，中世期におけるヨーロッパでは，ヨーロッパが複数の国家に分かれていることが当然だとも正しいとも考えられてはいなかった，ということである。世界の中心にはキリスト教信仰の中核としてローマ教皇があり，その教皇のもとでローマ皇帝が現実の政治権力を担う。ヨーロッパ世界は価値観のうえではキリスト教，政治権力の点ではローマ帝国という，優れて一元的秩序から構成される，あるいはされるべきだ，という観念がローマ帝国の末期から中世まで引き継がれていた。

　このような，一元的価値観と一元的権力のもとの世界，という考え方は，何もヨーロッパに限られたものではない。むしろ，中国世界，インド世界，あるいはイスラム世界など，同じ時期における世界各地の文明を見ても，政治権力と価値観は共に統合されていることが望ましいという観念は決して珍しいものではなかった。

　もちろんそのような一元的秩序は現実には存在せず，ヨーロッパ世界でも中国世界でも国家権力を標榜するさまざまな権力集団が跋扈し，それぞれに抗争を繰り広げていた。ローマ帝国が東西に分裂した後の「ローマ」は実態を失い，神聖ローマ帝国はドイツ地域をかろうじて支配するのみ，しかも神聖ローマ皇帝の権力は衰えていく。中世ヨーロッパは，一元的政治権力どころか，政

治権力の多元性こそが特徴的であり、しかも国王ばかりでなく領主、都市、ギルドなどの多様な中間的諸権力が入り乱れていたといってよい。

しかし、そのような権力の分立と抗争が正常な秩序としては見なされていなかったことにも注意しなければならない。神聖ローマ帝国がどれほど形骸化しても、その皇帝は各国の国王より上位の権威を保持し、ローマ教皇は皇帝や国王よりも上位の権威を保持していた。現実の世界が国家に分かれてはいても、その状態には正統性が認められてはいなかったのである。現実の世界は多元的だが、規範的には一元的であるべきだ。この出発点の認識だけでいえば、ヨーロッパ世界と他の世界との間にそれほど隔たりがあったわけではない。

(3) 三十年戦争とその時代

だが、ヨーロッパ世界では政治権力の多元化が他の地域よりもさらに急速に進んでいった。十字軍の派遣を繰り返すことによって、それを呼びかけた

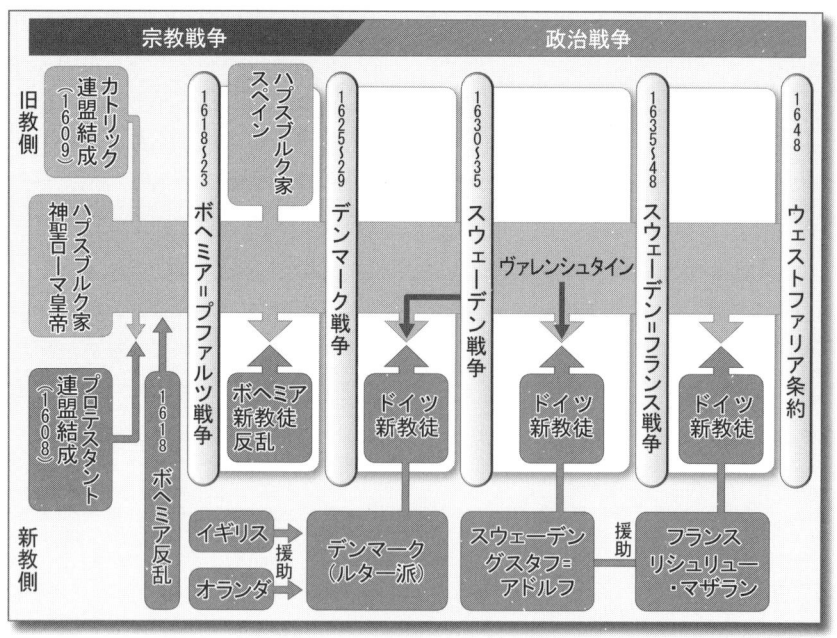

帝国書院『最新世界図説 タペストリー(四訂版)』による

●三十年戦争の経緯●

ローマ教皇の権威は逆に衰えを深め，1517年，マルティン・ルター（Martin Luther, 1483-1546）によるローマ教会への批判が行われたのを皮切りとして，キリスト教世界の分裂さえ引き起こしてしまう。他方では各地において国王権力の強化が進み，また強大な王権が成立しない地域に対しては16世紀におけるイタリア支配を巡る諸戦争のような戦乱が続くことになる。

　三十年戦争は，新教・旧教への分裂と，諸国家の台頭による戦乱の世紀の仕上げだった。神聖ローマ皇帝・ボヘミア王マシアスをフェルディナント二世（Ferdinand II, 1578-1637）が継いだため，プロテスタント派はプファルツのフリードリヒ五世王を擁立し，ボヘミアにおける新教徒の反乱が拡大，さらにフェルディナント二世がスペイン王フェリペ四世に援助を頼むことによって，戦乱はボヘミアからドイツ全域へと拡大していった。フェルディナント二世は傭兵隊長ヴァレンシュタイン（Albrecht Wenzel von Wallenstein, 1583-1634）に頼り，デンマークに侵略を試みるが，その後にスウェーデン王グスタフ・アドルフ（Gustav II Adolf, 1954-1632）が介入し，ヴァレンシュタインとの闘争が展開される。

　三十年戦争には三つの側面がある。第一は，戦乱のきっかけともなった新教と旧教の対立であり，特にプロテスタントに不寛容な姿勢を崩そうとしないフェルディナント二世と，新教を奉じる国王・領主・都市や農民との戦いである。だが，旧教を奉じるフランス国王が宰相リシュリューの画策によってオランダやスウェーデンなど新教諸国の介入を呼びかけたことにも見られるように，宗派の対立だけでこの戦争を説明することはできない。むしろ，宗教対立の外観のもとで，現実の政治権力を蓄えていたフランスやスウェーデンなどが権勢の拡大を図ったという，世俗国家の権力闘争という第二の側面があり，戦争の激化とともにその側面が強まったというべきだろう。そして第三に，三十年戦争は，かつてスペイン，オランダからオーストリアまで及ぶ強大な権力を誇ってきたハプスブルク帝国の弱体化をきっかけとして，そのハプスブルクの影響下に置かれてきた地域を各国が奪い合うという戦争でもあった。

　宗教戦争，国王の戦争，そして帝国解体期の権力闘争という側面を持つこの戦争は，ドイツ地域を破滅させてしまった。この戦争によって，住民の少なくとも15％が死亡したと伝えられるが，これは人口比でいえば第一次・第二次世

界大戦による被害よりも大きいものである。それは国王・領主の戦いによる犠牲ばかりではない。その国王などが頼んだ傭兵による略奪行為，領主権の弱体化による農民反乱の続発，戦争に伴う人口移動による疫病の流行など，戦争に付随する新たな社会現象が戦争の被害を拡大したのである。ドイツの詩人シラー（シルレル：Friedrich von Schiller, 1759-1805）は，その惨禍を次のように表現している。

> 三十年に亙る兵火の難，それはベーメンの内部からシェルデの河口に至り，ポーの河岸から東海の磯邊に至るまで，国々を荒廃せしめ，収穫物を蹂躙し，都市と村落を灰塵に帰せしめた戦争であって，幾千の戦士は戦没し，独逸に萌した文化の微光は半世紀に亙って消え去り，漸くにして整備した良俗は昔日の野蛮未開へと後退した。
> （シルレル『三十年戦史』第一部，渡辺格司訳，岩波文庫，1943年，18ページ）

(4) 国家の体系，戦争の体系

　ウェストファリア条約は，この戦乱を終結するために各国諸侯が合議して定めた，ヨーロッパ世界初めての多国間条約である。新教国と旧教国が顔を合わせることを拒んだため，カトリックはミュンスター，プロテスタントはオスナブルックでそれぞれ条約を結んだことにも見られるように，キリスト教世界が新教・旧教に分裂した影響はなお強く残されていた。だが，この条約の締結によって，ヨーロッパにおいて初めて各国の国家主権が承認され，「国家に分かれた世界」としてのヨーロッパに正統性が与えられたのである。先に引用したシラーは，「此の恐ろしい戦争」によって「欧羅巴がはじめて一個の連関ある国際社会という認識を得た」のであり，「国家相互の協力」や「全般的な国家間の共感」を「戦争が伴った有益な結果」のなかに数えている。

　それでは，この条約は何を定めていたのだろうか。ウェストファリア条約は，ただ戦争の終結を宣言し，新たな領土の境界を定めるばかりでなく，その戦争の後の秩序が基づくべき原則についても定めており，それが近現代の国際政治体系の基礎をつくるものとして後世から評価される原因にもなった。そこ

で定められた秩序，体系の特徴としては，次の二点を挙げることができるであろう。

　まず第一に，国家主権と，その主権の平等の承認がある。平等な主権を持つ世俗国家によって世界が分割されている状態を互いに承認し，世界規模の一元的権力を求めないこと，これが「主権の平等」の意味にほかならない。その結果，国際政治とは何よりも「国家の体系」として考えられることになる。

　第二に，信条体系と利益体系の両面で，国際政治では無政府状態（アナキー）が常態として認められた。信条体系におけるアナキーとは，世界全体で共通する価値観の否定を指し，積極的には宗教戦争の拒否と価値の多元性の承認を，また消極的には価値観におけるニヒリズムを指している。利益体系におけるアナキーとは，自由な主体がそれぞれ自己の利益を求めて価値の争奪を繰り返す権力闘争の相互承認である。これは，積極的には一元的暴力装置の存在の否定と各国家による世俗権力追求の承認を意味し，消極的には国際政治が恒常的に紛争状態にある現状の追認にほかならない。こうして「国家の体系」と並ぶ国際政治の第二の特徴が「戦争の体系」となる。

　こうして，ひとつの宗教とひとつの権力への統合を放棄した世俗国家が，より上位の権威に服従することなく主権国家として権力を保つとともに，相互の平等な主権を承認し，各国の上位にある宗教的権威，世界政府や帝国の構築を実質的に排除する仕組みが生まれた。この体制には，世界が複数の武装集団に分裂しているという実情を現状追認的に承認するという消極的側面があることは否めないが，そればかりでなく，各国を併呑するような帝国の専制と，ローマ教会による王権への拘束を共に排除して，国際関係における政治的多元性を保つという積極的側面があったことも無視できない。結果としていえば，ローマ教会とハプスブルク帝国の支配を排除した国際関係の誕生が，宗教的権威と帝国支配を排除するヨーロッパ国際政治の原型をつくりあげたのである。

(5)　近代国際政治の始まり

　1648年，ウェストファリアに生まれた国際関係の観念は，まだ現代国際政治とは隔たりの多いものだった。新教国と旧教国を合わせた会議も，条約も結ぶことができなかったことに見られるように，キリスト教世界の分断はなお大き

な影響を残していた。神のもとで諸侯が誓いを立てるという形を取らなければ条約とすることができなかったことも，国家間の合意がそのものとしてはまだ正統性を獲得できない時代の名残を残している。そして何よりも，領土と人民に圧倒的な権力を及ぼす「国家」という主体によって統治されるヨーロッパの地域は，まだ限られたものに過ぎなかった。ハンザ同盟に加わるリューベックなどの都市をはじめとして，絶対王政の支配に与しない都市などの中間的諸権力が17世紀中葉のヨーロッパには依然として数多く見られたからである。三十年戦争はヨーロッパにおける王権強化と国家形成のさなかに生まれたのであって，その過程はまだ終わってはいなかった。

　だが，ウェストファリア条約の後の1世紀あまり，「国家の体系」としての国際政治はさらに強化されることになる。ローマ教会の影響力は低下を続け，教会の権威と反比例するかのように君主権が拡大する。すでにイギリスやフランスに展開した絶対王政の成立は，プロイセン，オーストリア，さらにロシアへと拡大し，強大な王権という支えのない地域には，たとえばロシアなど三国に分割されたポーランドのように，大国への吸収という運命が待っていた。徴税の強化と兵力の強化を共に進める絶対王政を前にして，かつてのように農民が反乱を起こす機会は減り，都市の自立性は弱まり，「国家」ではない主体の持つ意味は現実にも減っていった。

　諸国家の間では戦争が繰り返されたが，諸国家の戦争とその後の条約締結というサイクルが繰り返されていくほどに，「国家の体系」としての国際政治も完成に向かう。ウェストファリア条約と，その後のユトレヒト条約（1713年），アーヘンの和約（1748年），パリ条約（1763年）を比較すれば，教会にも信仰にも縛られることなく，諸国が利権獲得を求め，戦い，諸国の間の合意を条約という形で明示するという慣行に磨きがかかってゆく過程を見て取ることができるだろう。教会と帝国の拘束を離れた世俗国家が，主権平等のもとで，世界政府を持たずに並存するという仕組みが，こうして完成することになる。

　国家の体系としての国際政治は，三十年戦争の後の3世紀以上の間ヨーロッパで保たれたばかりでなく，植民地支配の拡大と，その植民地独立の過程を通じて，ヨーロッパから外の世界へと広がっていった。もちろん，17世紀中葉の国際政治の仕組みがそのまま現在に移されたわけではない。17世紀の国際関係

が君主と，君主と縁戚関係にあることの多い貴族層という，きわだって限られた階級のなかで展開したとすれば，19世紀後半以後の国際政治では共和主義，ナショナリズム，さらに民主主義の展開によって，国内政治の考え方や利益が国際関係に展開される機会が増えることになった。地理的に見れば，ヨーロッパの，それも大国に主体を限定した国際政治の世界は，経済・軍事大国としてのアメリカの台頭，さらに非西欧世界の植民地化とその後の政治的独立を経て，ヨーロッパの外に著しい拡大を経験することになった。身分と地域の両面において限定されていたヨーロッパ国際政治は，その身分的制約と地理的制約を取り払い，現代世界を覆いつくす制度として生まれ変わった。

　伝統的な「国際関係」という枠を大きく踏み越えた，「世界秩序」と形容するほうが妥当性の高い現代国際政治は，確かにウェストファリアにおける出発点とは大きく性格を変えている。だが，国際関係における共通した価値，あるいは各国を拘束する超国家的機構や権威について見れば，どれほど人権規範が普遍的に受け入れられ，どれほど国連のような国際機構への授権が進められたところで，いまなおそのような存在の意味は限られたものに過ぎないというべきだろう。つまり，国家の体系，戦争の体系としての国際政治の特徴は，その拡大と変容の後も，基本的に継受されているといわなければならない。ウェストファリアの平和から300年以上を経て，近代国際政治が，どれほど，どこまで，変容を遂げたのか。これが現代国際政治を語るときの論点として浮かび上がることになる。

第2章　国際秩序はどう構想されてきたか

　国家間の対抗が国際政治の常であるとしても，戦争ばかりが続くわけではない。それでは，戦争がない状態はなぜ生まれるのだろうか。またそれは，どのような条件によって支えられるのか。これは中世末から現在に至るまで，さまざまな政治思想のなかで争われてきたテーマにほかならない。この章では，思想家たちの構想にさかのぼって，それをいくつかの類型に整理したうえで，国際秩序について行われてきた諸観念について考えてみたい。

(1) 理念の四類型

　国際秩序という概念に意味があるのか，もうそこから論争が始まるだろう。権力闘争が日常的に展開される国際関係において，秩序などはあり得るのかと疑うことはできる。もし国際政治がすべて弱肉強食の世界であるとすれば，「秩序」とは国際関係とは正反対の状況でしかない。逆に，だからこそ現在の権力闘争に代わる秩序の構築が必要なのだと規範的な提言を行う者もあるだろう。この場合は，現実には秩序が存在しないことを知りながら，将来の課題として秩序形成を論じるわけである。さらに，過去の世界から比べるなら，そのような理想的な国際秩序へと，わずかではあっても変化が生まれていると考える，進歩史観の立場を取る人もいるだろう。

　ここで理解が難しいのは，各国による政策の手段としての戦争を認めながら，なおかつ緩やかな秩序として国際関係には秩序がつくり出されてきた，という考え方があることである。イギリスの国際政治学者ヘドレー・ブル (Hedley Bull, 1932-1985) は，教会，帝国，国際機構の統制を受けていない無政府状態に置かれながら，なお国際関係には最低限の規範と秩序がつくられてきたと論じ，これを国際社会と呼んだ。つまり，国家を主体とする権力闘争

の世界だからといって，国際関係に秩序が存在しないという結論にはつながらない。

　それでは，国際秩序（ないしは無秩序）についての観念はどのように整理すればよいのだろうか。ここでは，二つの柱を立てることによって，代表的な国際秩序の観念を整理して考えることとしたい。

　第一の柱は，制度化の成否，である。国際関係において各国は互いに共通の利益や理念を見いだし，協力することは可能なのか。もしそれができるならば，国際関係も無秩序ではなく，各国の合意に基づいて国際条約を結び，国際機構を形成し，政治権力の制度化を達成することもできることになる。他方，世界各国はそれぞれ深刻な利害の対立を抱えているとするならば，各国が協力する余地は小さくなり，国家間の条約が結ばれたとしても，その条約の永続を期待することはできない。この場合，国際関係は本質的に無秩序であり，制度形成は不可能だ，という考え方に傾くだろう。こうして，国際協力の可能性をどう考えるかは，国際関係における制度化の成否に直接結びつく課題となり，「制度・協調」と「無秩序・対立」という二つの立場がここに生まれる。

　第二の柱は，国際関係の主体をどこに求めるか，という点である。各国を拘束するローマ教会のような権威やローマ帝国のような権力が存在せず，あるいはその権威と権力が限られたものにすぎないのであれば，国際関係において実効的な権力を持つ主体は国家以外にはあり得ない。だが，それぞれの国家はその国内の社会によって構成されているのであり，その折，社会のなかにはさまざまな主義主張や政策目標を掲げる者もあるだろう。ここで，もし国家の行動が国内社会の利益や主張によって左右される，あるいはされるべきだと考えるならば，「国家」とは独自の行為主体ではなく，国内の主張や利益を反映する，いわば中性的な空間として存在することになる。この場合，国際関係は，この空間としての国家を経由して，各国国内の市民が活動する場である，と考えることもできるだろう。国家権力がどのように構成されるかによって，国際政治の主体を国家に求めることも社会に求めることも可能となり，国際政治における主体の判断が変わってしまうのである。こうして，国家の構成する空間，「国家の社会」として国際関係を見る視点と，その国家の基礎にある社会に注目し，「市民の社会」としての国際関係に注目する視点という，二つの立

場が生まれることになる。

　この二つの柱を組み合わせることによって，下記の図に示すような四つの類型，すなわち，自然状態としての国際関係，国家間の法と協調，市民の政府と平和，経済社会の闘争と国際関係における闘争，という思想の型を区別して考えることができるだろう。以下，それぞれに即して論じてゆきたい。

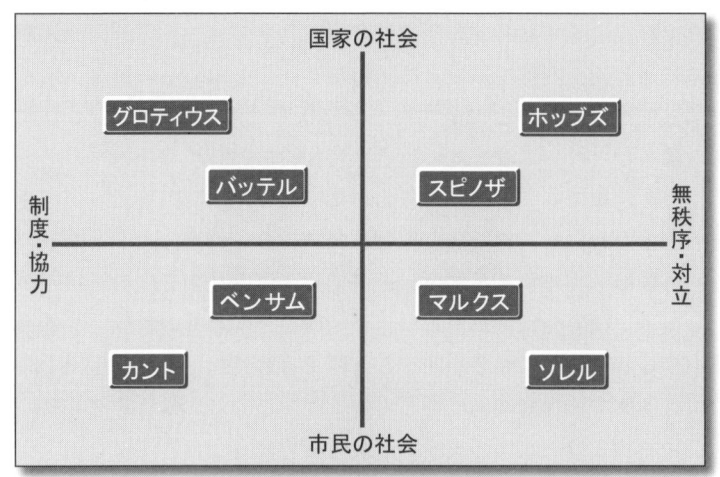

●国際関係思想の類型●

(2) 自然状態としての国際関係（ホッブズからスピノザへ）

　まず，国際関係は国家を主体とした無秩序である，という捉え方から考えてみよう。その代表ともいうべき人が，イギリスの思想家トマス・ホッブズ (Thomas Hobbes, 1588-1679) である。「万人の万人に対する闘争」という言葉によって知られる主著『レヴァイアサン』(1651) において，ホッブズはすべての人間が互いに自分の生存を守ろうとすれば，すべての人間が戦うほかはない，その状況から脱却するためには中央集権的な権力を構成し，その権力に人々が自分たちの自由を譲り渡すほかはない，と主張した。各人が自己の自然権を主張する自然状態では互いに他者の自由を奪う結果に陥るため，人民の平和と安全を守るためには主権者への権力の譲渡が必要となるという議論であ

る。社会契約論の最も早い時期における表現は，同時に国王に対する抵抗権を実質的に排除し，強大な国家権力をほとんど無条件で肯定する議論だった。

　ホッブズはなぜ，このような苛烈な議論を展開したのだろうか。『レヴァイアサン』の書かれた時代は，ドイツ地域を中心に三十年戦争が展開した時代とほぼ重なっている。強大な王権の生まれなかったドイツ地域は，その内部で武力抗争が続くばかりでなく，周囲の大国によって縦横に侵略されていた。ドイツばかりでなく，イギリスでも清教徒革命が勃発する。王党派の一人であったホッブズにとって，内乱の拡大とは，自由と安全を求める市民が，まさにその営為によって自らの自由と安全を失う自然状態にほかならない。「万人の万人に対する闘争」とは，ホッブズの生きた時代における現実そのものだった。

　だが，どの地域でも，市民が自らの安全を保つために国王に自由と権力を委ね，その国王が教会などの権威に拘束されないとすれば，国王と国王の関係を律する法も規範も失われてしまう。その結果，国内社会では自然状態が克服されたとしても，国際関係においては自然状態こそが通常の状況となり，国家以外の権力や権威によって戦争を防ぐことはできなくなってしまう。すなわち，ホッブズの主張する社会契約に従うとき，国内社会における自然状態の克服と国際関係における自然状態の継続が裏表の関係に立つことになる。

　このような自然状態の変容を明晰に解き明かしたのがオランダの思想家スピノザ（Baruch De Spinoza, 1632-1677）である。スピノザは，その『国家論』（1677）において，国家形成によって国内における自然状態が解消され，しかも国家と国家の間においては自然状態が継続する状況を国家状態と名づけ，国家状態への移行によって，国内においては法が侵犯されることなく支えられ，人間が和合して生活することができると考えた。そこでいう国家とは，君主の専制支配の別名ではない。むしろスピノザは，君主が単独で専制による国家権力を保つことは不可能であり，君主の家計を支える官僚，すなわち家産官僚から独立して，国家機構としての独自の役割を果たす官僚制が必要となると考えていた。各国が権力を強化し，官僚機構を完成させていく過程を，スピノザはあくまで冷静に捉えている。

　スピノザの『国家論』が著された1677年は，すでに三十年戦争終結から30年近く，また『リヴァイアサン』刊行からも20年を経過し，ヨーロッパ諸国の間

には相対的な安定が生まれていた。スピノザにおいては，国家状態とは決して全面戦争の継続を示すものではなく，各国の力関係に一定の均衡が成立することによって安定が保たれる可能性もあると主張している。だが，それでは国家状態における均衡や安定がどのような条件によって支えられるのか，スピノザにおける国家間の均衡の条件についての議論はやはり不明確なものにとどまっていた。

　ホッブズやスピノザに見られるような自然状態としての国際政治という概念構成は，決して戦争を肯定する目的から生まれたものではない。また，一般的な論理構成をとっているとはいっても，その内実はヨーロッパ世界において国家形成が進みつつある時代における国家と社会の新たな関係に関する省察であり，その時代の刻印を帯び，時代に縛られた思惟と見るべきものだろう。だが，教会の権威を退けた諸国がつくりあげた国家状態としての国際政治は，結果としてはその後数世紀の世界を支配することとなる。それだけに，「自然状態としての国際政治」という観念は，中世末期における絶対王政の形成がはるか過去のものとなった現在も，なお国際政治を捉える視点の一つとして生き延びることになった。

(3) 国家間の法と協調（グロティウス，バッテル，ヒューム）

　次に，国家を主体としながら，その諸国の間に協調と制度形成の可能性を認める考え方について検討しよう。ホッブズやスピノザの活躍した時代と前後して，国家間の自然状態を受け入れるのではなく，むしろ法によって規制すべきだという思想も生まれていた。その代表的なものがフーゴー・グロティウス (Hugo Grotius, 1583-1645) と，その主著『戦争と平和の法』(1625) である。オランダがスペイン・ポルトガルと戦う時代のさなかに，『海洋自由論』(1607) において海洋をどの国の領土ともしない原則を唱えたグロティウスは，ルイ十三世の庇護のもとでフランスに亡命し，そしてヨーロッパ中央部で三十年戦争が展開するなかで，『戦争と平和の法』を完成する。

　『戦争と平和の法』は，アウグスティヌス以来展開されてきた正戦論に改めて検討を加え，どのような状況のもとで戦争が認められるのか，またどのような手段が戦争において認められるのか，周到に分析した著作である。その基礎

にあるのは，世界各国は，その伝統や習俗の違いにかかわらず，人間の理性と自然法に裏付けられた「諸国家間の法」によって縛られているという観念だった。もし国際関係が自然状態であるとすれば，国家間の約束や合意とは，存在しないか，あるいはその場限りの権謀術数の所産に過ぎない。だがグロティウスは，国際関係においても諸国は自然法に基礎を持つ規範によって拘束されていると主張し，国家相互の間には自然状態が継続するという認識を正面から排除した。16世紀初めに活躍した思想家ビトリア（Francisco de Vitoria）をはじめとして，国際法という観念そのものはグロティウス以前にも見られるものであり，彼が始めたものではない。しかし，国際関係の安定の観点から国際法の意味を構成する試みはグロティウスに始まるものであり，彼が国際法の父と呼ばれるゆえんともなった。

なお，国際関係における法の支配に期待したグロティウスは，各国国内の市民主義・自由主義の拡大については消極的だった。市民の法や国内の理念が国際関係に直接に投影されることは，戦争を制限するよりもその拡大につながる危険があった。国際関係における革新は国内政治における保守的な懐疑に結びついていたといってよい。

グロティウスが死去した1645年，ヨーロッパはまだ三十年戦争のさなかにあり，国際法の判定はおろか，国際関係の安定さえ実現してはいなかった。しかし，18世紀に入ると主権国家に分断された国際関係が相対的な安定を取り戻すようになり，ヨーロッパが政治的に統一されなくても大規模戦争をコントロールすることは可能だと考えられるようになる。この状況をもとに，改めて「主権国家相互の関係を規律する法」としての国際法を示したのがバッテル（Emerich de Vattel, 1714-1767）である。グロティウスとクリスチャン・ヴォルフの影響のもと，バッテルは秩序と自由を維持するための主体としてヨーロッパ諸国は共通の利益を持つと考え，国内社会において法が私人の関係を律するように，国際関係においても各国の行動を律する法として国際法が存在すると主張した。ここでは，平和という観念がキリスト教の慈悲といった宗教的理念から引き離され，主権国家関係の安定として捉えられている。

戦争が国家の政策の手段として合理性を持つと考える点で，バッテルはグロティウスよりもホッブズやスピノザに近い。だがホッブズなどと異なって，

バッテルは主権国家も法の規制に服する存在であると考えた。これをよく表しているのが「力の均衡」の見方である。スピノザにおける「力の均衡」とは各国の力関係そのものであったが，バッテルにおいては「力の均衡」も規範的秩序であり，たとえば小国の独立は力関係の所産ではなく保全すべき権利として構成されている。

　さて，ヨーロッパ諸国の相互関係において法の支配が実現できるとするならば，なぜヨーロッパを統一してはいけないのか，この点が改めて問題となるだろう。国際関係では法の支配があり得ないからこそ，力関係の現実のためにヨーロッパの統一は断念されたのであって，法秩序が成り立つとするなら各国の国家主権と多元的秩序を敢えて擁護する必要もなくなるからである。この点に踏み込んだのが，スコットランド啓蒙学派（Scottish Enlightenment）のなかでも代表的な思想家デビッド・ヒューム（David Hume, 1711-1776）である。『市民の国について』において，ヒュームは国際社会における政治的多元化，すなわち主権国家の並立を，国内社会における絶対王政から立憲君主制への転換という政治的多元化と結びつけて考察し，国内社会において専制支配が認められないように，国際関係においても単一の帝国支配は各国独自の利益や理念を排除するために認めるべきではないと論じた。ヨーロッパの統一は実現が難しいから断念されるのではなく，実現が望ましくないから断念すべきなのだ，ということになる。ヒュームの主張は，キリスト教世界としてのヨーロッパの統一を最も明確に排除した思想と呼ぶべきだろう。

(4) 市民の政府と平和（ペン，カント，ベンサム）

　これまでに述べてきた，「国際関係は国家から構成されるが，国家間では権力闘争が繰り広げられる」というホッブズなどの考え方と，「国際関係は国家によって拘束されるが，国家間の関係を法によって律することができる」という考え方は，それぞれ国際関係におけるリアリズム（現実主義）と国際法思想の起源となって，現代世界における国際政治の認識に大きな影響を与えてきた。もちろん両者の隔たりは大きいが，「国家の社会」として国際関係を捉える点では共通性も認めることができる。どちらの考え方も国家権力を担うエリートへの信頼に基礎を置いており，政府の一員ではない市民が国際社会に参

加することは想定していないか，あるいはその参加の持つ意味について懐疑的である。

　だが，これだけが国際関係の認識ではない。国際関係の主体が国家であるとすれば，それでは国家とはどういう存在なのかが問われるだろう。専制君主のように国内社会から独立した権力を持つ者が国家権力を担うのであればともかく，権力者が選挙や議会を通じて国内社会に責任を負うのであれば，「国家」は特定の個人や集団に権力の帰属することのない，いわば中性的存在となり，国際政治の主体はその国家を経由して市民社会に帰することになる。こうして，国家が市民社会に責任を負うべきである以上，市民の構成する社会こそが国際関係における主体だ，という認識が生まれる。次に，社会を主体として国際関係を考察する思想の一群について検討してみよう。

　社会から国際関係を捉える基礎には，信仰によって信者，ひいては政府の行動も抑制できると考えるキリスト教世界の観念があった。国内社会が信者のコミュニティであるなら，万人の万人に対する闘争が生まれるはずもない。このような信仰を通じた自然状態の克服を主張した代表的な思想家がウィリアム・ペン（William Penn, 1644-1718）である。

　ペンは，国王の権威を否定し，平和主義を掲げる新教の一派，イギリス友会（クエーカー）の一人であり，その教えに従ってアメリカにペンシルバニア植民地をつくったことで知られている。ペンによれば，信仰を忘れた暴君こそが戦争を招くのであり，ホッブズのような国家状態とは神の支配を退けた戦争の継続に過ぎない。自然状態を克服し，暴君の支配から神の支配を取り戻すには正義が必要であり，その正義の根拠は国内社会で生活を営む「平和の人」のほかには存在しない。そして「平和の人」が政治権力を掌握すれば，その信仰によって神の支配が取り戻され，戦争もなくなるだろう。ペンの議論にはキリスト教世界の古典的な理念が色濃く反映されているが，同時に国内社会を変革し，市民を政治権力の担い手にすることによってはじめて戦争を克服できると考える点では，国際関係におけるリベラリズムの萌芽を認めることもできる。

　ペンを一歩進め，共和主義と国際関係を結びつける思想を完成させたのが，カント（Immanuel Kant, 1724-1804）である。『永遠平和のために』（1795）において，カントは将来の戦争を想定した平和条約などでは国際平和を実現で

きないと主張し，永続的な平和を実現するためには憲法の制定と共和国の樹立が必要であると考えた。

　カントの主張は以下のように要約できる。自分の生命や財産を投げ出すことなく戦争を戦うことのできる専制君主と異なって，一般の国民は戦争によって自らの生命や財産を脅かされている。そのために，共和国の樹立によって国民が政治権力の担い手となれば，戦争に訴えることについても専制君主などよりはるかに慎重になり，自衛を目的とする戦争以外の戦争は認めないだろう。そして世界全体に共和国が広がれば，どの政府も戦争に対して慎重となり，互いに自衛戦争を戦う必要もなくなるために永遠平和が実現する。カント自身の表現を借りれば，次のようになる。

> さて，共和的体制は，その根源が純粋であり，法概念の純粋な源泉から生じたものであるが，それだけではなく，さらに望ましい結果である永遠平和への期待にそった体制であって，その理由は次の点にある。――すなわち，戦争をすべきかどうかを決定するために，国民の賛同が必要となる（この体制の下では，それ以外に決定の方途はないが）場合に，国民は戦争のあらゆる苦難を自分自身に背負いこむ……（中略）……のを覚悟しなければならないから，こうした割に合わない賭け事をはじめることにきわめて慎重になるのは，あまりにも当然のことなのである。
>
> 　　　　　　　（『永遠平和のために』宇都宮芳明訳，岩波文庫，1985：32-33）

　カントの主張には，共和制の拡大ばかりでなく，将来に戦争の可能性を残す平和条約は認めないとか，常備軍の廃絶など，これまでの国際関係では考えられない構想が含まれていた。このようなカントの国内社会から国際関係を構想するアプローチを進めたのがジェレミー・ベンサム（Jeremy Bentham, 1748-1832）の晩年の著作『永遠平和の構想』（1832）である。英仏関係から戦争の脅威を取り除くことを目的として執筆されたこの著作において，ベンサムは秘密外交を否定し，植民地をすべて放棄することを求めるなど，カントよりもさらに踏み込んだ主張を展開している。また，ここでは宗教的な平和の擁護はさ

らに後退し，もっぱら戦争が市民にもたらす代償の大きさに注目することで功利主義の観点から平和の条件が論じられている。だが，専制君主は他人の財産によって戦争をするから無責任な決定をするが，合理的利害計算ができる市民は自己の利益を損なわないように行動するというベンサムの議論は，カントをそのまま受け継いだものだったといってよい。

(5) 社会内部の闘争と国際関係における闘争（マルクス，ソレル，ファノン）

君主の談合のような条約ではなく，共和主義の世界的拡大によってこそ平和が訪れる。カントやベンサムの掲げたこの思想には，君主の手に政治権力を委ねる限り平和は訪れないという専制支配への根深い懐疑と，共和国の樹立による合理的な対外政策への希望と期待があった。カントの場合，民主政治が平和を実現すると考えてはおらず，むしろその可能性について否定的である（カントにおける民主政治とは直接民主制を指していた）。それでも，国内の政体を変えることが国際平和の条件であるというカントの観念は，その後も受け継がれ，現在の「民主的平和」論の原型となっている。

だが，市民が自分たちの政府をつくったら，ほんとうに戦争はなくなるのだろうか。専制君主は互いに闘争を繰り返すが一般の市民は戦争を選ぶ理由がないという主張に，ほんとうに根拠があるのか。カントやベンサムと異なり，すでにヒュームは立憲政体に移ることによって，かえって戦闘が激化する危険を論じていた。専制君主の軍隊であればなぜ王様のために死なねばならないのかという疑問がつきまとうが，自身の生存と国家の生存を重ね合わせられる国民国家の軍隊であれば兵士は自らの死を賭してでも戦うからである。このパラドックスは，カントの執筆直後におけるナポレオン軍の劇的な戦闘によって現実のものとなった。共和政体が将来の目標から現実の制度へと変わり，国民軍の激しい戦闘を経験することによって，市民社会が平和を求めるという前提にも疑問が投げかけられることになる。

市民社会の予定調和を最初に突き崩した思想家がカール・マルクス（Karl Heinrich Marx, 1818-1883）だった。市民革命が実現したところで，その「市民」の存在を拘束する経済的条件は消滅しない。政治社会を拘束する下部構造

に注目することによって，マルクスは階級対立という社会内部における葛藤を明らかにし，それを通して自由主義思想における国家対社会という図式を壊してしまったのである。マルクスとその後継者たちにとって，階級対立が残される限り，国内社会も国際関係も闘争の場でしかない。グロティウスのような国家間の合意と法秩序の形成も，またカントやベンサムのような市民の政府のつくり出す平和も，ここでは根拠がないことにされてしまう。社会のなかでも国家の間でも対立と闘争が続けられるというイメージがこうして生まれる。

　マルクスの場合，この荒廃したイメージは共産主義というユートピアと表裏の関係にあり，社会紛争の克服が不可能だと考えていたわけではない。だが，議会政治が実現しても紛争が継続するというマルクスのイメージは，狭義の社会主義や共産主義を越えた影響を広げることになる。たとえばフランスの思想家ジョルジュ・ソレル (Georges Sorel, 1847-1922) は，主著『暴力論』(1908) において議会政治と民主主義に正面から攻撃を加え，国家権力に対抗して社会変革を実現するためには暴力こそが不可欠であると主張し，その大衆動員のために神話の持つ意義を強調して，労働運動ばかりでなくその後のファシズムやナチズムに影響を与えた。ソレルがレーニンとムッソリーニを共に称え，戦闘的労働運動に加わりながらフランスの右翼運動アクション・フランセーズに影響を与えたことを見れば，国内社会を権力闘争として捉える視点が左翼右翼の別を越えた時代精神の一面であったことがわかるだろう。

　国際関係も国内社会も力が支配するというイメージが最も広く見られたのは，やはり第一次世界大戦後から第二次世界大戦にかけての時代だった。第二次大戦後になると民主政治が定着したこともあって，こと西ヨーロッパ諸国に関する限り，ソレルのような思想は受け入れられなくなってゆく。

　他方，非西欧地域においては，植民地独立を求める運動のなかで，闘争的な世界観が受け入れられていった。なかでも著名なのが，『地に呪われたる者』などにおいて植民地支配の暴力性を告発したフランツ・ファノン (Frantz Fanon, 1925-1961) である。ファノンから見れば，非西欧地域の歴史とは，ヨーロッパによる掠奪と殺戮の繰り返しであり，そこから脱却して諸民族を解放するためには暴力に訴えることもやむを得ない。ファノンの主眼は植民地地域における自我の回復にあり，決して無条件で暴力を肯定してはいない。だ

が，サルトルが『地に呪われたる者』に寄せた序文が強調するように，植民地支配の暴力に対抗する暴力として民族解放闘争をファノンが肯定したことは事実であり，後のチェ・ゲバラ（Che Guevara, 1928-1967）などに影響を与えることになった。

　以上に検討してきた国際関係に対する四つの視点は，それぞれに時代の刻印を帯び，その時々の歴史状況に縛られつつ展開されたものであり，個別の状況を無視した一般化に意味はない。だが，この四つの視点のすべてについて，現代国際政治のなかに引き継がれたものを見ることもできるだろう。先に述べたように，ホッブズに始まる「自然状態としての国際関係」という認識は，現在の国際関係論におけるリアリズムの原型となり，グロティウスとバッテルは国際法の基礎を提供した。カントやベンサムがデモクラシーの樹立こそが世界平和を生み出すという主張の始祖であるとすれば，ソレルやファノンはテロに訴えることを辞さない非西欧諸国の活動家の源流に当たるといってよい。国家を主体として国際政治を考えるのか，それとも市民社会の視点から捉えるのか，あるいは国家間の対立を不可避とするのか，克服の可能なものと見なすのか，その選択は現代世界でもリアリティを失っていない。

第3章　誰が国際政治の主体なのか

　国際政治は誰を主体として構成されているのか。この問いは，国際政治の根幹に位置する重大な課題であった。一方には，国際政治は国家を主体とする体系であるという認識があり，現在でも基本的に引き継がれている。これに対抗して，市民社会を国際政治における主体として位置づけるべきだという観念が生まれ，国家を主体とする国際政治という認識に挑戦を続けてきた。この章では，このような国際政治の主体に関する議論を整理しつつ，そのような国際政治概念の相克がどのような具体的な意味を持つのかを解明していこう。

(1)　主体としての国家

　国際政治は国家を主体とする体系である，といわれる。さて，この言葉にはどのような意味があるのだろうか。
　第一は，国際政治には，国家より上位にあり，国家を拘束するような主体や組織は存在しない，という意味である。これは国際政治におけるリアリズムと呼ばれる考え方の前提にほかならない。第1章でも述べたように，ローマ教会の拘束を離れ，またヨーロッパ全域を支配するような帝国を排除することによって生まれたものがヨーロッパの伝統的国際政治であり，国家を超える権威や権力は，それぞれの国家が保持する国家主権を脅かすものとして排除されることになる。つまりここでいう「存在しない」ということは，「存在を認めない」という行為規範をも意味しており，国家の上位に立って国家を拘束する主体が登場したときは各国が対抗して否認するという行動に結びついていた。
　第二の意味は，国内政治に関わるものである。もちろん各国の国内には個人，集団，結社が存在し，それぞれが自分たちにとって何がより重要であり，何が利益となるのか，その信条と利益を抱えているだろう。だが，そのような

国内社会のなかで活動する主体は，各国政府に対してその信条や利益を訴えることは認められていても，国際関係においてそれを直接に主張することは認められない。国際関係の担い手が国家である以上，国家によって代弁されることのない信条・利益の表明は，それだけでは意味を認められないのである。国内社会の要望を国際関係に反映させるときには，あくまで国家を窓口とし，主体とすることが伝統的国際関係の原則とされてきた。

つまり，国家が国際政治の主体であるということは，ただ国家が他の主体よりも多くの力を保持しているというだけではなく，国家よりも上位の主体（教会，国際機構，帝国など）の役割と，国家よりも下位の主体（個人，集団，結社）の役割を国際政治においては認めず，国家の果たす役割だけを承認するという規範を指している。国家以外の者には出番が認められないのである。

そして，国家のみを主体として認めることによって，第三の意味，すなわち，国際関係において国家は，その国家理性（raison d'état）に基づき，国益（national interest）を追求して活動する，という認識が生まれることになる。国家理性とは，国家という主体が自分の置かれた状況と自分にとっての利益を合理的に判断するという各国の持つべき合理的な判断力を指し，また国益とは，国際関係において国家が追求すべき利益を指している。国家はそれ自身の理性を持ち，個人にも類似した合理性を持つ主体として捉えられているのである（一元的主体としての国家, the state as an unitary actor）。国家は個人ではないが，国際政治ではそれぞれの国家があたかも人格を持つかのように扱うわけだ。

もちろん，現実の国際関係においては，一つの国のなかでも多様な利益が対立し，違う考え方が表明されることも珍しくはないだけに，国家理性と国益が一つに限られるという保証はない。だが，国際政治の分析の多くでは「一元的主体としての国家」という前提が暗黙のうちに取られていることが多く，また，いかに国内社会の利益や理念が多元的な時であっても，外交交渉においては，自国の意思と追求すべき利益とを明確に統一することによって，相手国との交渉を進めるうえで有利な立場を得ることが可能となる。国家は一元的主体ではないことを指摘することは容易だが，この前提を取り外して国際関係を議論することは難しい。

(2) 国家と主権

　それでは，ここでいう国家とは何を指しているのだろうか。国家とは，ドイツの公法学者ゲオルグ・イエリネック（Georg Jellinek, 1851-1911）の定義に従って，領土，人民，主権という三つの要素から構成されると指摘されることが多い。確かに支配する土地と住民を持ち，その支配を外国から承認されなければ国家は成り立たない。だが，ここでいう国家とは，実体ではなく，あくまで法的存在に過ぎない。領土と住民への支配が諸外国への主張として行われ，諸外国から承認されない限り意味はないからだ。領土，人民，主権という三要素は，実はすべて国家主権という観念に集約されている。

　そこで問題となる概念が主権（sovereignty）である。本来，主権とは最高の権力を指す政治哲学の概念であり，国内政治においては，その領土と住民に適用される法を定立する権利を指し，国際関係においては，その国家が国外から加えられる干渉に対抗し，それを排除する権利を指している。国王が政治権力を独占的に保持する限り，主権とは国王の専制とほぼ重なる概念であり，主権概念の成立は絶対王政の確立とほぼ同時期の出来事となった。16世紀末の思想家ボーダン（Jean Bodin, 1530-1596）がフランス国王の権力を君主主権論によって根拠づけたことに見られるように，国家権力が宗教的権威と教会からの自立を進めた絶対王政の時代において，主権概念を用いることによって世俗国家の権力を宗教的権威から擁護したのである。

　このように，国家主権という概念は必ずしも国際政治に固有のものではない。だが，国内政治においては，法を制定する権力が排他的に王権に帰属する時期は長続きせず，最高権力としての主権概念は認めたうえで，その主権が誰に属するのか，君主か，議会か，国民一般の意志なのか，その帰属が争われる時代を迎えることになる。そして，国民主権と代議政治，つまり主権は国民に帰属し，主権者としての国民の意思が議会を通じて表現されるという制度が実現することによって，国家主権の所在が国内政治において争われることも少なくなった。主権者は国民であるとの前提のもとで，その制度をどのように組み立てるのかが争点になったからである。

　さて，国内政治と異なり，国際政治においては国家主権という概念が現在で

も用いられている。それは，主権概念が，国際社会を構成し，それに秩序を与えるという側面と，逆に世界各国に無制限の権力を認め，国際関係から秩序を奪ってしまうという側面の両方を抱えており，それ自体が矛盾をはらんでいることから説明できる。

　まず，国際関係における主権概念は，国家が互いに相手の主権を認めることによってはじめて成立する。各国の国家主権は，他国によって承認されなければ意味を持たないのである。国家の条件としては，領土，人民，主権という三要素に加え，他国による承認と国際関係に関わる力を持つことという第四の要素が挙げられることがあるが，これからも明らかなように，実効性を持つ主権とは武力や権力の大きさではなく，その主権に対する国際的な承認があってはじめて意味を持つことになる。ある国家が国際社会のメンバーとして受け入れられるとき，その受け入れの要となるのが主権概念であり，それを通じて「主権国家に分かれた世界」という国際社会の観念も維持できるのである。

　だが，国家に最高の権力としての主権を認めることは，その国家に対して外部から干渉することを否定し，国家による暴力行使を無条件で承認することにつながる。各国政府が絶対的な主権を主張する限り，主権行使を拘束するような法を受け入れることは考えられない。そこでは国際法の役割はごく限られたものとなり，法も条約も，各国の国家理性と国益に従っていつでも破ることが可能となるだろう。つまり，主権概念は国際社会の基礎をつくるとともに，国際関係における自然状態の継続も提供していることになる。

　こうして生まれる国際政治のイメージは，国家という，内部への干渉を阻む力を持ち，またそのような排除を認められている存在が互いに抗争を繰り返す空間であり，その姿がちょうどビリヤードのボールのように見えるところからビリヤード・モデルなどと呼ばれることもある。だが，ここまで抽象化してしまえば，国際関係の実態から離れてしまう危険も残る。そこで次に，歴史的な実体としての国家に近づけて考察を進めてみよう。

(3) 実体としての国家

　領土，人民，主権という国家の三要素が主権概念に帰着する法的な定義であることはすでに述べた。それでは，法観念を離れて，実体としての国家を捉え

ることはできるだろうか。もちろん「国家」として認められることで「国家」が成り立つ以上，国家とは概念であって実体ではない。だが，国家が内外からどのように認められているのかを考える前に，近代国際関係における「国家」を，その生まれたヨーロッパ中世末期の歴史状況のなかで捉え，国家とはどのような実体を指して生まれた概念なのかを考えることはできる。そのような試みとして最も有名なものが，国家を「合法的暴力の独占」とするマックス・ウェーバー（Max Weber, 1864–1920）の定義である。ここではウェーバーを基礎としつつ，統制と機構という二つの側面に分けて考えてみよう。

1）統制

　国家の第一の特徴は武力の保持であり，軍事力の独占である。国家は，国内社会においては暴力を独占することによって国家権力に対抗する武装抵抗を無力化し，国際関係においては対外戦争を遂行することのできる唯一の主体として国家を防衛するとともに国外への権力拡大を図る。暴力の独占こそが，国内社会の治安を保ち，外国を威嚇することを可能とするのである。

　ヨーロッパ中世に近代国家が生まれたというとき，それはこのような領域内における暴力の独占と絶対王政の成立という歴史的変化を指している。中世世界では国王，貴族や領主はもちろん，修道会，都市，さらに農民までもが独自の武力を保持することが珍しくなかった。だが中世末期になると，国王権力が強まるとともに国家を名乗ることのできない団体や結社は淘汰され，その武力を奪われていった。

　暴力の独占には，抵抗権を無力化する巨大な権力の出現という側面と，その権力のもとで国内社会の紛争を非暴力化し，社会を和平化するという二重の側面を持つ。武力抵抗によって国家に挑戦するという選択を失った国民は，同時にその国家のもとで安全を享受するのである。そして強大な王権の生まれない地域は，その周辺の諸国の軍事干渉を受け，戦場にされる危険がある。つまり，暴力の独占とは決して否定すべき変化ではなかった。ホッブズが巨大な怪物としての国家権力（レヴァイアサン）を受け入れた理由も暴力の独占が国内社会の平和をもたらすからであった。

　もちろん，中世ヨーロッパにおいてすべての国家が暴力の独占を達成したとはいえないし，現代世界を見ても，ことにアフリカ諸国などを見れば暴力を独

占したとはいえない諸国がなお数多く残されている。だが，国家の保持する武力と私人の持つそれとの隔たりは時代を追うごとに拡大し，武力において劣る諸国には他の国家に併合される運命が待っていた。その領土のなかで比すべきもののない暴力の集積は，やはり近代国家を考えるときに第一に挙げるべき特徴だろう。

2）機構

　軍事力は国家の本質的条件であるが，国家は軍隊だけではなく，領土や人民を実効的に支配するためには，やはり日常的な統治を支える官僚機構が必要となる。特に徴税機構の整備は，軍事力の整備と歴史的に密接な関係があった。中世末期において強大な軍事力を築くためには財源が必要であり，全国各地からもれなく税金を集める機構をつくらなければならなかったからである。フランスのルイ十四世，あるいはプロイセンのフリードリッヒ大王などは，いずれも徴税機構の整備によって巨大な軍隊を養い，その軍隊によってそれまでの支配地域をさらに拡大することに成功したのである。

　官僚機構の成立は，国家の機構を変えてしまう。中世世界における諸王国では，王室の家計と国家の財政との間に区別がなく，国王に忠誠を誓う家臣団が徴税などの政策執行に当たっていた。この限りでは国王と他の貴族や領主との違いは少ないが，国家財政が王家の家計から独立し，国王に代わって統治を司る官僚制が生まれることによって，国王は他の領主などとは比較にならない豊かな歳入と，その支える国家機構を手にすることになった。ウェーバーの表現に従えば，家父長的支配のもとの家産官僚制が，より合理的な指揮命令系統と権限分配を特徴とする近代官僚制に生まれ変わり，それがさらに国王への権力の集中を促す効果を生み出したのである。

(4) 国家から社会へ

　暴力の独占と官僚機構の発達だけが国家の特徴であるとすれば，国家は上から下を押さえつけて搾り取るだけの存在ということになってしまう。国家形成が暴力的な過程である限り，このような裸の国家権力，マキャベリ（Niccolò Machiavelli, 1469-1527）の用語法における国家（stato）が実体を持つことは否定できない。まず共同体があり，そのなかの合意によって国家権力が構成さ

れるのでなく，まず国家権力が樹立されて，それが社会を統制するという因果関係から考えるほうが現実に即しているからである。
　だが，暴力だけによって支配を保つことはやはり困難であり，安定した国家権力が存立するためには，国内の住民がその国家の支配を何らかの形で受け入れる根拠が必要となる。マックス・ウェーバーにおける国家の定義も，暴力の独占という第一の条件と並んで，支配の正統性という第二の条件を含んでいた。ウェーバーは正統性の類型として伝統的支配，カリスマ的支配，合法的支配の三つを挙げたが，これらはいずれも理念型であって，現実社会に直接対応するものではない。ここではむしろ，歴史の展開のなかで国家の正統性の変容について考えるのが適切だろう。ごく簡単にいえば，近代に入れば入るほど，国内社会に責任を負わない政治権力が正統性を主張することは難しくなっていったからである。
　近代国家が生まれる以前の中世ヨーロッパ，多くの国民が農村に生まれ，その村で死んでいった時代，人々はその共同体において自分の暮らしが保たれることに関心を集め，遠く離れた「政府」に要求を突きつけるというような行動を取ることは少なかった。ヨーロッパ中世における分権的秩序のもとでは，中央集権的な権力を保持する王国そのものがまだ数少なく，それぞれの共同体はそれなりに自立性を保つことも可能だったからである。国王が出自と伝統によってその権力の正統性を保持する時代とは，同時に農村共同体も伝統的な既得権を保ち，王権の及ぶ領域の限られた時代でもあった。
　だが，国家機構が肥大し，徴税の範囲も取り立ても厳しさを加え，さらに大規模な戦争が繰り返される時代を迎えると，共同体から自立性は失われ，修道会，都市ギルド，あるいは武装農民団体のような国家と社会の間にかつて存在した中間的諸権力も力を失ってしまう。自分たちの既得権を守るような共同体の保護を失った国民は，強大化した国家権力と直接に向かい合う場面が増え，それとともに国家権力の発動をどのように規制することができるのか，国家と社会の関係構築という新たな課題に立ち向かわなければならなくなった。
　中世末期であれば，強力な国家のおかげで戦乱を恐れる必要がなくなったという，それだけで国家権力を受け入れるに十分だった。だが，ホッブズのようにただレヴァイアサンを受容するだけでは，君主の専制を抑えることができな

い。そこで，国家は社会に責任を負うことによってその統治を認められる存在であるという，社会契約の観念が生まれることになる。イギリスのジョン・ロック（John Locke, 1632-1704）はその『市民政府二論』（1689）において王権神授説を否定し，国民の信託を裏切ったとき政府は変えることができるという革命権を展開して，議会がジェームズ二世を廃位に追い込んだ名誉革命に理論的な基礎を与えた。18世紀に入ると社会契約論はいっそう先鋭化し，ジャン＝ジャック・ルソー（Jean-Jacques Rousseau, 1712-1778）の『社会契約論』（1762）における人民主権論にまで帰着する。2世紀を経ずして，少なくとも観念上は最高の権力としての主権の担い手が，国王から人民の手に移ってしまったのである。そしてこの転換は，単に思想家の観念にとどまらず，アメリカ独立とフランス革命によって現実の政治にも投影されることになった。

　国家権力の所在が王権から市民社会へと移ることによって，国際政治の主体を国家として捉える伝統的な判断の根拠も揺るがされ，国家理性と国益という基本概念の意味も変わってしまった。やや入り組んだ議論になるが，要約すれば次のようになるだろう。

　まず，国家を擬人化して考えることが難しくなる。国際関係の議論では，中東情勢に対するアメリカの判断はこうだとか，中国の求める東アジア共同体の内容はああだとかいった風に，国家のことを個人になぞらえて語ることが多い。もちろんアメリカとか中国とかいった個人があるわけでなく，アメリカと中国の国内にもさまざまな考え方や政策目標があるだろう。だが，国家の特徴が暴力の独占と官僚機構の整備にあるとするなら，その国家があたかも個人のように理性と利益を持って行動すると考えることも無理ではない。国家を擬人化して捉え，国家が独自の判断力（国家理性）を持って独自の利益（国益）の実現を図るという考え方の背景には，国際関係で有効な力を持つ主体は国家に限られているという，中世末期の現実があった。そして，国家の意思が国王の意志と重なる限り，国家を個人になぞらえたところで，別に不都合はなかったのである。

　しかし，国家の意思が国内社会によって拘束されると考えるなら，この擬人化の根拠は疑わしくなってしまう。国家が社会から自立し，超越する権力を持つのではなく，国家権力も社会の意志に従う存在であるとすれば，国際政治の

主体は「国家」ではなく，その「国家」を形成する市民社会の側だ，ということになるからだ。さまざまな社会の集団，あるいは個人が自分たちの主義主張や利益を政治社会で表現するとき，もはや国家を国王という個人に擬することができないのは当然だろう。

擬人化の限界は，国家理性と国益の意味を変えてしまう。国家が社会から切り離された権力を持つとき，その国家の理性とか利益を想定して議論を進めることは難しくない。だが，国家権力が社会に責任を負い，社会の信託を失った権力を倒すことまでを認めてしまえば，何が国家として示すべき判断なのか，また何が国家にとっての国益に当たるのか，それ自体がその社会のなかで争われることになるだろう。そして社会のなかの理念や利益が多様であるとすれば，国家理性とか国益の一元性などという観念の根拠はなくなってしまう。

実体としての近代国家の形成，すなわち暴力の独占と官僚機構の整備は，国際政治の主体としての国家に根拠を与えることになった。だが，国家の正統性についての思想の変容，王権神授説から社会契約論への転換は，逆に国際政治の担い手を国家から社会に引き下ろし，市民を主体として国際関係を考える視点を生み出すことになる。それでは，市民は国際政治の担い手となることができるのか，そのような考え方はどのように生まれ，どんな限界を持つのか，これが次の課題である。

(5) 主体としての市民

伝統的には，国際関係は国家の構成する社会であり，市民や集団や結社が国家に対して要求を行うのは正当であっても，それらは国際政治における主体としては認められてはいなかった。国家権力を担う者の視点から見れば，これは当然のことに過ぎない。外国の政府と戦い，あるいは外交交渉を行うとき，国内社会から妨害が加えられてはたまらないからである。

しかし，視点を国内社会の市民に置いて見れば，これは少しも当然ではない。自分たちが決定に加わることなく国王が勝手に決めた戦争のために，なぜ戦場とされ，なぜ重税を払わなければならないのか。市民の視点から見れば，政策決定から市民を排除した戦争や対外政策の遂行は，国王の専制支配を象徴する不合理にほかならなかった。

このような国際社会の主体を市民に求める考え方は，国家権力に対する不信を前提とし，市民社会による国家権力の行使の制限と，その制限を保証する制度を構想する思想，リベラリズム（liberalism）を国際関係に投影したものである。国家と市民社会が対抗関係に立つのであれば，国際政治の営みも国家の手に委ねておくことはできない。リベラリズムは本来国内体制に関する観念であるが，七年戦争（Seven Year's War, 1756-1763）の遂行に伴う重税の賦課が，イギリスではアメリカ植民地の独立，またフランスでは王政を打倒する一因となったように，対外政策への不信がリベラリズムの拡大を促すうえで大きな要因となっていた。

国際政治におけるリベラリズムは，さらに二つの型に分けて考えることができる。第一の型，政治的リベラリズムは，市民に責任を持つ政府をつくることによって，市民の意思を対外政策に反映し，専制君主を主体とする国際関係を市民が主体となった世界に組み替えることができると考える。その判断の根拠は，国王よりも市民のほうが戦争の犠牲となりやすいだけに，市民の意志が反映することで戦争への慎重な態度が生まれるという点に置かれていた。このような政治的リベラリズムは，前章で触れたカントやベンサムに始まり，その後は19世紀の社会主義思想，20世紀アメリカのウィルソン主義，そして冷戦後の現代に展開される「デモクラシーの平和」という概念設定へと展開されてきた。いずれも，国内政治体制の変革が国際政治の仕組みを変えるという判断では一致している。

第二の型は経済的リベラリズムであり，市場経済の国境を越えた拡大が国際関係を変革すると考える。交易の拡大によって戦争の生み出す経済的な代償が増加し，その結果として戦争への慎重な態度が生まれるのではないか。この思想の原型をつくったのがアダム・スミス（Adam Smith, 1723-1790）をはじめとするスコットランド啓蒙学派（Scottish Enlightenment）であり，その後はコブデン，ブライトらのマンチェスター学派（Manchester School）による小英国主義の主張，すなわち自由貿易の擁護と植民地拡大への批判として展開され，現在の国際関係論でいえば相互依存論へと受け継がれていった。もちろん，経済的リベラリズムは政治的リベラリズムと相反する関係に立つものではなく，たとえばジョン・ステュワート・ミル（John Stuart Mill, 1806-1873）

のように双方の考えを統合した思想家も現れているが，政治的自由と経済活動の自由のどちらに力点を置いて考えるのか，概念構成の相違は確認しておく必要がある。政治的リベラリズムが市民の政治的合理性に期待するのに対し，経済的リベラリズムは市民の経済的合理性に期待しているからだ。

　リベラリズムは，ただ国際政治における主体の概念を転換するばかりでなく，国家によって構成される国際関係という観念に対しても疑いを投げかける思想である。政治的リベラリズムにおいて，市民的自由の保証がある国家にとどまる必然性はなく，それどころか拡大することが望ましい。フランス革命の支持者にとって，対外戦争の拡大は祖国の防衛に必要なばかりでなく，諸国民を専制支配から解放する正義の戦争でもあった。また，経済的リベラリズムでは，経済活動を国内市場に限定することは不合理であり，国際的な自由貿易の拡大こそが経済的合理性にも，また国際社会の安定にも望ましい選択となる。つまり，リアリストにとって国境とは国家の既得権の領域を示す重要な境界であるが，リベラリズムの世界観では，国境は必然的存在どころか，乗り越えるべき拘束に過ぎないのである。その理念の極限において，リベラリズムには国家ばかりでなく国際政治という枠組み自体を相対化するようなラディカリズムが潜んでいた。

　リベラリズムは観念にとどまらず，現実の制度としても実現していった。アメリカ独立とフランス革命に始まる政治的自由の追求は，現代世界では世界各国における議会制民主主義の成立に帰着し，絶対王政の時代における重商主義への対抗は，現代世界における自由貿易の拡大と世界市場の統合として実現した。こうして，君主の特権としての外交と戦争は，市民の手に移されたかのように見えた。

　だが，国際政治の主体が国家から市民に移ることはなかった。政治体制の形が君主の専制から共和制へと変わった後も，各国政府はなお国家を主体として構成された「国家の社会」としての国際政治という観念を保ち，それを構成する規範の枠のなかで行動したからである。別に専制君主がいなくても，「国家」を主体とした国際関係を続けることはできる。18世紀啓蒙思想における予想に反して，国境を越えた自由の拡大は必然でも何でもなかった。

　さらに，19世紀の中葉から後半に入ると，ヨーロッパ各国における自由主義

思想はナショナリズムと結びつきを深め、政治的自由の追求は国民国家を超えて国際関係に拡大するどころか、逆に国民国家の枠のなかで展開することとなった。政治思想としてのナショナリズムは、国家と社会を対抗関係のなかで捉えるのではなく、むしろ「国民」概念を中核として国家と社会を結びつけて捉えるのが特徴である。民族の団結を常に対外的に示すことが重要となるだけに、ナショナリズムのもとでは国家の一体性や国益の一元性は絶対王政の時代以上に強く求められる側面もあった。リベラリズムは国境を越えるが、ナショナリズムは国境を擁護するのである。

　フランス革命を典型として、ナショナリズムも、その出発においてはリベラリズムと結びついていた。フランクフルト国民議会に見られるように、19世紀初期のナショナリズムには自由主義の残滓がまだ残っていたといってよい。だが、19世紀中葉におけるイタリア統一とドイツ統一という二つの国民国家の形成では、ナショナリズムがリベラリズムに先行し、政治的自由の実現は先送りにされてしまう。ナショナリズムにおける歴史主義的な様相が深まるとともに、市民の政府よりも民族の国家の樹立と防衛が求められることになった。国家と一体となった国民からすれば、自由の拡大とカント的な平和の実現よりも、国民の団結と安全を保持することがはるかに重要な課題であった。

　こうして、各国のなかで政治的自由は拡大しても、それが国際関係の仕組みを大きく変えるには至らなかった。むしろナショナリズムの拡大とともに、国際関係において国民国家という観念が正統性を獲得し、国際政治の主体は国家であるという考え方は強められたといってもよいだろう。市民は国家と対抗して自分の権利を守るものと考えられる主体だが、国民は国家と一体となることで意味を獲得する主体だからである。ヨーロッパ諸国ばかりではない。非西欧世界における植民地が政治的独立を求めるとき、国民国家の形成が市民的自由の拡大よりも先行するのはほとんど自明だった。ヨーロッパ中世から遠く離れた現在でも、国際政治の基本的な主体は国家であるといってよい。

　だが、国家だけが国際政治の主体ではなくなったことも事実である。まず、現代に近づけば近づくほど、国内社会の判断を度外視して対外政策を遂行することは難しくなった。選挙で選ばれた大統領や首相が世論の判断を無視して対外政策を遂行したなら、次の選挙で落選を覚悟しなければならない。国家に代

わって市民が国際政治の主体となったとまではいえなくても，市民の判断が政府の決定を大きく左右する時代が生まれたことは否定できない。

　独裁者でさえ例外ではない。選挙を経ないで地位に就いた独裁者，あるいは名目に過ぎないような選挙で選ばれた独裁者であっても，記念日のパレードや国民集会などを使って国内の支持を演出し，集会に国民を動員しなければならない。絶対王政の専制君主のように，民衆の暮らしから超然として政策を遂行する自由は，現代の政治指導者には存在しない。

　また，20世紀以後になると，政府間の合意によってつくられた国際機構や地域機構の役割が増大する。もちろん国際機構に各国政府に代わる主体となるほどの権力があるわけではなく，それらの機構が各国政府に直接命令を下し，その決定を拘束する力は限られている。だが，国際機構を度外視した対外政策を遂行する国家には国際的孤立が待っているのであり，その孤立に耐えるほどの力を持つ国家はごく少数に過ぎない。現代の国家は，国内の市民ばかりでなく，より上位の国際機構によってもその権力を相対化されてしまった。

　こうして，国際政治の主体は基本的に国家であるが，しかし国家だけが国際政治の主体ではないという状況が生まれる。もっぱら国家を主体とするリアリズムだけでも，また国家ではなく市民社会を主体として国際政治を捉えようとするリベラリズムだけでも捉えることのできない微妙な均衡のなかに，現代の国際政治が位置すると考えることができるだろう。

(6) 国際政治における分析レベル

　国際政治の基本概念の説明の最後に，どの領域に焦点を当てて国際政治を考えるのか，国際政治学において分析レベル問題と呼ばれる問題に触れておきたい。これは，ウォルツ（Kenneth Waltz）が，個人，国家，国際政治の三つのレベルのうち，どこに焦点を当てて考えるかによって議論が変わってしまうことを指摘したことに始まる問題である。ここでは個人レベルの問題はひとまずおいて，国家に注目するミクロレベルの議論と，より大きなマクロレベルの議論について見ることにしよう。

　まず，分析の対象を各国政府に絞り込んだものとして，外交政策の検討がある。ここでは各国政府の分析が対象となるだけに，国内社会のさまざまな主体と行動，たとえば議会の政治家や圧力団体の活動なども分析に取り込むことが

容易であり，国内政治の分析と最も親和性が高い。伝統的には歴史学を中心に外交史として展開されてきた分野であり，現在では外交政策決定をより体系的に考察する政策決定論が加わっている。国際関係におけるミクロレベルの分析である。

　次に，国家の構成する国際政治の世界をひとつのシステムとして捉え，その国際システムの均衡や不均衡の条件を探るという方法がある。この場合，各国の行動そのものではなく，各国相互の関係を対象とする点で外交分析とは違いがある。また，国家を主体として議論を進める関係から，国家の内部のさまざまな主体，あるいは国家の外部の主体を分析のなかに取り込むことは難しい。狭い意味における国際政治の理論は，ほとんどがこの領域に集中している。

　最後に，国際関係をさらにその外から拘束する要因に注目する国際関係の構造分析がある。たとえば世界市場の成り立ち，天然資源の国際的分布と絶対的制約，あるいは環境汚染などといった要因は，各国政府が操作することが難しい一方で，各国政府を拘束していることは明らかだろう。このような構造的アプローチは，国内社会の要因を議論するには必ずしも適切ではないが，国家以外の国際政治の主体も含めて議論を進めることができる。分析対象を最も広く設定する方法である。

　どの方法が最も優れているかを比べることには，さして意味はない。だが，国際関係は極度に広い領域を対象としているだけに，国際関係のどの側面に絞って議論を立てているのか，その分析レベルを明示し自覚しなければ，議論の混乱しか生まれない。たとえば，国家はどのような対外政策でも採用できるから国際政治は無政府状態なのだという議論と，国家を拘束する外部の権力が存在しないから国際政治は無政府状態だという議論とでは，議論そのものには違いが少ないとしても，分析のレベルが異なっている。前者は個別政府における政策決定の幅を問題とする以上，各国政府レベルの分析であり，後者は国家とその外部の条件との関わりを論じていることから，構造レベルの分析になる。国際政治の分析では，その分析のレベルを常に自覚しなければいけないのである。第2部における外交の議論では各国政府レベルの検討を行うが，基本的には国際関係のレベルの検討を主とし，必要な限りで構造レベルの問題に触れる，という構成を取ることとしたい。

第2部 外交

第4章 権力と国益

　伝統的な国際関係では，国益を擁護し，国益を最大にすることが各国政府の目標であると考えられてきた。そこでいう国益にはさまざまなものが考えられるが，その中核は国家の安全であり，独立の保持である。だが，国益が一つであり，権力を構成する要素も一つであるとは限らない。国益とは安全保障が第一であるという認識と，国家の利益と目標には安全保障以外にもさまざまなものが含まれるという認識が向かい合う状況が，こうして生まれる。この章では，国際関係における権力のさまざまな側面を考えることで，外交の目標としての国益がどのような意味を持つのか，検討を加えていこう。

(1) 権力闘争としての国際政治

　伝統的な国際関係においては，外交の目的は，その国家の国益を最大にするために各国に対して権力を行使することである，とされてきた。この，ごく当たり前に見える主張は，実は国際関係における自然状態を前提とする認識であり，具体的には次の二つの前提に基づいている。

　第一に，国際関係では，自分が進んで行動しない限り，その国家の望むものを実現することはできない。国内社会であれば，自分で自分の利益を敢えて守ろうとしなくても，その利益を擁護してくれる法や制度が存在する。だが，国際関係では各国の行動を制御する上位の権力は存在しないか，存在してもごく弱い力しか持たないため，各国それぞれが自分の利益を自分で守るほかはない。自救行動，すなわち自分の力で自分を救うことが，国際関係における各国の行動原則となる。

　第二に，国家の行動を制約する条件は，国外からは与えられない。財産がほしいからといって泥棒をすれば警察の介入を避けられないように，国内社会で

あれば個人が訴えることのできる行動は法と制度によって厳しい制限を受けている。しかし，国際関係ではそのような法と制度がごく弱いために，各国が勝手な行動に訴えても，それに制裁が加えられる可能性は低い。国際関係とは各国が望む行動を自由に展開する，警察のない荒野のような空間としてここでは考えられている。

この二つの前提を基にして考えるとき，各国が追求すべき利益が国家の安全となることは明らかだろう。他国が最大限の利益を求め，それを制する力が外に存在しなければ，自国の安全が脅かされることは覚悟しなければならない。さらに，自国の安全を保証する外部の主体や制度が存在しない限り，自国の安全は自国で守るほかはない。国家の安全が脅かされるとき，政府の求めるべき他の目標を後回しにしてでも国防を図ることは当然である。ここでは，権力とは軍事力であり，国益は国防と同義語になる。

このような考え方を，国際政治におけるリアリズム（現実主義）と呼ぶ。リアリズムは，学者の議論というよりは，第一部に述べたようなヨーロッパの伝統的国際関係のなかから芽生えた経験的な知恵の集積のようなものであり，論理的な体系を持つ観念ではない。だが，国際連盟や国際連合のような国際機構を築く試みにもかかわらず，各国の行動を直接に拘束する機構が生まれることはなく，各国が独自にその安全を確保すべく闘争を続ける状況も続いていることは否定できないだろう。どれほど古色蒼然と見えたとしても，リアリズムは国際政治の基本的な認識枠組みを提供している。

ことに，第一次世界大戦後にさまざまな法制度をつくり出したにもかかわらず，ナチスドイツの台頭と第二次世界大戦を防ぐことができなかったために，大戦後の世界において国際政治における力の現実を冷静に見つめるべきではないか，というリアリストの主張に支持が集まってゆく。E. H. カー（Edward Hallett Carr, 1892-1982），レイモン・アロン（Raymond Aron, 1905-1983），あるいはハンス・モーゲンソー（Hans Morgenthau, 1904-1980）など，国際政治における代表的なリアリストたちの主張を支えたのは，再び世界戦争の起こらないように第一次大戦後に構築された制度がもろくも崩れ去ってしまったという苦い認識であった。力の現実に目を向けない外交は，自国の安全を危険にさらし，避けることのできる戦争を引き起こすことになりかねない。

以上の議論に対してはいくつもの反論を考えることができるだろう。たとえば、各国が勝手に権力闘争を続けるのなら戦争によって共倒れになってしまうのではないか、戦争を認めるのではなく戦争を制限することによってこそ国家の安全も実現できるのだ、という反論も、グロティウスの昔から現在に至るまで繰り返されてきた。だが、この章ではこのようなマクロレベルにおけるリアリズムの批判ではなく、リアリズムの中核をなす概念としての権力について検討を加えてみたい。国家が権力の拡大を追い求めるというとき、その権力が何を意味するのかを示すことができなければ、議論の前提が揺らいでしまうからである。

(2) 権力とは何か

権力は、「実体」というよりは「関係」を指す概念である。どれほど富に恵まれ、軍隊が強くても、その富と軍隊によって相手の行動を操作することができなければ権力を持つことにはならない。ここでは、アメリカの政治学者ロバート・ダール（Robert Dahl）にならって、権力とは相手の意に反する行動を取らせる力のことである、とひとまず定義をしておこう。厳密にいえば、自分がある行動を取ることによって相手に行動を起こさせる場合（作為としての権力）だけでなく、自分が行動を取らなくても相手が自分の期待する行動を取る場合（不作為としての権力）においても、権力関係が存在すると考えることができる。

さて、権力をこのように定義するとき、これが国際関係に限ったものでないことは明らかである。首相が特定の政策の執行を官僚に命じるとき、あるいは学校教師が学生に試験の実施を指示するとき、そのような政策や試験に対して官僚や学生が不満を持っていたとしても、従うほかはない。国際関係どころか国内政治、さらに学校や家庭も含めて、権力関係は社会生活のあらゆる側面に存在するといってよい。

しかし、国内社会においては、無制限の権力関係は存在せず、首相や教師の権力も特定の制度を背景として、限られた範囲で認められたものに過ぎない。首相の持つ権力は法によって定められた範囲を逸脱することはできず、その範囲を超えた指示に対しては官僚も拒否することができるだろう。学校教師がそ

の地位を利用して学生に便益を要求すれば違法行為が発生する。学歴や所得，さらに社会的地位によって相手の行動を左右する力に違いが大きいとしても，法による支配を原則として構成された国内社会においては，権力行使が法によって制限されていることは否定できない。国内社会において国家が暴力を独占しており，その国家の行動が法によって制御されている限り，敢えて権力という言葉を使って首相や教師の行動を論じる必要は少なく，その必要が生まれたとしても，それは越権行為への非難に過ぎないだろう。

　だが，国際関係では，ある国が他の国にどのような権力を行使できるのかについて，制度的制約はないか，あってもごく乏しい。権力への制限を期待できない以上，その権力を拡大するほかはない。国家の持つ富の大きさや軍隊の規模が，そのまま他国の行動を左右する力に結びつきやすくなり，権力を無制限に行使することの可能な状況が生まれる。

　もちろん権力が関係を示す概念であるとしても，その支えになる実体がなければ権力を及ぼすこともできない。ここでは，国際関係における権力を，その基礎となる富や暴力などの実体と，その実体をもとにして相手に加える影響力という二つの要素に区別して考えることにしよう。この権力の実体，目に見える存在を，権力構成要素（ケイパビリティ，capability）と呼ぶ。国際関係が権力闘争であるという主張は，各国が他国への権力を拡大するために，権力構成要素を蓄え，強化する，という意味になる。

(3)　権力の構成要素

　国際関係における権力の源が何よりも軍事力に帰着する以上，国際政治の権力を構成するさまざまな要素のなかでも最も重要な権力構成要素は軍事力であり，英語でケイパビリティという言葉が軍事力と等しい意味で用いられることも珍しくない。だが，軍事力だけが権力の源でもなければ，軍事力だけを増強することができるわけでもない。ここでは構成する要因として，次の図のように，地理・人口・天然資源・経済力・技術力・そして軍事力の六つの要素を挙げて検討を進めたい。

1）　地理

　ある国の置かれている地理的条件は，その国が取ることのできる軍事戦略を

1. 地理	領土の大きさ・戦略的位置
2. 人口	戦力としての人口
3. 天然資源	戦争遂行のための自給能力
4. 経済力	経済の規模・自給と持久・工業力
5. 技術力	技術革新・兵器の性能・生産技術
6. 軍事力	規模・予算・破壊力・精密度

●権力の構成要素●

大きく左右する。ナポレオン（Napoleon Bonaparte, 1769-1821）とヒトラー（Adolf Hitler, 1889-1945）が共にロシアとの戦いで行き詰まったことに見られるように，大きな領土を持つ国家は権力の中心を国境から引き離して設けることによって，相手に攻め込まれてもその本拠地を倒されるまでにかなりの時間を稼ぐことができる。領土の大きさだけではなく，地形もまた重要である。スイスの永世中立を支えたのは，国民皆兵に基づく強力な国軍に加え，スイスが山岳部に位置し，外部からの攻撃に対して防衛しやすいという地理的な条件であった。

一歩進めれば，国家の置かれた地理的条件がその国家の軍事戦略を左右することがわかる。たとえば，ドイツは東西にフランスとロシアという大国が控えているために陸軍の増強を欠かすことができないが，海洋に囲まれたイギリスでは海軍に頼らなければならない。この考え方は地政学（geopolitics）と呼ばれ，アメリカの軍人マハン（Alfred Thayer Mahan, 1840-1914）によって体系化された。

2）人口

戦争を戦うためには兵士が必要であり，大規模な戦争のためには大量の兵士が欠かせない。伝統的国際政治においては，領土と並ぶ権力の尺度が，その国家の人口であった。人口の大きさが兵力の大きさと結びつけて考えられたのである。

権力構成要素としての人口の重要性は，その時代における軍事技術の水準と，軍の構成によって左右された。エジプトやローマの古典古代には，膨大な

兵力が戦勝を保証するとされた時代もあったが，中世に入ると兵員の数よりも技能が重視され，封建社会の戦士はその軍事技術の熟練によって自らを庶民と異なる身分として差別化する。

だが，16世紀から18世紀にかけて展開するヨーロッパの軍事革命では，小火器の開発と普及とともに，騎士や傭兵の技能のみでは戦うことのできない時代が始まり，火器を装備した歩兵の役割が増大する。歩兵を基礎とする常備軍の整備が進められるとともに，人口規模が国力の大きさと結びつき，19世紀を通じた国民国家と国民軍の成立によってその結合がさらに高められた。

20世紀に入って総力戦の時代を迎えると，兵士ばかりでなく，軍を支える銃後の工業生産も含め，どれほど多くの人員を戦争に関連する活動に動員することができるかが戦争の帰趨を決するようになり，第二次世界大戦における日本や毛沢東時代の中国のように，人口規模によって軍事的劣勢を補うような考えさえ生まれていった。

3） 天然資源

金銀をはじめとする天然資源は，その獲得自体が戦争の目的となり，各国を戦争に誘う要因である。だがそれに加えて，石油・石炭といった天然資源が戦争遂行に不可欠であったことにも注意しなければならない。国内に資源が不足し，貿易に頼っているのなら，開戦とともに敵国との貿易は途絶え，また友好国との貿易を敵に妨害されたなら戦争を続けることもできなくなってしまう。国内でどれほど天然資源を自給できるのか，その自給力の大きさが国家の権力を左右することになる。

帆船と違って蒸気船には石炭が必要となるように，天然資源の必要性はその時代の兵器とともに変わり，一般にいえば兵器の資源への依存度は時代が下るとともに増大する。鉄道と蒸気船が発達した19世紀には石炭の自給力が，20世紀に入ると自動車・戦車・航空機などのすべてが燃料とする石油の自給力が戦争の行く末を変えることになった。第二次大戦における日本が石油の確保に苦しめられたことは，そのわずかな一例に過ぎない。また，冷戦時代における米ソ両国の優位は，軍事力や経済力ばかりでなく，国内の天然資源に恵まれていたことからも説明できるだろう。

4） 経済力

19世紀の初め，産業革命によって海上覇権を固めたイギリスに挑む力を持つヨーロッパの大国はフランスであった。19世紀の終わり，そのフランスの地位はドイツに奪われる。このドイツの目ざましい台頭を支えたのが鉄鋼業と造船業の躍進であった。工業生産の規模が国家の対外的影響力を左右したことは否定できない。

工業生産と軍事的影響力との間には，少なくとも二つの結びつきがある。第一は，技術と工業の関連であり，高度の工業力がなければ最新技術を兵器開発に適用できない。第二は持久力と工業の関連，つまり十分な国内の経済力がなければ長期の戦争を支えることができないという側面である。特に二度にわたる世界大戦における総力戦の経験は，スターリン時代のソ連や毛沢東時代の中国のように，軍事目的に転用できる工業生産に過度に傾斜した経済を生み出すことになった。

5） 技術力

戦車の砲弾の射程距離が敵のそれよりも短ければ，相手を倒す前に味方の戦車隊は全滅を覚悟しなければならない。高度な科学技術の有無が兵器の性能を左右するだけに，技術力は軍事力に直接結びついた権力構成要素であり，戦争の歴史は最新兵器開発の競争となった。高度な技術を求められるのは兵器ばかりではない。海運や鉄道輸送をはじめ，あらゆる場面における科学技術の優劣が戦争の勝敗を左右してきた。

兵器の性能は戦争の形態をも変えてしまう。敵が攻撃する前に敵の戦力を破壊することの可能な兵器を有していれば，戦略的には攻撃優位となり，電撃戦（blitzkrieg），すなわち迅速な先制攻撃によって短期間に劇的な勝利を得ることもできる。他方，先制攻撃を可能とするような兵器を持たなければ防衛優位となり，長期の持久戦を覚悟しなければならない。もちろんこれは矛と盾の関係にあるため，核兵器のように本来なら攻撃優位となるはずの兵器が戦略的膠着状態を招くこともある。だが，技術開発によってはその膠着状態の突破も可能となるだけに，たとえば冷戦期の米ソ両国は最新兵器の開発のために膨大な国費を投入したのである。

6） 軍事力

　権力構成要素のなかで最後の，そして最も重要な要素が軍事力そのものである。ただ，ここで注意しなければならないのは，軍事予算の規模や兵力の大きさだけで軍事力を図ることはできないことだ。歩兵がどれほど多くても自動車化されていなければ敵の機械化歩兵によって撃滅されることを覚悟しなければいけないし，どれほど高性能の戦車を持っていても第二次世界大戦開戦時のフランスのように，その戦車が分散していれば敵に蹂躙されてしまう。軍事力の大きさは予算や兵員だけではなく，ミクロレベルでは個別の軍事戦略，兵士の熟練度と士気の高さ，マクロレベルでは技術力，工業力から人口，地理的な条件などを総合して判断しなければならない。また，テロリストの爆弾のように，あるいはルワンダ内戦における手斧のように，ごく素朴な兵器しかなくても，状況によっては大量殺人を行うことが可能となる。軍事力の大小がそのまま戦争の結果を左右するのは参謀の論じる架空の戦争だけだろう。

　さて，これまでに述べてきた権力構成要素は，すべてその国家の軍事力に貢献する要因として議論してきた。だが，それぞれの要素を拡大すれば国力が増進するとは限らない。

　まず，地理的条件でいえば，領土が大きいほど防衛すべき国境線も拡大し，それだけ兵力は分散する一方，国家財政にも大きな負担が加わる。フランスとドイツの侵略を跳ね返したロシアは，同時にその極度に長い防衛線のために軍事支出が国家財政を圧迫した。また人口についても，その大きさが国力につながるのは，熟練度の低い兵士にも軍事的有効性があり，しかも総力戦のような戦争が想定されるという条件があってのことに過ぎない。その条件のない時に人口に頼る戦術は，毛沢東時代の中国における人海戦術のように，軍事的には破滅的な効果しかもたらさない。また，現代世界では人口の大きさは政府がその福祉に責任を持つべき住民の大きさであり，それ自体が国家財政を圧迫する危険にも目を向けるべきだろう。

　資源，工業力，技術力などは領土や人口よりも軍事力と結びつきやすいように考えられるが，そうとは限らない。たとえばイギリスや日本のように，天然資源に乏しく加工貿易に依存する経済は，経済的には劇的な成果をあげてき

た。発展途上国を見ても，資源に恵まれたイランやコンゴが経済的に低迷する一方，国内資源に乏しいシンガポールや台湾は先進工業国の一つとなった。科学技術を見ても，高性能の兵器に必要な技術と競争力のある民生品に必要なそれには違いがあり，ソ連時代のロシア経済に端的に見られるように，高度な技術を持ちながら市場では競争力のない製品しか製造できない経済は珍しくない。経済成長に有利な条件と軍事力拡大に有利な条件が重なるとは限らない。

このように見れば，軍事力にどこまで換算できるかだけに注目して権力の構成を考えることは，現実からかなり遊離した判断であることがわかるだろう。国際関係における伝統的な権力認識が持つ限界について，次に考えてみたい。

(4) 権力の多元性とソフトパワー

リアリズムにおける権力認識は，二つの仮定に基づいていた。第一が，権力を構成する要素は一元的に集約されるという権力の一元性仮定である。ここではあらゆる権力構成要素が最終的に軍事力に読み替えられて一元化されているのであり，軍事力を頂点とした権力構成要素の序列が前提に置かれているのである。他国に侵略を受けず，また受けても戦争に敗れないことが最も重要な政策課題であるとするなら，どの国もすべての力を国防に振り向けることになるから，この仮定は満たされることになる。

第二は，ある国と他の国の権力行使は排他的な関係にあり，協調の余地は少ないという仮定である。ある国が領土を増やせば他の国は領土を失うように，ある国の利得が他の国の損失となる関係は国際関係において珍しくはない。これは，両方の損得を足してゼロになるという意味でゼロサム仮定と呼ぶ。国際関係が恒常的な戦争状態にあり，各国が戦争の準備にすべての力を振り向けているとするなら，この二つの仮定は満たされる。この限りでは，この二つの仮定を満たすことは難しくない。

だが，二つの仮定が満たされるとは限らない。第一に，権力はほんとうに一元的なのか，もし権力が一元的であるとするなら，強大な軍事力を擁する国家は，他国との対立や紛争において常に優位を占めるはずだ。

しかし，1960年代から80年代にかけて熾烈に争われた日米両国の貿易紛争に見られるように，軍事的優位が経済貿易関係の打開に役立つとは限らない。日

本は軍事力において圧倒的にアメリカに依存するにもかかわらず，貿易紛争においてはアメリカ政府の求める市場開放やダンピング規制に対して条件闘争を続けることができた。貿易紛争における優劣を決する要因としては，爆撃機やミサイルの数よりも貿易黒字と外貨準備の規模，さらに工業製品の競争力のほうがはるかに有効に働くのである。逆に，世界市場における競争力が軍事的優位に結びつくとも限らない。少なくとも1980年代の末まで，日本の工業生産は圧倒的な競争力を保持していたが，その競争力が日本の軍事的優位と結びつくことはなかった。経済大国が軍事大国になるとは限らない。

　こうしてみると，国際関係における権力の発動にもさまざまな領域があり，その領域に応じて最も有効に働く権力構成要素がある，と考えることができるだろう。このさまざまな領域を争点領域と呼び，争点領域に応じて権力の作用が異なるという考え方を権力の多元性仮定と呼ぶ。それぞれの争点領域において有効に働く権力構成要素は異なっており，ある要素をほかの争点領域で使っても効果が乏しいのである。この，争点領域と特定の権力構成要素が結びつき，代わりが効かない状態を権力非代替性と呼ぶ。

　権力は単に多元的な要素から構成されるばかりでなく，ある要素を増やせばほかの要素が減少するという関係を認めることもできる。たとえば，軍事技術について考えてみよう。兵器に求められるのは高性能であって，予算は二の次とされやすい。優秀な兵器開発のためにコストを構わず研究開発され，膨大な予算を消費することも珍しくない。かつては，軍事目的の先端技術開発に付随して民生用に応用できるさまざまな技術が開発されるため，そこから得られる波及的利益も算入すれば軍事技術の開発費用もそこまで高くないという「波及効果」の議論が行われた。だが現在では，その波及効果まで含めても，軍事技術の開発は民生品と比較して高コストに傾くと考えられている。軍需産業の買い手は政府であるために，大衆消費市場における競争のなかで揉まれた製品よりも競争にさらされにくいために，高価格に傾くのである。

　ここで軍事技術に国内の資源を投入すれば，製品として市場に出回らなければ意味のない民生品の開発に同じ資源を投入した場合と比較して，市場における経済競争では不利な立場に立たされることになるだろう。軍事力に資源を投入すればほかの分野でも権力の増大を引き起こすとはいえないのである。

このような，ある争点領域における権力の拡大が，他の争点領域における権力の減少を引き起こすことを，権力のトレードオフと呼ぶ。同じようなトレードオフとして，天然資源を国外に依存する国家における加工産業の発達や，軍事支出の増大による経済的競争力の弱体化を挙げることもできるだろう。

もちろん，すべての問題と比べて国防が重要であると考えるなら，トレードオフに伴う経済的損失も，国防のためには甘受すべき代償に過ぎない。伝統的権力観において権力の一元性とゼロサム状況という仮定を重視してきた理由は，対外政策において安全保障の重要性が他の争点領域を圧倒してきたからである。そして，国防の重要性は，国民の生命と国家の存立を重ねて見る国民国家の成立以降はほとんど疑われないようになった。リアリズムにおける権力観には，今なお国際政治を分析する枠組としての有効性が残されている。

だが，現実の政府は，安全保障の危機ばかりでなく，貿易紛争や環境問題といった争点にも対応しなければならない。一般論はともかく，その時々の対外政策を見るなら，貿易紛争の打開や環境基準における合意形成のほうが安全保障上の問題よりも優先されることは珍しくない。国防の優位とは講学上の観念であって，実務を反映してはいない。

さらに，軍隊や暴力とは関わりのない要素が対外的影響力の源となることもある。たとえば，京都議定書のように環境問題について国際基準をつくるとき，各国政府を脅す力よりも，自国に有利であり，しかも各国の合意できるような会議の議題や議定書をつくる力のほうがよほど役に立つだろう。このような，軍事力に頼らずに他国を左右する権力の形態を，ジョセフ・ナイ（Joseph Nye）はソフトパワーと定義し，ハードパワー，すなわち軍事力よりも，ソフトパワーの有無が対外政策にとって重要となる場面が現代の国際関係では増大していると指摘している。

トレードオフの存在する場合，政策決定者はどの領域における国力の増強を第一にすべきなのか，その優先順位の決定を迫られる。民間市場における輸出製品の競争力を高めたいのであれば，科学技術の発展は民生部門を中心とする政策に傾き，そのために軍需部門における技術革新が遅れてしまうかもしれない。逆に，兵器の性能を第一に考えるなら，市場における競争力の弱体化を覚悟しなければならないのである。

(5) 相対利得と絶対利得

　次に，伝統的権力観における第二の前提，各国の国益の排他性について考えてみよう。ここでは，国際関係では常に諸国の利益は衝突するのか，ゼロサム状況という仮定は常に成り立つのか，という点が問題となる。領土の配分を典型として，他国を犠牲にしなければ自国の利益を増やすことのできない状況は確かに存在する。そして，このゼロサム仮定が成り立つ限り，国際協力の可能性は乏しく，国際紛争が恒常的に続くことになるだろう。

　だが，貿易自由化によって市場規模を拡大したり，環境規制を受け入れることで世界規模での環境を保全するなど，複数の国家が同時に利益を増大させることのできる状況も国際関係には存在する。厳密にいえば，自由貿易によって，また環境規制によって失うものがあったとしても，特定の国家だけが利益を失うのでなく，また複数国を横断して利益のほうが損失よりも大きい場合には，国際政治がゼロサム状況にあるという仮定は妥当しない。このような状況をノンゼロサム状況と呼ぶ。

　ノンゼロサム状況が存在したからといって，国際協力が成り立つとは限らない。各国が以前よりも利得が増大することだけを求めるのであれば，ノンゼロサム状況においては複数国の利得が共に増大することが可能であるから，国際協力は実現しやすい。だが，各国が，他の国よりも優位に立つことを政策の目標とする場合，仮に各国の利得が以前より増大したとしても他国よりその増え方が少なければ目標は実現しないから，この場合は国際協力が進みにくいという結果になる。前者のような，以前よりも利得を増やすことを目的とする場合の利得を絶対利得（absolute gain），後者のように他国よりも利得を増やすことを目的とする場合の利得を相対利得（relative gain）と呼ぶ。

　各国が相対利得の増大を目指して行動するとき，仮に利得が以前より増大したとしても，国際協力の実現は難しい。当事者の利得の絶対値が増大するとき，絶対利得は拡大するためにノンゼロサム状況が生まれるが，各国の利得の配分が問題になるのであれば，どれほど絶対値が増大してもゼロサム状況しかあり得ないことになり，協力の可能性は阻まれてしまうからである。各国の国益が互いに衝突せず，国際協力が成り立つためには，ノンゼロサム状況が存在

し，しかも各国が相対利得ではなく絶対利得を目的として行動するという二つの仮定が同時に満たされなければならない。

　安全保障は，優れて各国が相対利得を追求しやすい争点領域である。軍事力の増強を例にとればわかりやすいだろう。各国の目標が相手国に対する防衛であるとすれば，自国の軍事力を増やすこと自体よりも，他国の軍事力よりどれほど強いのか，その相対的な力を重視する可能性が高い。両国共に軍事力を増強した場合，以前より両国の力の絶対値は増大するが，それだけで国際協力が成り立つはずもない。安全保障はゼロサム仮定が成立しやすく，それだけに伝統的な権力認識が最も妥当する争点領域である。

　だが，安全保障以外の争点領域においては，相対利得が問題になるとは限らない。もちろん各国が他国以上に経済的優位を求め，競争力のある通貨を求め，相対利得を絶対利得に優先させる可能性もある。ところが安全保障の場合と異なり，この場合は相対利得の選択は必然ではない。国内経済が成長し，交易による収益が拡大する限り，相対的な優位が得られなくても各国が絶対利得の拡大によって満足する可能性があるからだ。

　以上の検討から，国際関係のなかで，伝統的権力認識の妥当する領域と，妥当しにくい領域を区別して考えることができる。権力における多元性，非代替性，さらに絶対利得の重要性を指摘したからといって，国際関係における軍事力の意味を否定することにはならない。安全保障という領域に限ってみれば，その手段として軍事力には依然として有効性が残され，他国との紛争状態も続くだろう。だが，国家の権力が軍事力を頂点とするピラミッドのような一元的体系をなしているという伝統的な把握には，やはり限界がある。争点によっては軍事力が，また別の争点ではソフトパワーが有効となるように，軍事力が有効に働く争点領域は限られ，相対化されているからだ。

　また，このように軍事力の有効性が限られた争点領域を発見することによって，経済資源とその分配に注目する学問分野としての国際政治経済論（International Political Economy）が生まれ，「戦争と平和」にもっぱら焦点を置いてきた伝統的国際政治学から独立することになった。

　権力の構成が多元的であり，国際政治の争点もさまざまだとすれば，外交政策において追求すべき国益もさまざまだ，ということになる。同時に，国益を

実現する手段としても，強制や脅迫ばかりでなく，状況によっては取引や説得のほうが有効な場面を考えることもできる。国防は対外政策のなかの重要な課題であるが，国防だけが国益ではなく，戦争だけが対外政策の手段であるとも限らない。

第5章　**外交政策の類型**

　国益の増進が外交の目的だからといって、取るべき政策が一つに定まるわけではない。外交において重要なのは、数多くの選択肢を考え、そのなかから目的を実現するために最も適切な政策を選ぶことである。どのような手段が自国に有利な結果をもたらすのか、その選択によって外交政策の効果がまるで違ってしまうからだ。だが、適切な選択を行うためには、まずどのような手段があるかを知らなければならない。この章では、外交政策にどのような領域があり、どのような選択肢があるのかを考察してみたい。

(1)　外交政策の領域

　外交政策の領域によって、取るべき政策の形態も変わる。その政策領域を整理するために、ここでは情報と時間を取り出してみよう。

　第一の基準は情報の量、つまりその政策を選択する根拠としてどれほどの情報があり、その獲得を期待できるのか、という基準である。国際関係では、国内政治に比べて二つの点で情報の獲得は困難である。まず、各国とも自分に有利な条件を実現するためには自分の国に関する情報をできる限り秘匿しようと試みるからであり、しかも国内社会とは異なって、そのような情報の秘匿を打ち破り、情報公開を強制するような法的手段や枠組みはほとんど存在しない。また、国際関係が他国との関係を前提とする以上、相手国の意志は何かということが重要な情報となるが、外交交渉において最も重要なこの情報こそ、入手することが難しい。ことに軍事問題では、相手国の意志を誤って判断したり誤報を受け入れたために、数多くの国際危機が生まれてしまった。

　このように、国際関係では情報が極度に乏しいなかで政策の決定を迫られることが多いが、それがすべてではない。たとえば貿易自由化とか環境保護基準

に関わる交渉の場合，戦争直前の危機などよりも各国が情報を秘匿する理由は少なく，相対的には情報が獲得しやすいだろう。外交政策の領域として，比較的多くの情報をもとに決定可能な領域とそうでないものとの間には大きな違いが生まれることになる。

　第二の基準は，政策決定に用いることのできる時間の長さ，である。隣の国からミサイルが飛来する状況を考えればわかるように，国際関係のなかにはごく短い時間のうちに決定を下さなければならない領域が存在する。内政であれば急激な変化を伴う政策の決定を急ぐことは破滅的な結果しかもたらさないが，このミサイルの事例でわかるように，対外政策は相手国への対応を基本とするため，ごく短い時間で急激な変化を伴う政策の決定を強いられる。政策決定に使うことのできる時間の長短は，その政策が急激な変化をもたらすものなのか，それともゆっくりゆっくり漸次的な変化をもたらすものなのか，政策のもたらす効果を左右するといってよい。

　逆にいえば，国際関係においても政策の効果が漸次的であり，決定に時間を使うことができる領域があることになる。先鋭な国際危機などと異なり，貿易自由化交渉などは繰り返し国際協議が行われることがむしろ一般であり，また従来の慣行を一新するような決定や合意が生まれることはまずないといってよい。国際関係でも時間の乏しい領域とそうではない領域が存在するのであり，両者の混同はそのまま政策の失敗を招くだろう。

　こうして二つの基準，すなわち，①その政策を決定するために必要な情報は十分に与えられているかと，②その政策は急激な変化をもたらすものか，それとも漸次的か，とを立てることによって，次図のように四つの政策領域を区別することができるだろう。

　まず，十分な情報のもとで急激な変化がもたらされることは，国際関係においてはほとんどなく，革命のような内政の激動による対外政策の一新でも起こらない限り，現実にはあり得ない。もっとも，漸次的な変化をもたらす政策のなかで，各国の間に利害対立がごく乏しく，情報の開示が十分に行われるものはあるだろう。世界貿易機構（WTO）をはじめとする経済活動の枠組みにおいては，各国政府の間の基本合意が生まれた後になると，各国政府による情報の開示との具体的な事務手続きが進められることが多い。このような「政治決

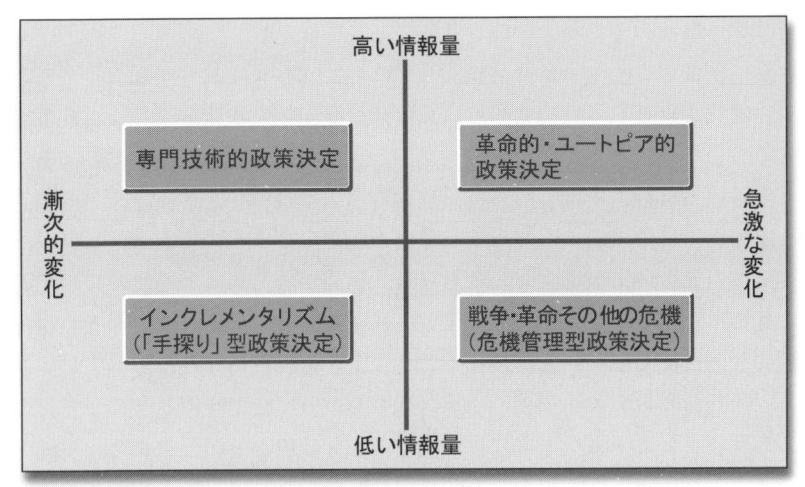

```
                    高い情報量
                         │
      専門技術的政策決定    │    革命的・ユートピア的
                         │    政策決定
漸次的変化 ─────────────┼───────────── 急激な変化
                         │
   インクレメンタリズム   │   戦争・革命その他の危機
   (「手探り」型政策決定)  │   (危機管理型政策決定)
                         │
                    低い情報量
```

Daybrooke, David and Charles Lindblom, *A Strategy of Decision : Policy Evaluation as a Social Process*. New York : Free Press, 1967より修正

●外交政策の領域●

着」の後の「事務レベル協議」においては，他の国から情報を隠すことよりも，十分な情報を提供することによって制度の形成を急ぎ，その制度による便益を得ることのほうが有利となるからである。これを専門技術的政策決定と呼ぶことにしよう。しかし，ほとんどの対外政策においては情報が限られているため，次の二つのカテゴリー，つまり危機管理型政策決定と，手探り型政策決定の二つが対外政策における主要な政策領域となる。

1) 危機管理型政策決定

まず，政策決定に用いる時間が限られ，しかも決定のもととなる情報の乏しい領域が危機管理である。リチャード・ルボウ（Richard Ned Lebow）は，その著書『平和と戦争の間』（*Between Peace and War*, 1981）において，危機（crisis）を，平時と戦時の間にあって，政策の選択によっては戦争にも戦争回避にもなるという局面として定義している。ミサイルの飛来を想定すればわかるように，国際政治に危機が発生したとき，相手国と交渉する機会はごく乏しく，また交渉をしたところで，相互不信が高いために大きな成果は期待できない。相手が正確な情報を提供することも期待できないし，相手の意志もわからない。危機管理においては，極限的な情報の制約のなかで，短期間に重大な決

定を強いられるのである。

　容易に想像できるように，危機管理においては政策の誤りが起こりやすい。まず，情報が限られているために，相手の行動が最も攻撃的である可能性を想定することが多い。相手が攻撃的でないと仮定して，その仮定が誤りであった場合には巨大な損失を被るために，攻撃的な可能性を想定するのであるが，その想定のために危機がさらに深まる危険を招いてしまうのである。

　先例が引き合いに出されることも多い。情報が限られているために，それ以前に起こった出来事を先例として政策を決定するのである。これもそれ自体は合理的な選択であるが，先例に頼ることによって目前の状況についての判断を誤る危険を孕んでいる。過去に慎重な行動を取ってきた政府がそのときに慎重である保証はなく，また過去に攻撃的であった政府がそのときにも攻撃的であるとは限らないからだ。ここでも，情報の制約のために，その状況においては合理的な判断が結果としては政策の誤りを生み出してしまう。

2）　手探り型政策決定

　だが，対外政策のすべてが危機管理に当たるわけではない。情報は限られていても政策の決定と執行に時間をかけることができるのなら，その時間を利用して情報を集積することもできる。また，外交交渉を繰り返す機会があるとき，当初はわからなかった相手側の意図も，交渉を繰り返すなかで忖度することができるだろう。コメの自由化のように，市場開放を求める当事者とそれを避けたい当事者が対峙する貿易の自由化交渉では，仮に交渉の決裂や一方的制裁が加えられた場合でも，その案件の性質上継続的交渉が可能である以上，そこでの物別れや制裁は一時的でしかない。そして，継続的に交渉が行われるとき，小出しに合意を積み重ねることによって妥協の可能性を図ることも可能となる。これが手探り型政策決定である。

　手探り型という用語は，チャールズ・リンドブロム（Charles E. Lindblom）のインクレメンタリズム概念（増分主義，incrementalism）に基づいている。リンドブロムは，政策決定における情報の制約に注目し，情報制約のもとでは官庁は大胆な政策を当初から実現するのでなく，漸進的な政策決定を重ねることが多いと考え，そのような漸進的決定をインクレメンタリズムと定義した。本来のインクレメンタリズムは官僚機構における寡占化した情報共有や保守的

な政策決定と組織の硬直など，内政の分析に用いられる分析の枠組みであるが，貿易自由化や環境保護基準の策定のような政策領域では，対外政策であっても時間的制約が比較的緩やかなため，共通した特徴を見ることができる。

手探り型の決定では，時間をかけることで情報の制約は緩めることができるが，逆に政策決定に加わり，影響力を行使しようとする主体を排除することが難しい。危機管理においては決定に関与する人数は少なく，また少なくなければ短期間に決定を下すことは難しいが，交渉期間が長く，また交渉を繰り返すことが可能な場合には，諸官庁から議員，圧力団体を含め，多くの利害関係者が決定過程に加わることを阻止できない。そして，その関係者の増大そのものが，政府による情報の制約という共通の条件のもとにあっても，危機管理型と手探り型の決定との間で，政策決定の置かれた条件を大きく変えてしまう。その政策領域の違いを念頭に置いたうえで，次にさまざまな外交政策の種類について検討してみよう。

(2) 外交政策の類型

軍事的対決だけが外交ではない。賢明な外交の前提は，多様な選択を考え，そのなかから適切な手段を選ぶことである。ここでは国際政治における対外政策を分類するために，まずどのような手段を用いるのか，政策の源となる手段について考える必要がある。

国際関係において他国に影響を与える手段としてまず挙げるべきは軍事力であるが，経済力を使うこともあり，さらに外交手続きそのものを利用することもできる。対外政策の手段として，軍事的手段，経済的手段，外交的手段の三つを挙げることができるだろう。

次に考えるべきは，その手段をどのように使うのかという対外政策の態様である。おおまかにいえば，一方には相手の意にかかわらず適用できるような一方的・対立的手段と，相手との共同行動を想定する相互的・協調的手段の二つを区別することができる。さらに，一方的・対立的な手段のなかにも，相手がどのような行動を取るかにかかわらず適用される強制と，相手にある行動を取らせるために適用する脅迫との間には違いがあり，また相互的・協調的手段のなかでも，相手から譲歩を引き出すために便益を与える取引と，相手から譲歩

が得られるとは限らないときになお便益を与える協力の二つも区別して考えなければならない。この分類によって，下図のような類型を立てることができる。以下，簡単に説明を加えていこう。

	軍事的手段	経済的手段	外交的手段
強制	実力行使	経済制裁 援助停止	国交断絶
脅迫	瀬戸際政策 軍事的威嚇	経済制裁の威嚇 援助停止の威嚇	断交の威嚇
取引	軍備管理 勢力圏設定	経済援助 買収	外交交渉一般
説得・協力	兵力引き離し 軍縮	貿易協定 共同市場	友好条約 協議機関設置

（左側縦軸：対立的／一方的 ↑↓ 協調的／相互的）

●外交政策の類型●

1) 強制と脅迫

　国際関係における最後の手段が戦争である。断固として従おうとしない国家に対して，他国や国際機関に頼って自国の求めるものを実現することが難しい以上，自国の意志を実現する手段として，他国に対する戦争，つまり軍事力を用いた強制の持つ役割を否定することはできない。だが，戦争が予想通りに進むとは限らず，仮に勝ったとしても，戦争の長期化のために敵味方双方に耐え難い犠牲を生み出す可能性がある。戦争に負けた時は戦勝国による征服か屈従を覚悟しなければならないだろう。戦争に訴える場合のリスクが極めて高いため，対外政策の決定においては，自国が戦争に踏み切る合理性と相手が戦争に訴える可能性の双方を含め，戦争の可能性を常に想定する一方，戦争に訴えるほかの手段はないのか，つまり戦争以外の手段によって政策目的を実現することはできないのか，他の選択肢についても常に検討する必要がある。

　他の選択肢の第一は，軍事力を用いない強制であり，その典型が経済力を用いた強制，すなわち経済制裁である。経済制裁は，軍事力を用いて交易関係を

遮断する海上封鎖のような強制措置に始まって，海外資産の凍結，経済援助の停止，さらに強制力の乏しい国連安保理の決議に至るまでさまざまな種類がある。経済制裁は，相手の行動にかかわらず取ることができるという点では強制措置であるが，軍事力を用いないという意味において戦争の一時的回避という性格も持っている。

　経済制裁の効果は，実質的な強制力の大きさによって大きく異なる。アパルトヘイト政策を理由に国連の決議した南アフリカへの経済制裁は，1962年から30年に及んだものの，実質的な効果は乏しかった。レアメタルをはじめとする希少資源を調達する必要から，第三国経由の貿易などによって南アフリカとの取引が続いたからである。また，中国における天安門事件（1989年）やインド核実験（1998年）の際に加えられた経済制裁も，該当国の政策転換を得ることなく終わった点で，成果をあげたとはいえない。他方，1962年10月のキューバ危機のように，艦船の入港を武力で阻止する海上封鎖が行われた場合，経済制裁は戦争直前の選択肢となる。

　経済制裁が成功すれば，武力に訴えることなく相手の行動を変えることになるから，対外政策としては大きな成果が得られる。だが，経済制裁が失敗すれば，危機の長期化をもたらし，さらに相手の経済の自立化を招くことによって相手に対するコントロールが難しくなることもある。その失敗を避けるため，経済制裁のなかの多くは，実際には制裁の威嚇にとどめられることも多い。全面的な制裁ではなく，新規援助だけを停止したり，経済制裁の実施を事前に威嚇するなどの部分的な脅迫にとどめることによって，段階的に圧力を強める余地が残されるからである。なお，政府は戦争に訴える意志を持たず，しかも世論が強硬措置を期待するとき，妥協的措置として経済制裁が採用されることも珍しくない。

　次の選択は，軍事力を戦争ではなく脅迫のために用いる政策であり，相手を戦争の瀬戸際に追い込むことから瀬戸際政策（brinkmanship）と呼ばれている。瀬戸際政策を取る相手に譲歩すれば脅しが成功したことになり，相手はさらに脅しを加える可能性が生まれるから，瀬戸際政策を取る相手に妥協することは合理的ではない。だが，瀬戸際政策を取る相手に対して「毅然として」対応すれば，その行動自体が瀬戸際政策としての効果を持ち，戦争を招くことに

なりかねない。

　瀬戸際政策として最も有名な事例は、ナチス・ドイツによるズデーデン地方併合の後に開かれたミュンヘン会議（1938.9）である。ポーランド侵攻の意思を隠そうともしないヒトラーに対して、チェンバレン（Neville Chaimberlain, 1869-1940）英首相らはナチスのズデーデン併合を容認したが、その譲歩によっても翌年のドイツによるポーランド侵略を防ぐことはできなかった。ドイツから見れば瀬戸際政策が成功したことになる。瀬戸際政策を取る相手に譲歩を行った宥和政策として、後に非難された事例である。

　キューバ危機（1962.10）も瀬戸際政策の一つとして挙げられることが多い。これは、ソ連がアメリカ本土をごく短時間で攻撃できるミサイル基地をキューバに建造し、それをアメリカが知ったことから生まれた危機であり、冷戦期において米ソ核戦争に最も近づいた事件として知られている。ケネディ大統領は海上封鎖を決定する一方で、ドブルイニン（Anatoly Dobrynin, 1919- ）駐米大使と秘密交渉を重ね、結果としてはソ連のミサイル撤廃を勝ち取ることに成功した。ミサイル配備は対米戦争を覚悟したものではなかったために、ケネディによる海上封鎖を前にしてソ連は引き下がったのであり、この場合はアメリカの瀬戸際政策が成功を収めたことになる。

　何が瀬戸際政策に該当するのか、その判断は当事者の主観的な判断によって左右される。ズデーデン地方を併合したナチス・ドイツはポーランド侵略を準備していたが、キューバ危機におけるソ連が米ソ戦争を準備していたと考える者は少ない。だが、アメリカから見ればキューバへのミサイル配備は瀬戸際政策そのものであり、それが海上封鎖の一因となった。

　戦争の一歩手前で展開されるため、瀬戸際政策は危機のなかでも最も深刻な状況を招いてしまう。しかし、ルボウの指摘するように、危機が平和構築の機会を提供することもある。1898年、現在のスーダンで英仏両軍が向かい合ったファショダ事件は両国による瀬戸際政策の結果であったが、その事件を平和裡に解決したことが英仏関係の打開につながり、その後の英仏協商に結実した。キューバ危機についても、ソ連の撤退の後はホットラインの開設や核実験の部分的停止（部分核停）に見られるような関係打開が進み、その後における米ソ関係の相対的安定を生み出した。

なお，強制措置は軍事力や経済力に頼るものばかりではない。外交関係における強制措置として，大規模な人権蹂躙や大量殺人などを行った政府に対し，その政府を政府として承認せず，あるいはその承認を取り止める，国家承認の拒否と国交断絶がある。ただ，国交を断絶すれば戦争状態の直前になるばかりでなく，外交交渉によって戦争の発生を食い止めることも難しくなるから，全面的な国交断絶は断絶を宣言する側にも不利に働く危険がある。そのため，現実の外交では，国交断絶そのものではなく，大使館員の引き揚げなどによって国交断絶の意志があることを示し，それを脅しの材料として用いることのほうが多い。たとえば1984年，ロンドンのリビア大使館員が反政府デモを行っていたリビア人に銃を発射し，巻き添えとなったイギリス人の警察官が死亡したとき，イギリスのサッチャー（Margaret Thatcher, 1925- ）首相はリビアとの国交断絶を宣言したが，実際には外交ルートを断っていない。これも，厳密にいえば国交断絶ではなく，断絶の威嚇として理解すべきものだろう。

2) 取引と協力

強制と脅迫のみに頼るだけでは，国際関係は不安定を免れない。次に，取引と協力について考えてみよう。どちらも対立関係ではなく，広義の協力関係を想定した行動であるが，ここで取引と呼ぶのは相手からの対価が期待できる状況における協力を，また協力は相手からの対価が必ずしも期待できない状況における協力を指している。

軍事的手段を用いる場合でも，取引や協力は存在する。その典型が勢力圏の設定であり，当事国の影響力が及ぶ領域について合意するものである。そのなかでも有名なものが，1944年10月の英ソ秘密協定だろう。第二次世界大戦末期，チャーチル（Winston Churchill, 1874-1965）はバルカン半島の勢力分割をスターリン（Joseph Stalin, 1878-1953）に持ちかけ，東欧におけるソ連の勢力圏を認める代わりにギリシャの共産化の阻止を求め，スターリンもこれを受け入れた。チャーチルのメモにはギリシャではイギリスが100％，ルーマニアではソ連が90％などと記されていたことからパーセンテージ協定と呼ばれるこの合意は，典型的な勢力圏の設定であるといってよい。

他国に対する大国の影響力を前提するだけに，勢力圏の多くは植民地時代に行われ，現在では（少なくとも明示的なものは）見ることが少ない。しかし，

軍備管理は，冷戦期の後半には広く見られた現象である。たとえば，第一次戦略兵器制限条約（Strategic Arms Limitation Treaty, SALT I, 1972）では，米ソ両国が戦略ミサイルの保有に上限を設け，核兵器を無制限に備えて対峙するそれまでの軍拡競争に制限を設けている。軍備管理は，相互に軍事力の上限を設定する合意であり，兵器の削減を伴わない点で軍縮と異なる。

軍事的手段よりもさらに多く用いられる取引の材料が経済的手段である。政府開発援助，つまり，ある政府から他の政府に送られる経済援助は，もちろん公的には人道的な目的を掲げることが多い。しかし，イギリスやフランスの経済援助が元の植民地に，アメリカや旧ソ連の援助は冷戦戦略における重要な地政学的拠点に，また日本の援助は将来の輸出市場へと流れていった過程を見ればわかるように，援助には外交の手段として用いられてきた側面があることも否定できない。さらにいえば，軍事的手段や経済的手段にとどまらず，外交交渉の大半は各国政府の間の取引である，といってよい。

さて，取引とは相手から見返りが得られることを条件とする協力であるが，見返りを期待できないときにも協力が行われることがある。

その典型が兵力引き離しである。A国とB国が戦争を続けてきたとしよう。両国とも戦争に負けたくないが，共に勝ち目がないこともはっきりしてきた。このような状況において，国連や第三国の仲介によって取られる措置が兵力の引き離しである。自国が兵力を撤退させても相手国は撤退させない可能性がある。しかし，そのリスクを冒して撤退しなければ戦争状態の終結はできない。ここにあるのは，短期的な損失を覚悟しながら相手の協力に期待した行動である。皮肉なことに，軍事問題では相互不信が高いからこそ，取引の成り立ちにくい状況において協力の意味が生まれることになる。

兵力引き離しと似た政策に軍縮がある。この場合も，自国が軍備を削減したところで相手が削減する保証はない。しかし，率先して削減しなければ軍拡競争をやめることもできない。米ソ冷戦終結に当たっては，旧ソ連のゴルバチョフ（Mikhail Gorbachev, 1931-　）書記長が一方的な核実験の停止や核削減を進めたことが結果として米ソ核軍縮の転機をつくり出した。ここでも，相互不信の高い状況における協力の合理性を認めることができるだろう。

経済政策の場面では，協力の事例はさらに多い。自由貿易協定や共同市場の

形成は，常に「相手に利用される」危険を孕んでおり，取引としての合理性だけでは説明できない。「相手も協力する」可能性に賭けることによってはじめて成り立つ政策である以上，経済政策における合意の多くも取引というよりは協力という性格を帯びることになる。また，取引を主要な手段とする外交の世界でも，友好条約の締結や協議機関の設置など，将来の友好関係に期待して採用される措置の多くは，協力としての性格を持っている。もっとも，外交のうえの合意が結ばれたからといって協力が実現する保証はなく，相互協力が実現しない場合はただ有名無実の存在となるに過ぎない。

(3) 外交政策の選択

すでに述べたように，外交政策の決定は，適切な状況判断に基づいて幅広く選択肢を検討する必要がある。それでは，適切な状況判断のために注目すべき要因は何か。外交政策が対立に傾斜するか，協力に傾斜するか，その分かれ目となる要因について検討しておこう。

1) 利益の相反性

まず考えなければならないのは利益の相反性，つまり相手国との利害対立の現状である。両国の関係が，相手の利得が自分の損失となるゼロサム状況にあるのか，それとも相手も自分も利得を獲得することの可能なノンゼロサム状況なのか，その状況判断によって，両国の紛争が不可避なものかそうではないのかという判断が揺るがされるのである。

ゼロサム状況の典型は領土や希少資源の配分である。誰がどこを領土とするのか，どの国が油田を制するのか，これが国際紛争の温床となりかねないことは明らかだろう。他面，希少性の乏しい社会経済的な財の配分，たとえば直接投資や工業生産などは一般にゼロサム性に乏しく，両当事者が共に利得を獲得する「共に勝つ（ウィンウィン，win-win）」状況を実現することができる。ノンゼロサム状況のもとでは，国際紛争は不可避ではない。

なお，ゼロサム状況だから利益相反を打開できないとは限らない。たとえば，領土から得られる利益を排他的に独占しなければ，領土分配のゼロサム性を和らげることも可能となる。産油地域の国際共同開発などは，資源分配が国際紛争となることを防ぐ措置に数えることができる。

2) 交渉反復の可能性

対外交渉に当たって、一回で決着をつけなければいけない交渉なのか、それとも繰り返し交渉を行うことが可能なのか。この交渉反復の可能性が、対外政策の選択を左右する。

もし一回の取引しかあり得ないとすれば、その取引によって得られる利得が最終的な利得となるから、両当事者が合理的に考える限り、互いに一回の取引で最大の利得を得ようと試み、それだけ対立の可能性が増えてしまう。しかし、複数回の交渉が可能であれば、その交渉では有利な結果が得られなくても将来の交渉で結果を変えることが期待できるから、最大の利得を得る必要は必ずしもない。

ゲームの理論において、一回のゲームでは協力があり得ない典型が囚人のジレンマであり、客観的には両者は共に「協調」したほうが利益を最大化できるにもかかわらず、それぞれの主体が損失を最小限にしようと合理的に行動すれば、相手の行動にかかわらず「裏切り」を選択してしまうというパラドックスが示されていた。だが、ロバート・アクセルロッド（Robert Axelrod）は、このゲームが複数回繰り返されたなら、その繰り返しのために協力解が生まれる可能性があることを論証している。ゲーム論の詳細にここでは立ち入らないが、そのゲームにおける利得ばかりでなく、将来の利得の可能性を含めることによって、打開不可能と見える紛争にも打開の可能性が生まれることには留意すべきだろう。

3) 争点連携の可能性

政府と政府の間に争点が一つしかないことは稀であり、通常の国際関係ではいくつもの異なる争点について同時に交渉が進められていることが一般的である。その場合、ある争点に関する交渉が他の争点の交渉に影響を与える可能性があり、これを争点連携（issue linkage）という。争点連携にはネガティヴ・リンケージとポジティヴ・リンケージの二種類がある。

ネガティヴ・リンケージとは、A品目の貿易自由化交渉で破れた政府が、B品目の交渉で対抗措置を取るように、ある争点に関する交渉が決裂して損害を被った場合、他の争点に関する交渉において復讐を図る行動を指す。ネガティヴ・リンケージとは自国の利益を最大にするように複数の交渉を利用する戦略

であるから，一般に紛争は拡大に向かうことが多い。

ポジティヴ・リンケージはその反対に，争点によって利害得失が一様でないときに，複数の争点を結びつけることによって対外関係の安定を図る措置である。ある争点の交渉に際して自分の利得の最大化のみを図ってしまえば，そこで損失を被った相手から他の争点で復讐を受ける恐れがある。そこで，複数の争点における交渉を組み合わせて，全体として協調関係を保つという選択肢が生まれる。また，複数の争点について交渉が行われているとき，まず合意形成の容易な争点から妥結を図り，合意の難しい争点を後回しにするというテクニックも広く用いられている。このように，一つの政策分野の一つの交渉だけを見るなら対立が避けられない場合でも，複数の争点と交渉を考えることで状況を打開できる可能性がある。ある交渉が他の交渉に及ぼす影響を見逃してはならない。

4）　取引と妥協の意思

対外政策で最も重要であり，かつ最も難しいのは，交渉相手の意志をどう捉えるかである。もし相手が取引に応じたり妥協したりする意志を持たないのであれば，こちらが交渉に応じたとしても，一方的に譲歩を強いられることになるだろう。逆に，相手が取引に応じる意志があるときに交渉に応じなければ，交渉によって譲歩を勝ち取ることができるときにその機会を見逃すことになる。国際関係においては入手できる情報が限られているだけに，そのわずかな情報によって相手の意志を的確に突きとめることが必要となる。

ただし，相手の意志がこちらの行動によって左右されている可能性にも注意しなければならない。国際緊張が高く，双方の疑心暗鬼がはなはだしい状況では，相手が譲歩に応じるはずがないという判断が強硬策につながり，その強硬策が相手の不信をいっそう強めるという悪循環が生まれることも珍しくない。この場合，自分の側の硬直姿勢が相手の硬直を生み出している可能性もあることになる。そして，取引と妥協に応じる意志とは決して固定したものでない。強硬と見えた相手の姿勢に変化の兆しが生まれるときを捉えることによって，1971年の米中接近のような外交関係の打開も可能となったのである。

以上に見た，利益の相反，交渉の反復，争点連携，そして取引と妥協の意志

は，外交交渉が対立と強調のどちらに傾斜するのかを左右する。だが，その要素を組み合わせれば対外政策が決まるとはいえない。次章では，外交政策の決定過程について考えてみよう。

第6章　外交政策はなぜ誤るのか

　この章では，外交政策がどのように決定されるのか，その政策決定の過程について考察する。政府による政策決定のなかでも，さまざまな国際問題，特に危機管理に関わる領域では，国際対立を想定して政策を検討することが多い。それはなぜか，なぜ協調ではなく対立が想定されるのか，これが第一の検討課題である。さらに，外交政策においては昔から実に数多くの判断の誤りが繰り返され，予期せぬ戦争と予期せぬ被害を生む原因となってきた。それではなぜ，外交政策は間違えるのか。ここでの問題は，対立を想定したり政策を誤ったりすることの非難ではなく，その背景に置かれた外交政策の条件を探ることである。

(1) 危機管理における政策決定

　国際関係では，一般に，相手国との対立を想定した政策を採用することが多い。ふつうなら，相手への不信や対立を両国が持たず，自国の安全の確保だけを目指しており，特に領土的な野心などを持っていないとすれば，相手国との協力を実現することもできるはずだ。だが，必ずしもそうはならない。なぜそうならないのか，順を追って説明しよう。
　まず，相手国との協力が可能か，それとも対立を覚悟すべきか，判断を下す材料が乏しい状況があると仮定してみよう。相手に協力する意志があるのなら，戦争に備える必要は乏しいが，相手が侵略の準備をしているのなら，こちらも戦争の準備を怠るわけにはいかない。さて，各国は協力関係によって得られる利益を獲得しようとして行動するだろうか。それとも，対立関係に入ったときの不利益を避けようとして行動するだろうか。
　答えは，対立した場合に生まれる不利益を避けようとする行動であり，しか

もその行動とは，相手との対立関係を想定する行動であって，逆ではない。相手には協力する意志がないのに，協力が可能だと想定して政策を決定すれば，相手は侵略を準備しているのにこちらは準備がないという状況が生まれ，相手に有利な条件を与えてしまう。他方，相手との協力が不可能だと想定して政策を決めた場合，相手が協力を選んでいても対立を選んでいても，こちらにとっては最悪の事態を避けることができる。このように考えれば，最大の損失を避けようとする限り，相手との対立を想定して行動することが合理的であり，相手の協力を期待する行動は不合理だ，という結論になるだろう。

つまり，互いに協力することが利益となる場合であっても，対立を選ぶほうが合理的だということになる。協力を選ぶか，対立を選ぶか，そのどちらが合理的かわからない状況においては，相手との対立，つまり最悪事態を想定して決定を下すことが合理的な選択になるのである。これを最悪事態原理（worst case principle）と呼ぶ。

そしてすぐわかるように，両国が最悪事態を想定して行動した場合，両国とも協力ではなく対立を選ぶことになるから，そのこと自体が相互不信を高める結果を招いてしまう。それぞれの主体が相手との対立を想定して行動することによって，現実の対立が生まれてしまうのである。自分の行動によって自分の予言が実現することから，これを自己充足予言（self-fulfilling prophecy）と呼んでいる。

最悪事態原理と自己充足予言は，国際関係の基本的なジレンマを生み出してしまう。どの国も国家の安全のみを求め，相手に対する敵意も領土的な野心も持っていないのであれば，客観的には国際協力と安定を実現することができるはずだ。だが，それぞれの国家が，その国家の安全が脅かされる最悪事態を想定し，それを避けるべく行動することによって，結果的には国際対立を高め，各国の安全がかえって阻害されてしまう。これが，安全保障のジレンマ（security dilemma）と呼ばれるものである。

安全保障のジレンマが生まれる根拠には，ある国の利得は他国の損失となるという，国際関係のゼロサム状況がある。現実の国際関係には領土の分配のようなゼロサム・ゲーム（zero-sum game）もあるが，経済成長のようなノンゼロサム・ゲームも存在する。しかし，各国の目標が安全の確保にあるとすれ

ば，相手に対する安全が必要となる以上，絶対利得，つまり前よりも利得を増やすことではなく，相対利得，つまり相手よりも利得を増やすことが合理的な目標となる。どれほど軍隊が強くなっても，相手のほうが軍隊をより大きくしたならば，その効果は減殺されてしまうからである。そして，政策目標が相対利得に置かれる限り，どのような財の分配が争点であっても，国家間のゲームはゼロサム・ゲームでしかあり得ない。

　さて，このような安全保障のジレンマがあるからといって，直ちに戦争が起こるわけではない。以上に述べた議論は，すべて当事者間における外交交渉や接触がごく限られているという前提のもとで進められているが，現実の国際関係ではむしろ数多くの交渉が行われ，当事者の間に何らかの信頼関係が存在することがふつうだからである。自国と相手国との間で紛争が避けられないという状況を事前に回避しようと当事者が考えており，将来ともその国との関係を保とうとする意志が働いていれば，避けることのできる紛争の発生を回避することもできるだろう。安全保障のジレンマが存在するとしても，継続的な外交交渉と信頼醸成によって，その効果を相対化することが可能となる。

　だが，さまざまな外交政策の領域のなかでも，危機管理型の政策決定においては，当事者の不信が高い一方で接触はごく限られているために，安全保障のジレンマが直接に国際危機を招き，戦争の危険を高めてしまう可能性がある。そのために，危機管理における合理的決定をどのように実現するのか，これが国際関係を大きく左右することになる。

　ここで，これまで論じてきた危機管理における外交政策決定の特徴をまとめておこう。第一に，政策決定に用いることのできる時間が限られている。これは，迅速に決定を下さなければ危機が拡大する以上，危機管理においては避けることのできない条件である。その時間的制約のために，第二の条件，すなわち関与する政策決定者が少ない，という特徴が生まれる。迅速に決定するためには多くの関係者と協議するゆとりはないし，情報が外に漏れることを防ぐ必要もあるからである。このことは，危機管理に関する政策決定が世論の影響がごく乏しいところで行われるという効果も生み出す。また第三に，外交政策の相手とのコミュニケーションは存在しないか，限定されていることにも注意しなければならない。外交といっても，この場合は政府内部，せいぜい友好国や

同盟国政府との協議しか含まれていない。当然のことながら，相手国と反復して交渉を行う可能性は乏しいことを覚悟しなければならない。

このような条件に拘束されるために，危機管理においては国際危機の回避がきわめて難しく，政策決定の誤りが起こりやすい。政策決定論（decision making theory）のなかで展開されてきた学説のいくつかを，次に検討してみよう。

(2) 官僚政治モデル

危機管理においては，国際的な交渉の余地が乏しいだけに，国内政治で行われる政策決定が合理的でなければならない。ところが，そのような合理的な決定は期待できない，という学説が生まれた。アメリカの国際政治学者，グレアム・アリソン（Graham Allison）の「官僚政治モデル」である。

アリソンは，1962年のキューバ危機を例に取り，そこでの政策決定がどのように行われたかを分析した著書『決定の本質』において，対外政策決定における三つの政策決定のモデル，すなわち合理的行為者（行為者）モデル，組織過程モデル，政府内政治（官僚政治）モデルを提起した。このなかで最もわかりやすいのが最初の合理的決定者モデル，すなわち十分な情報をもとにして，自分の国に最も有利となる決定を行う政策決定者，というモデルである。ここでは，追い求めるべき国家の目標について当事者の間に了解があり，政策判断の基礎となる情報は十分に提供されており，その情報をもとに目標の実現に最も合理的な選択を行うのが政策決定であると考えられている。そして，このモデルは現実から離れたものに過ぎない，というのがアリソンの議論であった。

アリソンによれば，合理的決定者モデル以上に現実の政策決定に近いモデルが二つある。その第一のもの，組織過程モデルは，政策決定に当たる政府が，実際には分業化を遂げた多様な部署によって構成されていることに注目する。それぞれの部署は，政策決定において独自の役割を割り当てられ，それを果たすことが期待されている。政策決定とはそれぞれの領域を担当する部署の決定であり，政府の決定とはそのような部署の活動を組み合わせたものになる。ここでは，「一つの政府」ではなく，専門に応じて分業化の進んだ組織のなかに数多くの部局と部署が存在し，それが政策の決定に当たると考えられているこ

とになる。

　さて，それぞれの部署は，特定の政策領域を受け持ち，特定の政策を実現することがその部署の利益となることも多い。そして，実現したい政策を持つ以上は，その部署が中立的立場に立って情報を集めることは期待できないだろう。国際危機の拡大が予算増額を実現するのに役に立つとき，危機の回避を国防総省が訴えることはその組織としての利益に反するのである。外交政策決定のもととなる情報とは，このように細分化された部署が，その利益に沿って選び出したものであり，それだけ実際の状況から歪められてしまう。

　アリソンの第二モデル，すなわち政府内政治（官僚政治）モデルは，この組織過程の延長にあるといってよい。政策決定に当たる主体は，それぞれ背後に部署を持ち，その部署には影響力の強いものも弱いものもあるだろう。また，それぞれの主体にはさまざまな立場も考えもあり，発言力の大小もあるに違いない。アリソンの指摘するように，ひとりの人間が自分の利益を増進するための決定を行うのとは異なり，政府の決定は，数多くの主体がそれぞれに取引や駆け引き（バーゲニング）を繰り返すことによって行われるのである。

　もし当事者の取引によって政策が決まるとすれば，官庁の相互関係や政治家の相互関係が政策を左右し，影響力のある部署や駆け引きの上手な主体に有利な決定が下される可能性が高い。そして，影響力の大きさや駆け引きの能力が政策判断の合理性と重なる保証はない以上，この政府のなかの政治のプロセスは，それ自体が合理的な決定を阻害する結果を招くだろう。

　ここで重要なのは，アリソンが政策決定の「誤り」を非難しているのではないことである。アリソンの批判は，あたかも個人のように理性を持つ主体として政府が行動するという合理的決定者モデルの限界に向けられたものであり，アリソンの指摘する組織過程や政府内政治は，現代の行政機構において分業化と専門化の進展が避けられないものである限り，取り除くことのできない条件であるといわなければならない。愚かだから政策を誤るのではなく，個人のような合理性を政府という組織的・集合的決定の場に当てはめるという，その議論のほうが愚かなのである。

　政府内政治モデルがよく当てはまる事例が，2003年のイラク戦争における開戦決定である。かねてから共和党保守派を中心にフセイン（Saddam

Hussein, 1937-2006) 政権を倒すべきだとする主張がなされていたが，2001年9月の同時多発テロ事件によってその主張はいっそう強まり，2002年7月の段階で，ブッシュ（George W. Bush）政権のなかでイラク攻撃を進めるべきだという判断が強く打ち出される。開戦の意志が固いとき，それに沿わない情報には二次的な役割しか与えられない。当初 CIA（米中央情報局）は，アルカイダとフセイン政権との間にはつながりは見られず，またフセイン政権が大量破壊兵器を開発しているという確証は見られないとの報告を行っていたが，これに対してチェイニー副大統領は CIA の努力が不足しているから情報が入手できていないのだと強硬な批判を行う。

　状況を明らかにするため，CIA はジョセフ・ウィルソン元大使を派遣し，フセイン政権がニジェールから核兵器原料のウラニウムを購入した確証はないという報告を得る。だが，その報告は事実上黙殺され，フセイン政権打倒よりもアフガニスタンにおけるアルカイダ残党との戦争を優先すべきだとそれまでは主張してきた CIA 長官も，結局，フセイン政権が核開発をしていないという確証もないとして，副大統領に妥協することになった。その結果として生まれたのが，ブッシュ大統領がイラクによる核兵器開発の証拠があると述べた，2003年1月の一般教書演説であり，その後のイラク介入であった。

　ここで重要なのは，フセイン政権とアルカイダとのつながりは薄いとか，大量破壊兵器を開発していないのではないかなどという，その後に正当であると判明した情報を，すでに戦争前の段階からアメリカ政府が入手していたことであり，その情報に基づいて，開戦を見合わせるべきだという主張も政府のなかにはあった。だが，最終的な政策を決めたのは，政府内部の力関係であったというほかはない。副大統領，国防長官，さらに大統領との駆け引きが続けられる過程で，CIA の入手した情報は埋もれてしまったからである。政府内政治モデルが合理的決定者モデルよりも現実を反映している一例が，ここにある。

(3) 認知の限界

　すでにアリソンは，政策決定者が不完全な情報のもとでしか決定することができないことを指摘していた。そこを一歩踏み込んで，政策決定者がどのような情報を選択し，どのような判断を下すのか，その判断のメカニズムについて

考えてみよう。

　心理学の成果を生かして政策決定について分析を加えたのが，ロバート・ジャーヴィス（Robert Jervis）の『国際政治における認知と誤謬』である。この著作においてジャーヴィスは，政策決定者は目の前の情報をもとにして政策を決定するのではなく，自分があらかじめ持っている考え方や予断に沿って情報を選択し，判断を下していると主張し，そのような考え方や予断を認知枠組（cognitive framework）と定義した。この議論自体は心理学で展開されたものであるが，次の三点において，政治学にも適用が可能である。

　第一に，政策決定者は，それまで自分の持っていた考え方（認知枠組）や対外政策における相手方のイメージなどに基づいて，情報を得る前に自分の判断をつくっていることが多い。その枠組によって，どの情報が重要であり，どの情報が重要ではないか，情報を得る前に政策決定者のなかに情報の重要性についての尺度がつくられてしまう。

　第二に，すべての情報を受け入れることが事実上不可能である以上，政策決定者は，あらかじめ自分の持つ情報の重要性の尺度に沿って情報を取捨選択して受け入れる。そして，その重要性の尺度が政策決定者の認知枠組をもとにつくられているために，自分が予測でき，受け入れることのできるような情報が優先的に受け入れられ，結局は自分の持っている結論に沿った情報を選ぶ結果に陥ってしまう。

　第三に，政策決定者の持っている認知枠組や他者へのイメージに符合せず，その枠組やイメージの妥当性を脅かすような情報は，見逃されやすい。そのような情報を前にしたとき，本来取るべき行動は自分の持つ枠組やイメージの修正であるが，その認知枠組を変えることに対して政策決定者は消極的であることが多い。その結果，新しい情報が存在し，それによって政策を変える機会があったとしても，その新しい情報は無視されてしまう危険が大きい。

　このような，いわば予断と先入観のために生まれる誤謬と錯誤も，外交政策では数多く見られるものである。先に挙げたイラク介入の事例でいえば，イラクのフセイン政権は過去において核開発を行い，クウェートを侵略したために，フセイン政権は機会があれば大量破壊兵器を開発するという判断が，チェイニー副大統領をはじめとするブッシュ政権の高官の間で共有されていた。ま

た，国連決議の違反を繰り返した過去のため，フセイン政権の発表を信用してはならないというイメージも広く受け入れられていた。このような認知枠組とイメージがあったために，大量破壊兵器が存在しないという情報が提供されても，それはまだよく探していないからだと解釈され，新しい情報によって政策を変えるのではなく，その情報が却下されてしまった。政策の誤りは情報不足ではなく，情報の排除によって生まれたのである。

　アリソンが行政機構の特性に注目して合理的政策決定に挑戦したとすれば，ジャーヴィスは心理的特性に注目することで合理的決定の限界を指し示したということができるだろう。このような心理学の成果を取り入れた研究は，ジャーヴィスの後もスタインブルーナー（John Steinbrunner）のサイバネティックス理論などに展開され，政策決定者が合理的であると考えて取る行動が実は合理性を欠いている根拠が数多く示されることになった。

(4) 歴史の教訓

　歴史学において，予断や先入観のもたらす効果を議論したものとして，アーネスト・メイ（Ernest May）の『歴史の「教訓」』がある。この著作においてメイは，政策決定者が過去の歴史から学んだところを政策決定に活かそうとする傾向が強いと論じている。本来であれば，歴史に学ぶことは，問題どころか正しい方法になるはずだ。だが，過去の事件にはそれを取り巻く個別の状況があり，それとは異なる状況に対して過去の事件の「教訓」を当てはめてしまえば，政策を誤ることになりかねない。

　その一例として，ミュンヘンの教訓を考えてみよう。1938年3月，ナチス・ドイツはオーストリアを併合し（アンシュルス，Anschluss），次の課題となったのがドイツ系住民の多く住むチェコスロバキアのズデーテン地方であった。すでにアンシュルスを承認していたイギリスのネビル・チェンバレン首相は，ズデーテン問題に関連してフランスのダラディエ（Edouard Daladier, 1884-1970），イタリアのムッソリーニ（Benito Mussolini, 1883-1945），そしてヒトラーと共にミュンヘンで会談を行い，これ以上ドイツが勢力を伸ばさないという条件のもとで，ズデーテン地方ばかりでなくチェコスロバキアにおけるナチス・ドイツの支配に対しても事実上の承認を与えた。だが，このミュンヘン協

定はナチス・ドイツの進撃を食い止める役には立たず，翌年ドイツがポーランドを攻撃するとともに第二次世界大戦が始まってしまう。ミュンヘン協定は侵略を続けるヒトラーに譲歩した宥和(ゆうわ)政策としてその後も批判され，瀬戸際政策に対して妥協してはならないという「ミュンヘンの教訓」が生まれることになった。

　さて，チェンバレンはなぜドイツに譲歩したのだろうか。第一次世界大戦のさなか，ロイド・ジョージ（Darid Lloyd George, 1863-1945）首相の指名によって閣僚となりながらロイド・ジョージと対立を繰り返したチェンバレンは，将来の戦争を避けるためには最大限の努力を払わなければならないと固く信じる政治家であった。チェンバレンから見れば，第一次大戦，ことに英独戦争は，避けようとすれば避けることのできた戦争であり，繰り返してはならない誤りであった。その意味で，ミュンヘンにおけるチェンバレンは，第一次大戦の教訓を当てはめていたといってよい。そしてこれがチェンバレンひとりの思いでなかったことは，ミュンヘン会談から帰国したチェンバレンがイギリス国民の圧倒的な支持と歓呼によって迎えられたことからもわかるだろう。ミュンヘン協定を厳しく批判したウィンストン・チャーチルは，当時は少数派に過ぎなかった。

　だが，第一次大戦開戦時とミュンヘン会談では，ドイツ政府の性格がまったく異なっていた。英独開戦直前まで戦争を思い悩んだベートマン・ホルヴェーク（Theobald von Bethmann Hollweg, 1856-1921）宰相と違い，ヒトラーは当初から戦争を行う明確な意志を持っていたからである。「第一次大戦の教訓」をミュンヘン会談に持ち込んだチェンバレンは，まさに「歴史の教訓」を異なる状況に当てはめることによって政策の失敗を招いてしまったのである。

　ナチス・ドイツが壊滅した後，「ミュンヘンの教訓」はソ連に向けられることになる。冷戦初期のアメリカ外交において重要な課題は，イギリスがドイツに対して犯した誤りをソ連に対して繰り返さないことであった。トルーマン（Harry S. Truman, 1884-1972）政権は，宥和政策の誤りと「ミュンヘンの教訓」を繰り返し唱えつつ，ルーズベルト（Franklin Delano Roosevelt, 1882-1945）大統領にもとでの米ソ協力政策から一転して，ソ連に対して妥協をしない苛烈な政策に転換していった。だが，ここでも歴史の教訓は誤って用いられ

たのかもしれない。第二次世界大戦後のソ連は東ヨーロッパなどにおいて新しい勢力圏を獲得したが，大戦中に経済的・軍事的に弱体化してしまった。46年初めにおけるスターリンは，大戦中に獲得した勢力圏の保持を固めることが精一杯の状況にあり，とても新たな勢力の拡大を実現できる状況にはなかった。独裁者という点では同じでも，スターリンとヒトラーの戦争への意志にはやはり隔たりがあったというべきだろう。だが，そのスターリンに対する妥協を宥和政策として排除することによって，米ソ関係は冷戦期の長期停滞に向かってしまった。

「ミュンヘンの教訓」は，冷戦終結後にも用いられている。たとえば，1990年8月，イラクがクウェートを侵略したとき，イギリスのサッチャー首相もアメリカのブッシュ大統領も，ナチス・ドイツに対して取られたような宥和政策をイラクに対して取ってはならないと述べ，断固たる行動を呼びかけた。実際のクウェート侵略が，アメリカとの対決に発展する可能性を覚悟してフセイン大統領の取った冒険的な行動だったのかどうか，実は疑わしい。かつて，イラクの侵略で始まったイラン・イラク戦争（1980.9-1988.8）に際してアメリカはイラクに支持を与えた。そのアメリカがクウェート侵攻を見過ごすだろうとフセイン政権が判断した可能性は十分にある。事実，ガレスピー大使は，クウェート侵略直前にフセイン大統領からその意思をあいまいながら伝えられていたにもかかわらず，明確な拒絶を示していない。また，ヨーロッパ全土を戦場にする兵力を有していたナチスと異なり，フセイン政権は所詮はイランにも勝てない程度の武力しか持ってはおらず，世界戦争を遂行できるような軍事大国ではなかった。それでも「ミュンヘンの教訓」の力は強く，60万もの兵力を動員する戦争が戦われたのである。

歴史の「教訓」は，政策決定者が元から持っている認知枠組が現実の解釈を左右する点で，ジャーヴィスなどの心理学的政策決定論と相通じる現象を扱っているといってよい。そして繰り返していえば，政策決定に使うことのできる情報と時間が限られ，相手との交渉の余地の乏しい危機管理型政策決定においては，まさにその限界のために政策決定者の持っている認知枠組，あるいは予断と偏見によって政策の誤りが生まれる危険は高いということができるだろう。だが，逆にいえば，危機管理以外の政策決定では，そのような危険は低

い。情報と時間の制約は緩く，相手との交渉も繰り返すことができるからだ。次に，そのような領域における政策決定の特徴について考えてみよう。

(5) 2レベルゲーム

　危機管理型政策決定と異なり，手探り型政策決定においては国際交渉が1回に限られることは少なく，同じ問題について交渉が繰り返されることが多い。さらに，時間の制約も少ないため，政策決定に関与する主体を制限することも難しい。そのために，政策決定においては，政府と政府の間の国際交渉と，その争点に関する国内の政策決定の双方が同時に行われることになる。ロバート・パトナム（Robert Putnam）は，このような国際交渉というレベル1のゲームと，国内政治というレベル2のゲームが同時に展開する状況を「2レベルゲーム」（二層ゲーム，2 level game）と呼んだ。

　それでは，どのような条件のもとで当事者が合意できるのか。まず，レベル2，すなわち国内政治における合意について考えてみよう。この合意にはかなりの幅があると考えることができるから，一つの解ではなく，複数の解の集合として捉えることが適切になる。そこで，レベル2の解の集合をウィンセット（win-set）と呼ぶことにしよう。また，レベル1のゲーム，すなわち国際交渉について，両国政府が合意できる解決についても，その解の集合を同じようにウィンセットと呼ぼう。

　国内政治では，さまざまな政治勢力，与党，野党，圧力団体，マスメディアなどが自分たちの要求が実現するように，それぞれほかの勢力と連合を組み，求める政策を主張することになる。そして，国内政治におけるウィンセットは，その勢力分布や連合の形態によって，大きなものとも小さなものともなるだろう。国際交渉の現場でも，各国政府は自国の要求を貫くため，さまざまな戦略に訴えるだろう。そのような戦略の取り方によっては，相手と合意できる幅を広く取るときも，また狭く取るときも出てくるだろう。つまり，レベル2のウィンセットも，レベル1と同様に，大きなものも小さなものもあることになる。

　さて，国際交渉における合意とは，実は国際交渉だけではなく，その交渉の結果が本国社会に受け入れられるという条件を伴わなければならない。つま

り，レベル1のウィンセットと，レベル2のウィンセットという二つの集合の重なるところで，国際交渉の解が生まれることになる。この集合の重なるところ，つまり国際交渉の結果が国内政治でも受け入れられている状態を，パトナムはウィンウィン（win-win）と呼んだ。

国際交渉が繰り返されるとき，一つの交渉では不利な解決であっても，将来の交渉では有利な解決に変える機会が残されるから，両国の安定した関係維持を優先して，その不利な解決を政府が受け入れる可能性がある。ところが，外交交渉の当事者は，国内社会における勢力分布や政党の希望する政策などについて十分な情報を持っていないことが多く，国際関係においては合理的な解決が国内政治ではそのように見なされない可能性がある。2レベルゲームの基礎には，国際交渉における合意形成と国内政治における合意形成との間に基本的なギャップが開いているという認識がある。

レベル1のウィンセットとレベル2のウィンセットが重なるとは限らない。考えればすぐわかるように，レベル1（国際交渉）におけるウィンセットが十分に大きくなければ，交渉は決裂する可能性が高い。そして，レベル2（国内政治）におけるウィンセットが大きくなければ，レベル1におけるウィンセットも小さくなり，交渉の成立が阻まれることになる。国際交渉で合意できる解決と，国内政治で受け入れることのできる解決が，それぞれ十分な幅を持たなければ，国際交渉におけるウィンウィンは成立しない。

貿易紛争を見ればわかりやすいかもしれない。日米間における牛肉やオレンジの自由化を巡る交渉が，日本国内でも，また日米交渉においても争点となったことはよく知られているだろう。日本の農家からすれば，早期の，かつ大規模な貿易自由化は打撃となるから，自由化の幅はできるだけ小さくしたい。ここで，日本政府がどこまで自由化に応じても国内の不満をなだめることができるのか，これがレベル2のウィンセットとなる。他方，日米交渉の過程において，日本はアメリカがどこまで譲歩に応じるか，その点を見極めながら交渉を進めるだろう。どこまでならアメリカと合意できるのか，その譲歩の範囲がレベル1のウィンセットとなる。そして，そのためにレベル1のウィンセットとレベル2のウィンセットとの間にはズレが生じてしまう。このズレが大きい場合，貿易交渉でアメリカと合意を取りつけた交渉当事者は，帰国してから国内

の不満に直面し，結果的には両国政府の合意達成に失敗することになってしまう。二つのウィンセットが十分に大きくなければウィンウィンが達成できないというのはこの意味である。

　2レベルゲームが成り立つためには，国内政治における合意形成も国際交渉も，同時に複数回繰り返されなければならない。もし国内政治における合意が達成された後で，その合意を基準として1回だけ国際交渉が行われるのなら，国際交渉が始まった段階において政府の立場が国内社会とまったく重なっているから，特に2レベルゲームを論じる意味は少ない。国内政治における合意形成も国際交渉も同時に，しかも複数回展開されるという，貿易問題などの交渉に広く見られる国際交渉の優れて現代的な特徴が，2レベルゲームを生み出したといえるだろう。

　また，政府間での妥結を先行させていた伝統的な外交では，2レベルゲームを考える意味が乏しい。結局のところ，2レベルゲームを巡る問題は外交政策は誰が決めるのかという問題に帰着するからである。形式だけを見れば，外交政策の決定は政府の最高責任者に帰着し，世論の果たす役割はごく限られている。もちろん，専門分業化の進んだ現在の官僚組織において首相や大統領が直接携わる政策決定は限られているが，それでも他の政策領域に比べれば最高指導者の役割は大きく，また議会や政党が関与する度合いも少ない。年金や雇用のような内政の争点に比べて外交政策に対する世論の関心は相対的に低く，それがまた外交政策決定における行政の優位を支えてきた。そのために，伝統的な外交では国内の政治勢力の分布や立場が影響を与えることが少なく，国際関係と国内政治は切り離して論じられてきた。

　だが，軍事安全保障のような領域と異なって，貿易自由化をはじめとする経済的争点は，内政の争点と結びつきやすい。そして，内政の争点となった外交問題では，もはや政府間交渉の結果をそのまま国内社会に受け入れさせることは難しい。国際合意と並んで国内社会の承認というもう一つのゲームの登場は，各国における民主化の進展と，軍事安全保障以外の領域の国際関係における重要性の拡大という二つの現代政治の変化によって生み出されたと考えることができる。外交政策における危機管理と手探り型という二つの類型は，国内世論の関わりという点でも対照的な特徴を示しているのである。

第3部 体　系

第7章　力の均衡とは何か

　前章では各国の外交という，いわばミクロの領域に焦点を置いて考えてきたが，本章では，国家の相互関係がどのような仕組みを作り出すのか，国際関係における体系（システム）レベル，いわばマクロの領域について考えてみたい。国際政治における体系として第一に考えなければならないのが力の均衡（balance of power）である。力の均衡とは何を意味し，現代国際政治においてどのような役割を果たしているのか。古典外交における力の均衡と，その末裔ともいうべき抑止戦略について考えることが，この章の目的である。

(1)　力の均衡

　アメリカと中国の力のバランスとか，中東における力の均衡などという用語法からもわかるように，力の分布とその相互関係は，国際政治における最も基本的な概念の設定である。国家を越えた権力が存在せず，権力闘争が国際関係の特徴である限り，各国は安全を実現するためには自国の力に頼るほかはない。国際関係が均衡する条件も力に求めざるを得ず，力に頼って他の力を圧することによってはじめて安定も実現することができる。このときに生まれる国と国の均衡状態，互いに脅し合うことによって保たれる均衡状態のことを力の均衡と呼ぶ。この概念はごく古くから用いられながら今なお日常的に見かけるといっていい。その理由は，リアリズムの視点から見るとき，国際関係における唯一の秩序の観念が力の均衡だからである。

　ただ，ここでいう「力の均衡」が政策のことか，それとも国際秩序の形態を指しているのか，そこには意味の違いがある。政策としての力の均衡は，要するに大国への対抗であり，対抗するために同盟をつくる政策のことであって，その政策の目的がその国家の存続と国益の確保である限り，特に国際関係の安

定や均衡などと結びついたものではない。だが，各国が力の均衡を政策として採用し，その結果として各国の存続を脅かすような侵略を阻むことが実現すれば，力の均衡とは個別政府の取る政策ばかりでなく，国際関係の秩序の概念としての意味を持つことにもなる。同じ言葉に，政策と秩序という二つの異なる意味が込められているのである。

　力の均衡が政策なのか，国際秩序の概念なのか，その意味は時代によっても変わってきた。力の均衡の起源は15世紀のヨーロッパ，イタリアの諸都市がフィレンツェやジェノヴァに対抗して連合を組んだとき，その連合を正当化するために用いられたものが初期の事例とされている。だが，このときにいう力の均衡とは，もっぱら強国に対抗する同盟の別名であり，政策としての力の均衡ではあっても国際秩序という意味づけは乏しかった。17世紀の三十年戦争から18世紀にかけてヨーロッパ国際政治の原型が完成するとともに，力の均衡という概念の用例は増えるが，そこでの力の均衡の意味は基本的には同盟政策であって，それによって国際関係全体が安定するという認識は乏しく，また実際にもヨーロッパでは戦争が繰り返された。

　だが，同じ時代に，各国が政策として力の均衡を求めることによって，国際関係全体についても均衡と安定を実現できるのではないかという，秩序としての力の均衡という概念も生まれてゆく。1713年，イスパニア継承戦争（1701-14）の末期，ユトレヒト条約の一環として結ばれたスペイン・イギリス条約では，「力の均衡，勢力均衡を通じてヨーロッパの平和を保つ」という文言を見ることができるが，このように「力の均衡」には各国の政策ばかりでなく，ヨーロッパの秩序の原則という意味も与えられていった。力の均衡が，国際関係の現状維持（status quo ante），つまり各国が合意したある状態を規準とし，これを各国で守るという観念に発展したのである。

　19世紀，ナポレオン戦争の終結とその後のウィーン体制の構築によって，欧州協調（concert of Europe）原則が強調され，ヨーロッパの主要国すべてによって国際関係の秩序を構成する基本的な観念としての力の均衡が受け入れられた。ウィーン体制に生まれたこの「秩序としての力の均衡」という観念が，それ以前から存在する「政策としての力の均衡」と併せて，国際政治の説明における中核的な概念として登場し，現在に至ることになる。たとえば冷戦期国

際政治の中核をなす概念である核抑止は，後に述べるような重要な違いを持つとはいえ，力の均衡の変種であるといってよい。抑止は相手に対抗する軍事戦略であるとともに，双方が抑止戦略を取ることによって生まれる安定状態をも指しており，政策であると同時に秩序概念も兼ねているのである。

それでは，政策としての力の均衡とはどんな政策を指しているのだろうか。歴史的な背景をひとまず横に置いて，ごく抽象的にここでまとめておこう。

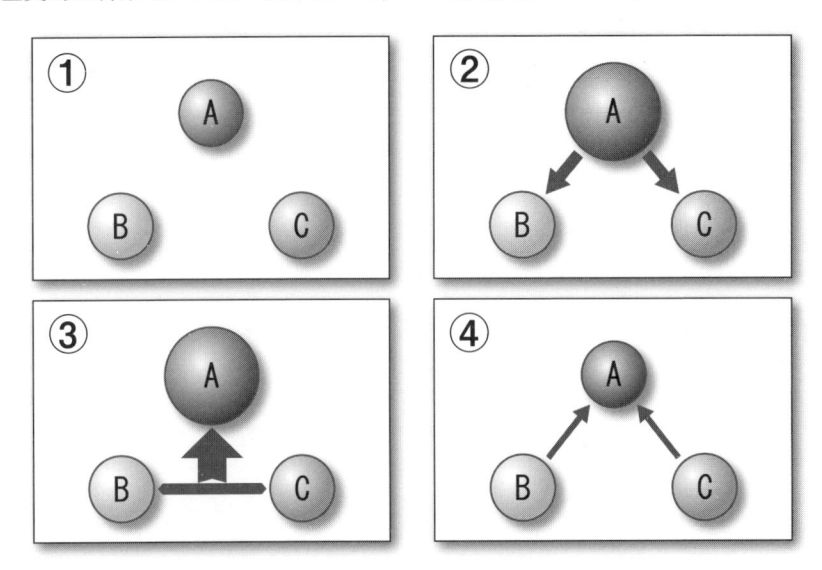

●勢力均衡体系●

　最初に，国力の規模がほぼ同じ，A，B，Cという三つの国があるとしよう。ここで，A国が勢力の拡張を図り，軍事力を急激に拡大した場合，B国とC国はどのように行動するだろうか。B国もC国も安全を脅かされるが，それぞれ単独ではA国との戦争に勝てない。だが，B国とC国が同盟を組み，A国が攻めたときには共同で戦うことに合意したとすれば，十分に対抗できる。B国とC国にとって，ここでの合理的な選択は同盟の形成である。

　ここで，B国とC国が，「A国は勢力を撤退しろ」と要求した場合，A国は負けを覚悟で戦争に訴えるか，それとも撤退するかという選択に直面する。そして，A国の指導者が合理的であるなら，敗北の確実な戦争よりは撤退を選ぶ

だろう。結果として、B国とC国の一致した対抗によってA国は勢力の拡大を断念し、元の状態に戻されることになる。

　図を見ればわかるように、4枚の図面のうち、中間段階の2枚では、A国の勢力がB国、C国それぞれよりも大きいが、最初の図と最後の図ではABC三国の力の分布はまったく同じになっている。つまり、力の均衡という政策を取ることによって、力の均衡を変えたA国の行動を阻み、当初と同じ力の分布を取り戻したことになる。各国が力の均衡という政策を取った結果、国際政治における力の均衡も結果として保たれた。A国の勢力拡大に対してB国とC国の取る行動が上記の攻守同盟だけに限られるとすれば、政策として力の均衡を進めることによって、国際関係全般でも力の分布が保たれ、秩序としての力の均衡が実現するのである。

(2) バンドワゴン

　勢力拡大を目指す国家に立ち向かう諸国が常に攻守同盟を結ぶとは限らない。そのような力の均衡の逸脱として第一に挙げられるのが、バンドワゴン (bandwagon)、すなわち「勝ち馬につく」政策である。

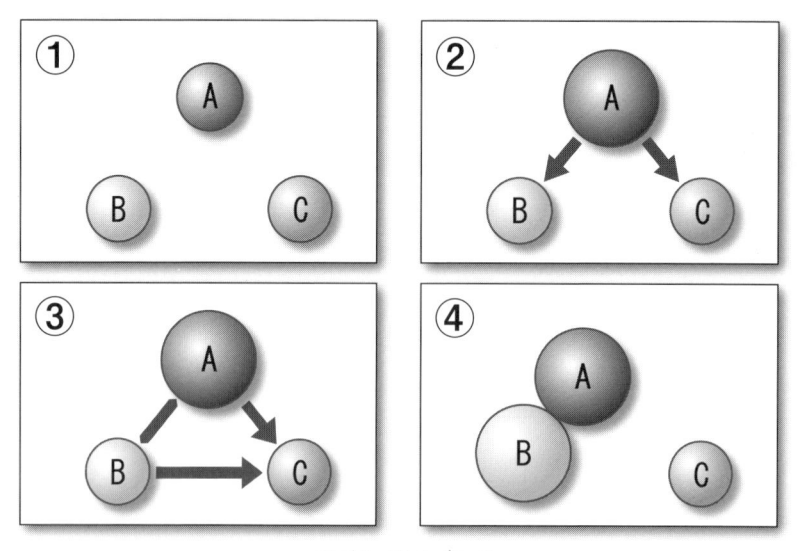

●バンドワゴン●

この図において，最初の2枚，つまりA国，B国，C国がほぼ同じ力を持ち，A国が勢力の拡張を図るところまではその前のものと同じである。だが，ここで問題はB国の行動である。確かに，勢力を拡張するA国はB国の安全を脅かす脅威には違いない。しかし，ここでA国に対抗するのではなく，A国と手を組んだらどうなるだろうか。B国にとって，C国との同盟よりもA国との同盟のほうがはるかに圧倒的な力を獲得することができる。このA国とB国の同盟を基にしてC国に譲歩を要求し，あるいは戦争を仕掛けた場合，譲歩を獲得し，あるいは圧倒的な勝利を得ることを期待できるだろう。このような，強い側に対抗するのではなく，強い側と手を結ぶ戦略をバンドワゴン戦略と呼ぶ。バンドワゴンは，ケネス・ウォルツの『国際政治の理論』(Theory of International Politics) に紹介されることで広く知られることになったが，クインシー・ライト (Quincy Wright) の古典『戦争の研究』において，すでにその原型を見ることができる。

　力の均衡が均衡モデルであるのに対し，バンドワゴンは不均衡モデルである。図の最初と最後を比べれば，最後の図においてA国とB国の力が増大しており，ABC三国の力の分布が変わっていることがわかるだろう。B国が力の均衡と異なる政策を取ることによって，国際関係全般で見ても力の分布が変わり，それまでの均衡が破られてしまうのである。

　問題は，このバンドワゴン戦略がどれほど現実に見られるのか，という点にある。ケネス・ウォルツは，バンドワゴン戦略を取れば自国に対する脅威をさらに増やすことになるから，論理的には可能でも各国にとって合理的な行動ではないと論じた。事実，A国と同盟を結んだB国は，まさにそのことによってそれまで以上にA国を強めてしまったのであり，それだけ自国の安全を阻害した，と考えることもできる。だが，外交史の例を見れば，バンドワゴンとしか分類のしようがない政策が現実に採用されてきたことも否定できない。

　その一例として，19世紀のドイツについて考えてみよう。19世紀中葉のプロイセンは，どう見てもそれまでの均衡を破り，勢力拡張に成功した大国であった。ヴィルヘルム二世 (WilhelmⅡ, 1859-1941) によって宰相に任ぜられたビスマルク (Otto Bismarch, 1815-1898) の指導のもと，プロイセンは1864年にデンマークを破ってシュレスヴィヒ・ホルシュタイン地方を併合し，1866年

には普墺戦争でオーストリアを破ってヘッセン，ハノーファーなどの王国を併合，北ドイツ連邦を結成してドイツ地域における影響力を確立する。そのうえで普仏戦争（1870-71年）ではフランスに圧勝，アルザス・ロレーヌ地方を獲得したばかりか，ヴェルサイユ宮殿においてドイツ統一の式典を行った。確かに，全部の戦争をプロイセンの側が起こしたとはいえないし，小規模な王国がプロイセンの主導権を受け入れたからこそプロイセンを中心とするドイツの統一も可能になった。それでも，プロイセンの拡大とドイツ統一によって，19世紀ヨーロッパにおける力の分布が大きく変わったことは否定できない。

　だが，ヨーロッパの大国は，この新しいドイツ帝国に対抗して連合を組むどころか，相次いでドイツとの同盟に走ることになる。普仏戦争後，オーストリアとロシアはドイツと三帝同盟（1873年）を結び，ロシアとオーストリアの対立によりその同盟が解体した後も，オーストリアはドイツ・イタリアとの三国同盟（1882年），またロシアはドイツとの再保障条約（1887年）をそれぞれ結んでいる。強大化したドイツに抵抗するのではなく，逆に結びつきを強めたのだから，バンドワゴンと呼ぶほかはない。

　ドイツとの協力を進めたのは，強大化したドイツを阻む力を持つ唯一の大国イギリスも同じである。普墺戦争，普仏戦争のそのどちらについても，イギリスがプロイセンの行動を抑制することはなかった。その一因は，分断されたドイツ地域が統一されることはヨーロッパの安定につながり，さらにドイツがロシアとフランスを抑制することも期待できるという判断であった。イギリスの海外領土を脅かさない限り，大陸におけるドイツの台頭は決してイギリスに不利益なものとは考えられていなかった。そして，露土戦争後のバルカン問題を巡って開かれたベルリン会議（1878年）において，ビスマルクを基軸とするヨーロッパ秩序の形成が固まったとき，イギリスのディズレーリ（Benjamin Disraeli, 1804-1881）首相はドイツよりもロシアを抑制することに全力を注いだのである。

　ビスマルク時代のプロイセンとドイツを巡る国際関係は，各国が台頭する大国に対抗するのではなく，その大国と同盟の形成に走る，まさにバンドワゴン戦略の典型であった。その国際環境のなかで，ドイツは軍事大国としての地位をさらに高め，陸軍はもちろん，海軍においてもイギリスに対抗する存在にま

で成長する。バンドワゴン戦略が国際関係における力の分布を変えてしまった例をここに見ることができるだろう。

もし各国が、力の均衡ではなくバンドワゴン戦略を取る可能性があるとするなら、力の均衡は唯一の政策ではないことになる。各国政府が力の均衡を政策として採用する可能性は常にあるが、必然ではない。

(3) 力の均衡と戦争

力の均衡は、政策手段としての戦争を排除するどころか、むしろ戦争を政策の手段とすることによってはじめて成立する政策である。B国とC国が同盟を組んだとき、それでもA国が撤退しなければ、B国とC国は戦争に訴えることになる。ここでの軍事力は、戦争は相手の行動を抑制する手段だけではなく、実際に相手を倒す手段としても意味を持つのであり、その意味で力の均衡と、ことに核兵器について多く論じられる抑止戦略との間には違いがある。抑止戦略の場合、戦争が始まってしまえば抑止の失敗になるからだ。

また、力の均衡が各国の行動を抑制する効果があるとも限らない。もし各国が現状における権力に満足し、その現状の維持と国家の安全だけを目標として行動するならば、各国が力の均衡を政策として採用することで国際関係が均衡する可能性はある。だが、どの国も現状よりも権力を拡大することを望んでおり、力の拡大のために犠牲をいとわないとすれば、政策としての力の均衡も他国の力を奪う政策と同じものとなり、国際関係でいえば恒常的な戦争状態が続くことになる。前者、すなわち国家の存続と現状維持に限って各国政府が権力を行使するという想定を基にした考え方を防御的リアリズム（defensive realism)、そして後者のような、各国それぞれが権力を最大にしようとして権力行使を行う想定を立てた考え方を攻撃的リアリズム（offensive realism）と呼ぶ。各国が防御的行動に終始する場合は、各国政府の取る力の均衡政策が国際関係における均衡維持をもたらす可能性が生まれ、各国が攻撃的行動を辞さない状況においては、力の均衡政策が国際関係の均衡をつくる可能性は少なく、むしろ短期的な同盟を組み替えながら数多くの戦争が戦われる可能性のほうが高くなってしまう。このように、同じリアリズムといっても、どちらの考えに立つかによって、力の均衡の意味も、国際政治の均衡の有無も、大きく異

なることになる。

　三十年戦争から18世紀末までのヨーロッパにおける国際関係は，防御的リアリズムの前提が当てはまらない時代であった。三十年戦争が終わり，教皇の影響力が後退して宗教戦争がなくなったとはいえ，ウェストファリア条約によって対外的主権を国際的にも認められた各国の君主は，国家の権力を拡大する目的から不断の戦争に従事したからである。貴族を抑えて絶対君主としての権力を備えた国王は，その権力によって財政基盤を拡充し，他の諸国やそれまでは自立を保ってきた都市などへと支配を拡大していった。そして，ロシアなど三国に分割されたポーランドに典型的に見られるように，絶対王政の確立に失敗した国家には征服される運命が待っていた。防御や均衡よりも侵略と進出が時代の精神だったというべきだろう。

　より具体的に見れば，一連の戦争を生み出す背景として，かつてスペインからオランダ，オーストリアまでを支配したハプスブルク帝国の凋落が三十年戦争以後もさらに進み，ヨーロッパの中央部が新たな権力闘争の焦点となったことを挙げなければならない。その闘争の重点はイギリスとフランスにあった。イギリスでは名誉革命によって清教徒革命以来の内乱期の混乱に終止符が打たれ，18世紀初めにはスコットランドとの連合王国を樹立し，内政基盤が固められていた。また，フロンドの乱（1648-53年）の鎮圧により国王の貴族に対する圧倒的優位を確立したフランスは，太陽王ルイ14世のもとでヨーロッパ大陸最大の国家財政と軍を手にしていた。このイギリスとフランスを両極とし，これにフリードリッヒ大王のもとで急速に台頭したプロイセンを加え，他のヨーロッパ諸国が同盟を組みながら，かつてハプスブルクの影響下にあった地域の支配を争う戦争が続けられたのである。主要なものだけに限っても，イスパニア継承戦争（1701-14年），オーストリア継承戦争（1740-48年），そして18世紀最大の戦乱となった七年戦争（1756-63年）があり，それと一部は重なりながら17世紀末のネーデルランド戦争，断続的に戦われた英仏植民地戦争，ポーランド継承戦争など，実に数多くの戦争が戦われている。

　各国それぞれが勢力の拡大を目指していただけに，この時代における力の均衡が戦争を防止する効果を持つはずはない。そこでの力の均衡に国際秩序との関わりが少しでもあったとすれば，それは戦争終結の処理の過程で，終戦時の

力の分布について各国が合意するという原則であった。イスパニア継承戦争の後にユトレヒト条約，オーストリア継承戦争後にはアーヘンの和約，そして七年戦争の後はパリ条約というように，戦争が終わるごとに条約が結ばれた。条約の内容も戦争を追うごとに詳細で体系的となり，現代における条約に近いものとなっていった。だが，終戦時の力の均衡を約束したからといって，その均衡を保つ意志があるわけではなく，他国の国王と貴族の対立，あるいは王位継承を巡る争いなどにつけ込むかのような戦争が繰り返された。また，同盟の形成も戦争を阻む効果が乏しかった。むしろ，新たな相手の獲得が戦争を有利に展開する条件となったため，イスパニア継承戦争ではイギリスと組んだプロイセンがオーストリア継承戦争ではフランスと組んだことに見られるように，同盟の相手方は目まぐるしく変わり，同盟そのものが戦争を誘発していった。

19世紀ヨーロッパの国際関係は，各国政府が攻撃的な政策に走るとき，政策としての力の均衡が国際関係の安定とは無縁であることを示している。もちろん各国政府が防御的な政策を取るのであれば，システムとしての均衡が実現する可能性は生まれるだろう。だが，各国が攻撃的行動を取るのか，それとも防御を基軸とした政策運営を続けるのか，その違いは力の均衡という政策だけからでは説明できない。

しかし，各国が政策として力の均衡を採用し，しかも実際に大規模な戦争があまり起こらなかった時代は存在する。力の均衡はそれだけでは平和を保障しないはずなのに，それではなぜ長期間の平和が支えられたのか。これが，次の課題である。

(4) ウィーン体制の意味

力の均衡のもとで平和が支えられた時代として最も有名なものが19世紀前半のヨーロッパ，ナポレオン戦争後のウィーン体制である。この安定は何によって支えられたのか，それを知るためにはフランス革命の前の時代に戻らなければならない。

戦争の時代を変えたのは重税だった。18世紀に繰り返された戦争は，膨大な戦費のためにヨーロッパ各国の財政を圧迫し，財政難を打開するために課された重税が今度は国民の不満を引き起こす。海外への覇権の基礎となる軍の拡大

が，国内社会からの挑戦を生み出してしまったのである。ことに七年戦争が招いた財政危機と重税は，イギリスに対するアメリカ植民地の反乱と，フランスの王権に対する貴族，さらに一般市民の抵抗を誘発し，アメリカ独立とフランス革命の一因となった。

そして，マキャベリが予言したとおり，革命とともに成立した国民軍は，自分たちの共和国を守ろうという自己犠牲の熱意に支えられ，かつての傭兵などとは比較にならないような破壊力を戦争で示すことになる。革命と祖国の防衛を目的として始まった戦争が，結果としてはブルボン朝を凌駕する規模と速度でフランスの対外的勢力拡大を実現し，そのなかから生まれたナポレオンはわずか数年のうちにローマ以来の帝国をヨーロッパに築きあげた。国内における専制君主を倒した革命は，国際関係においても「複数の国家に分かれた世界」という三十年戦争以来の秩序を破壊してしまったのである。

ナポレオンの帝国を壊したのは必ずしも諸国による抵抗ではなかった。強力なフランス軍を前に各国は敗戦を重ね，ハプスブルク帝国のフランツ帝がその娘マリア・ルイーズをナポレオンの妻に差し出したことから見られるように，プロイセンやオーストリアなどの皇帝は一致してナポレオンと戦うどころか，縁戚を取り結んで慰撫を期待するような状態だった。ナポレオンに対抗する諸国の連合，対仏大同盟は何度か組まれたが，それが戦果を収めるには，すでにナポレオンの軍がごく弱体化した1814年のライプチヒ会戦を待たなければならない。こと軍事力に関する限り，国民軍の威力は絶大だった。

だが，専制君主の脆弱性を突いて領土を拡大したナポレオンも，「国家に分かれた世界」としてのヨーロッパ国際関係に代わる一元的な帝国を支えるような行政機構と経済基盤は持たなかった。そもそもロシア遠征の引き金となったのが，大陸封鎖によって経済的に追い詰められたロシアによる対英貿易の再開であったが，そのロシアに遠征し，モスクワまでを制圧しながら，フランスはモスクワ占領さえ支えることができず，炎上するモスクワから撤退せざるを得なかったのである。国際関係を破壊したナポレオンも，帝国秩序の形成には失敗したといっていいだろう。

1814年9月，エルバ島にナポレオンを追放した後に残されたヨーロッパをどのように再建するのか，ナポレオン以後のヨーロッパの構図をつくるため，

オーストリア宰相メッテルニヒ（Fürst von Metternich, 1773-1859）の主催のもと，各国の国王，皇帝，宰相，大使がウィーンに集まって会議が開かれた。各国が一堂に会した総会などは開かれていないため，このウィーン会議（Congress of Vienna, 1814-15）は厳密にいえばウィーンで開かれた一連の会議とでも呼ぶべきものであるが，ウェストファリア会議以後はじめて開かれたヨーロッパ規模の国際会議であり，そこから生み出されたヨーロッパの体制をウィーン体制と呼ぶ。

　旧体制と国王支配の回復を求める正統主義に見られるとおり，国内政治に注目すればウィーン体制はフランス革命と共和主義に逆行する歴史的反動であり，その続いた期間も1848年の諸革命によって倒されるまでの30数年に過ぎない。だが，国際関係の観念に注目すれば，このいかにも保守的な体制が，結果としてはその後のヨーロッパ国際関係の骨格を創設し，その主導勢力や観念が変わっていったとはいえ，1848年の諸革命よりはるかに後の時代までその跡をとどめることになった。何よりも，ナポレオン戦争の後，いくつかの戦争が起こったとはいえ，ヨーロッパの大国間の全面戦争は，第一次世界大戦開戦まで100年もの間起こっていない。ウィーン体制は，政治的自由主義を基準とすれば短期間歴史を巻き戻したものに過ぎないが，国際関係の観念に注目すれば新たな秩序を生み出したといってよい。

　もっとも，会議の最初からそうなったわけではない。ナポレオン戦争が終わると直ちに，各国は再び権益拡大のための工作に従事したからである。なかでも有名なのがザクセン問題である。ロシアはプロイセン・オーストリア領を含めたポーランドの併合を求めたが，これに対してプロイセンはポーランド放棄と引き換えにザクセンの領有を求め，さらにこのロシアとプロイセンに領土を奪われる立場にあるオーストリアが両国と対立した。このために，一時は戦争の勃発も懸念されるほどの緊張が生まれ，ザクセンを巡る対立がウィーン会議全体をも膠着状態に陥れてしまったのである。ナポレオンが属国としたイタリア地域も会議の焦点となり，ヴェネツィアをはじめとする北イタリアの領有をナポレオンと争ったオーストリア，またナポレオン以来のナポリ支配を求めるフランスなどの間でイタリア権益の分配が争われた。ウィーン会議の前半は，フランス革命以前の時代に見られたような領土の取り合いと権力闘争で彩ら

れ，各国が合意できるような状態ではなかった。「会議は踊る，されども会議は進まず」という有名な言葉にあるように，年が明けても会議の展望は開かれなかった。

ウィーン会議の停滞を砕いたのがナポレオンの復活である。1815年3月，ナポレオンが側近を従えてエルバ島を脱出したことを知った各国の皇帝や宰相は慌てて自国に戻った。やはりフランス革命の再来は杞憂ではなかった。昔のような領土争いを繰り返しているだけでは革命によって王政を倒されてしまうかもしれない。ナポレオンの敗北が決定的となるワーテルローの戦いの直前に，ウィーンの議定書が結ばれ，長い会議は終わりを告げた。

フランス革命再現の恐怖がヨーロッパの君主を結びつけ，その共有する目標のために国際協力の必要も自覚された。正統主義を掲げ，王政の堅持を求める各国の君主にとって，領土の拡大よりも革命を阻止することのほうがはるかに重要だった。国王の首が切られるよりは，平和のほうがまだましだからである。革命の再来とナポレオン復活の恐怖がウィーンの会議を急速に合意へと導き，さらに革命の回避のためには各国の対外政策にも自制を求める秩序をつくる契機となった。

それまでの国際条約と同じように，1815年6月に結ばれたウィーン議定書にも「力の均衡」という言葉が使われている。だが，その意味はすでに終戦処理における国境の確定よりもはるかに積極的な，大国の協調によってヨーロッパ国際政治の安定を支えようという，いわば秩序の原則に転換していた。ウィーン会議後に結ばれた一連の同盟は，その秩序原則をいっそう明確なものとしてゆく。まず，ロシア皇帝アレクサンドル一世（Alexander I，1777-1825）が，ヨーロッパ各国は神の教えのもとで平和を保つべきだとプロイセンとオーストリアに呼びかけ，神聖同盟（the Holy Alliance，1815年）がつくられた。アレクサンドル帝のナイーブな理想主義に対してイギリスのカスルリー（Robert Stewart, Viscount Castlereagh, 1769-1822）が反撥したものの，そのイギリスも主要国の合意による国際秩序という観念には賛同し，四国同盟（Quadruple Alliance）が成立する。1818年にはフランスが加わって五国同盟に発展し，ヨーロッパの主要大国すべてが同盟を結ぶというかつてない事態が登場した。

すべての大国が加わる以上，この同盟は強国に対抗する攻守同盟ではあり得

ない。権力闘争に代わって掲げられた原則が、フランスを含めたヨーロッパの諸大国が協力を誓い、ウィーン会議に定められた国境を維持し、欧州各国の間の力の均衡を守ることによってヨーロッパの安定を図るという欧州協調（Concert of Europe）の原則であった。ここにいう「力の均衡」は、各国の政策を指すと同時に、国際秩序の安定を保持するという、秩序原則という意味も備えている。同じ言葉が、無政府状態の別名から、国際法秩序に近い意味に変わったといってよい。

　王政復古と正統主義を掲げていただけに、少なくとも内政に関する限りではウィーン体制は支えようのないものに過ぎなかった。すでに1817年にはドイツ・ワルトブルクで自由改革運動、1825年にはロシアでデカブリストの反乱、1831年にはカルボナリの反乱がイタリアで起こったように、ウィーン体制下のヨーロッパでは自由主義者の反乱が相次いで発生したからである。そして1830年にはフランス七月革命によってブルボン朝が倒れ、その七月王政も1848年には二月革命によって倒されるというように、世紀中頃になると正統主義の落日が明確となっていった。欧州協調を掲げ、戦争を自制したところで、君主の支配を支えることはできなかった。

　ウィーン体制下の各国が対外政策で一致したわけでもない。カルボナリの活動するイタリアに対してオーストリアが介入した際にイギリスが沈黙を守ったことに見られるように、自由主義への対抗に積極的な諸国と、より穏健な路線を歩むイギリスとの間には大きな溝が開いていたからである。各国が一致して行動できたのはオスマン・トルコへの対抗だけだったといってもいい過ぎではない。そして、1853年にクリミア戦争が起こり、イギリスとフランスがオスマン・トルコと結んでロシアと戦うに及んで、国際関係におけるウィーン体制も終わることになる。

　それでも、ウィーン体制のもとで大国間の戦争が回避されたことはやはり大きな成果というべきだろう。さらに、王政でなければ欧州協調が支えられないわけでもなかった。たとえば、フランス二月革命で誕生した政権は、ルイ・ブラン（Louis Blanc, 1811-1882）などの社会主義者を含む極度に急進的な政権であった。ところが、この革命政権は発足直後からイギリスに新政権の承認を求め、このフランスの求めに対して、かつてウィーン会議にも出席したことも

あるウェリントン公（Arthur Wellesley, Duke of Wellington, 1769-1852）の進言に基づいて，イギリスも迅速に承認を与えている。つまり，フランス第二共和政の急進的な指導者もイギリスとの伝統的な外交の継続を望み，また急進的な社会変革には懐疑的なイギリス政府もフランスとの安定した関係を支えるべく，その望みに応えた。ここには，王政だから支持するのではなく，欧州各国の国際関係の規範に従う限りではその国家に承認を与えるべきだ，という判断を見ることができるだろう。革命への恐怖によって団結した君主の連合として始まったウィーン体制は，内政では1848年諸革命，外交ではクリミア戦争によって終わってしまうが，そこに生まれた欧州協調の観念は，内政の形態を問わずにヨーロッパ国際関係の安定を重視するという現状維持の規範へと意味を変えたうえで，なお残されたと考えることができる。

　ウィーン体制を支えたのは，フランス革命とナポレオンの再来を避けようという，各国に共通する利益であった。各国の政変とともにその共通利益が不明確となれば，協調を支えるのも難しくなる。19世紀後半から20世紀初めまで，つまりクリミア戦争とイタリア・ドイツの統一から後のヨーロッパは，ウィーン体制に示された欧州協調が形骸化し，各国国内でナショナリズムが高揚するとともに，国際関係も再び権力闘争としてのみ捉えられる時代に戻っていった。プロイセンが勢力を拡張してドイツ統一の主導勢力となったとき，そのドイツに対抗するのではなく各国がバンドワゴンを組んだ理由の一つは，新たな権力闘争が際限のない暴走に発展しないようにするには，強国ドイツの影響を認めたうえで新しい力の分布を承認することが合理的だったからである。だが，どれほどバンドワゴン戦略の結果を「新しい勢力均衡」と呼び変えようと，宰相ビスマルクのもとのヨーロッパの平和にはウィーン体制を均衡に導いた各国の合意はなかった。イギリスとドイツが海軍力を競い合った英独建艦競争に見られるように，力の均衡は戦争を防ぐどころか戦争を誘発する要因となっていった。その果てに第一次世界大戦と第二次世界大戦が待っていたことはいうまでもない。

　力の均衡は幅のある概念であって，秩序の原則にもなれば，権力闘争の別名にもなる。そして，力の均衡のもとで安定が実現するためには，ウィーン体制

におけるように，各国を結びつける共通の理念や利益が必要であった。だが，各国が独自の政策を求めるとき，国家を横断する理念や利益を長期間にわたって支えることは難しい。17世紀以後のヨーロッパ国際政治を力の均衡だけによって安定させることは，やはりできなかったのである。

第8章 同盟の力学

　前半では，前章までの力の均衡の議論を踏まえ，類似した概念として抑止について考察する。大国間の戦争が見られない時代としてウィーン体制と並ぶものが冷戦期の米ソ関係である。その「長い平和」を支えたのが核抑止であるといわれるが，それでは核抑止とは何か。また，それはどこまで，どの程度有効なのか，まず考察する。後半では，同盟の意味について考える。力の均衡を支える政策のなかでも代表的なものが同盟であり，近代国際政治の始まりから冷戦期，さらに米ソ冷戦が終わった後もなお，その役割は失われていない。それでは，この同盟とはいったい何か，考えてみよう。

(1) 冷戦と抑止

　ウィーン体制と並んでもう一つ，力の均衡によって大国間の戦争が回避された時代がある。それが米ソ冷戦であり，第二次世界大戦の終結から旧ソ連の解体した1991年，さらにいえば現在に至るまで，地域紛争への介入を別として，大国が直接に戦う戦争は起こっていない。これほど長い期間にわたる大規模戦争の不在はごく珍しく，第一次世界大戦後に慎重につくられたヴェルサイユの平和が20年ほどしか続かなかったことと著しい対照をなしている。アメリカの歴史家ジョン・ルイス・ギャディス（Jhon Lewis Gaddis）は，この点を捉まえて，冷戦を長い平和（long peace）と呼んだ。
　冷戦とウィーン体制にはいくつもの重要な違いがある。まず，王政復古という目標をウィーン体制に加わった諸国が共有していたとすれば，冷戦期の米ソ両国は明らかな政治経済体制とイデオロギーの違いを抱えており，間違っても理念や体制を共有する存在ではなかった。また，各国が繰り返し行う外交交渉によって支えられたウィーン体制と異なり，米ソの間にはイデオロギーの違い

によって加速された相互不信があり，外交による国際関係の打開の余地は常に限られていた。ウィーン体制における同盟とは五国同盟，つまり主要国すべての加わった国際協調の仕組みであったが，冷戦における同盟とは米国を中心とするNATOや日米安保条約などに支えられた西側諸国の同盟と，ソ連を中心とするワルシャワ条約機構や中ソ友好同盟条約などの支える東側諸国の同盟であって，東西を横断する同盟などは望むべくもない。ウィーン体制を支えたのが体制の共通性と外交交渉であるとすれば，冷戦は体制の相違と外交の不在，さらに東西両陣営への分断こそが特徴であった。

　だが，冷戦には別の要因も存在した。19世紀であれば，力の均衡が破れたなら戦争に訴えることが各国政府にとってごく当然の行動であったが，核時代に展開した冷戦においては，両国が直接に戦争すれば破滅しかもたらさない。それでは，核兵器で脅し合ったからこそ冷戦期の平和が支えられたのだろうか。

　ギャディスが長い平和という呼び名を使ったのも，まさにその点にあった。国際連盟の構築をはじめとする理想主義的な構想を伴ったベルサイユの平和は短期間に終わり，明確な軍事力の対抗とその力学に支えられた冷戦は長い平和を生み出したというのである。ここには，欧州協調とか国際協力などといった理念や制度の支えがなくても力の均衡は支えられる，それどころか国際協力とか国際機構などといった要因は国際関係の安定にとって副次的な働きしか持たないという，リアリストのなかでもかなり強い立場に立つ主張を読み取ることができるだろう。

　それでは，イデオロギーも政治経済体制も異なる二つの国家が，力関係によって戦争を回避し続けたのか。もしこの主張が妥当するとすれば，外交の役割とは関わりなく，抑止戦略が直接国際関係を安定に導いたこととなり，米ソ両国の核武装が戦争の危険を増大させるどころか，両国の核武装によってこそ冷戦期の平和が支えられたことになる。さて，この議論は成り立つのか。

　まず，抑止（deterence）の意味から考えてみよう。抑止とは，相手が攻撃を思いとどまるように，相手が耐え切れないほどの攻撃を準備する戦略である。抑止そのものは核兵器がなくても可能であり，また生物化学兵器のように，大量破壊兵器は核兵器のほかにも存在する。だが，相手に耐え難い大規模な破壊を加える兵器として核兵器はほかのものを圧倒する力を持っており，そ

のために核兵器と結びつけて抑止が論じられることが多い。

　力によって国際関係を均衡させるという点で，力の均衡と抑止との間に類似点は多いが，一点だけ，重要な違いがある。力の均衡においては戦争に訴えることで均衡を回復するという政策が合理性を持つが，抑止においては相手の攻撃を防ぐことは合理的でも，相手を攻撃することは想定していない。互いに脅し合うことによって均衡を保つという点では力の均衡と抑止戦略に違いはないが，相手が脅しに屈することなく戦争を始めてしまえば，抑止は破綻したことになる。

　それでは，抑止戦略はどのような場合に成功し，どのような場合に破綻するのだろうか。まず，抑止が成り立つためには複数の国がその戦略を取っていなければならない。ある国が他国を抑止するだけでは，その国が他国を攻撃する可能性が残る以上，国際関係は安定しない（一方的抑止）が，二つ以上の国家が互いに抑止戦略を取り，それが効果を示した場合には抑止の成功と国際関係の均衡が同時に実現するのであり，これを相互抑止と呼ぶ。冷戦期の安定が抑止によって生まれたという解釈は，つまるところ相互抑止が成功したという指摘に等しい。

　核保有国が互いに相手を脅し合う抑止，すなわち二国間抑止は，相対的に安定しやすい。それは，相手を攻撃して反撃を受けた場合，自国の領土と国民が犠牲となるからである。相手を確実に破壊する力を核保有国の双方が持つ状況を相互確証破壊（mutual assured destruction, MAD）と呼び，このMADが成立することによって冷戦時代の米ソ両国の間に「恐怖の均衡」が生まれることになった。

　だが，核兵器を持てば必ず相互抑止が成り立つとはいえない。その例外が，次に述べる好戦国家（aggressive state）である。

(2) 好戦国家と拡大抑止

　A国が権力の拡大を続け，B国とC国の安全を脅かしているとしよう。B国とC国は，A国の脅威を前にして同盟を組む。B国とC国を合わせた兵力が十分に大きければ，A国の攻撃を事前に抑止することが可能なはずだ。ここまでは力の均衡とまったく同じである。

だが，Ａ国が，ＢＣ連合は反撃しないだろう，と考える可能性がある。反撃するぞと脅してはいるが，Ｂ国とＣ国が力を合わせることなどほんとうにできるのか。ここで，Ａ国が，やれるものならやってみろと開き直り，ＢＣ連合による反撃が自国に与える被害を度外視して自滅的な攻撃に踏み切れば，抑止は破綻してしまう。このように，自国に加えられるかもしれない被害を恐れずに攻撃に踏み切る国家を好戦国家と呼ぶ。力の均衡であれば，そのような攻撃が加えられた場合でも戦争で対抗すればよいだけだから，好戦国家は厳密にいえば力の均衡の失敗ではなく，抑止の失敗として捉えるべき現象である。

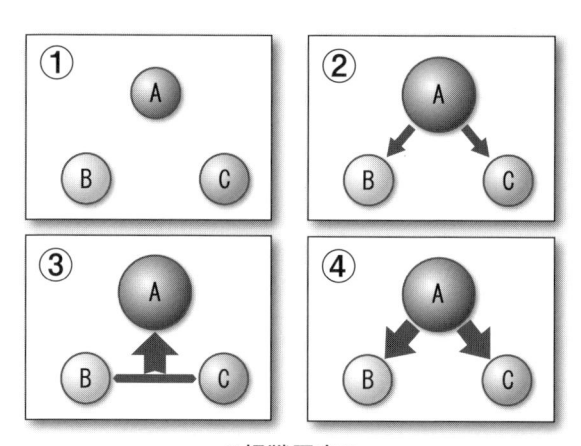

●好戦国家●

　さて，自国の被害を恐れずに戦争に踏み切る国家などは存在するのか，という疑問があるかもしれない。もちろんその数が多いとはいえないが，実例がないわけではない。好戦国家の代表ともいうべきナチス・ドイツは，政権発足当初から大規模な戦争を開始する意志を持ち，実際にも実行した。ミュンヘン会談でチェコを与えても，それで満足するような政権ではなかった。敗戦の可能性ではなく勝利の可能性ばかりに注目したナチス・ドイツは，抑止によって押しとどめることのできない国家として最も著名な事例であり，だからこそミュンヘンの教訓が繰り返しその後も語られることになったのである。
　ナチス・ドイツのような好戦国家の事例は，現実には少ない。だが，当初か

ら戦争する意志を持って臨まなくても，国際危機のなかで戦争以外の選択肢を失ったと考えたならば，どれほど不合理であってもその国が攻撃に踏み切る可能性は残される。

そのなかでも悲劇的な事例が，第一次世界大戦におけるドイツと太平洋戦争の日本だろう。第一次世界大戦前のドイツでは，フランスやロシアとの戦争ならともかく，イギリスと戦えば破滅が待っていることは明らかだった。だが，セルビア危機の急速な昂進とともに英独両国の緊張が高まったとき，ドイツ宰相ベートマン・ホルヴェークはすでに他の手段が尽きたと考え，戦争以外の方法を断念してしまった。また，日米開戦前の日本でも，日米戦争が圧倒的に日本に不利であることはよく認識されており，開戦は明らかに不合理であった。それでも，ことに北部仏印進駐後の日本は，戦争以外の選択肢が失われたという判断に傾斜してしまう。第一次世界大戦におけるドイツも，日米戦争における日本も，ナチス・ドイツのように当初から戦争を想定していたとはいえないが，結局は不合理な戦争を戦ってしまった。戦争のほかに選択がないと指導者が考えたために，敗北する可能性の高い戦争に踏み切ったのである。すべての国家が利害計算で不利な戦争を戦わない，という議論は成り立たない。

これらの事例はすべて核時代より前のものであり，核兵器が開発された後は，その極度の破壊力のために抑止力が強まり，好戦国家はなくなったと考えやすい。しかし，第二次世界大戦後になっても，ソ連が水爆実験をすればミュンヘンの教訓が持ち出され，中国が核を開発すれば中国はソ連と異なって自滅的な戦争に踏み切るのではないかと恐れられ，また最近でいえば北朝鮮が核を使うのではないかという懸念が語られたように，相手が好戦国家ではないかという認識は何度も生まれている。相手を好戦国家と見なした場合，抑止ではなく戦争の準備をすることが合理的となるから，やはり好戦国家問題が発生してしまう。

ソ連をナチス・ドイツと同一視することによって，封じ込め戦略が世界規模に広げられた。中国はソ連以上に冒険主義的だという判断が，ソ連にではなく，まだアメリカに届く核の運搬手段を持たない中国を仮想敵国としてABM (Anti-ballistic Missile, 迎撃核ミサイル) を配備するという決定につながり，そのABM配備を巡る米ソの軋轢を生み出した。そして北朝鮮の核開発への不

信のため，日米両国ははるかに多くの核を擁する中国よりも北朝鮮を大きな脅威として捉えることになる。核拡散が抑止を揺るがす一因は，新しく核を備えた政府がそれ以前から核を持つ政府よりも攻撃的であると見なされ，それまでの核保有国とは異なる好戦国家として認識されることから説明できるだろう。抑止は攻撃を恐れる程度の合理性を持った相手との間でしか成り立たないのであり，新規核保有国にはその合理性がないものと疑われるのである。

　好戦国家と並ぶ抑止の限界が，シグナル（signal）の問題である。抑止戦略は，相手が攻撃したときには反撃することが明確に相手に認識されていなければ成立しない。反撃がないだろうと相手が考えてしまえば，その希望的観測に立って軍事行動を起こす可能性があるからだ。この，相手に対する明確な反撃の予告をシグナルと呼ぶ。核時代以前は，シグナルが不明確なことから戦争回避に失敗する例が多く，核兵器という大量破壊兵器が登場することによって，シグナルがそれまで以上に明確となった。

　だが，核保有国の間での相互抑止でなく，非核保有国を巡る抑止については，シグナルを明確とすることは難しい。核を持たない国家への核攻撃に対し，核保有国が反撃を予告する場合，つまり非核保有国の防衛を目的とした核保有国による抑止のことを拡大抑止（extended deterence），より一般的には核の傘（nuclear umbrella）と呼ぶが，拡大抑止については核保有国による反撃の予告は相互抑止に比べてはるかに不明確となってしまう。非核保有国の防衛を自国の防衛と同じものとして核保有国が関与した場合（コミットメント，commitment），敵方はその核保有国を攻撃する可能性が生まれる。この場合，非核保有国を守るために自国の安全を危険にさらしてよいのか，たとえばソ連はキューバを守るために自国本土の危険を引き受けてよいのか，という問題が生まれる。自国の防衛と，同盟国のコミットメントにはやはり差があると想定するのが合理的であり，そのような差がシグナルの弱さにつながり，敵方からの攻撃の可能性を高めることになる。拡大抑止は，核保有国相互の抑止に比べて不安定になるざるを得ない。

　相互抑止に対する拡大抑止の脆弱性は，冷戦期の国際関係を見るうえで重要な視点を提供する。冷戦時代，米ソ両国に関していえば，いうまでもなく核戦争は起こっていない。しかし，米ソと同盟関係にあるか，あるいは政治的に密

接な関係を持つ諸国に関しては軍事危機も戦争も何度か発生している。朝鮮戦争，ベトナム戦争，アフガン戦争などの戦乱を見れば，敵方本土への攻撃は行わなくても，敵方と結びついた国家への攻撃には踏み切るというパターンを見ることができるだろう。米ソ両国の関係に限って考えるなら，ギャディスがいったように，冷戦は核抑止による「長い平和」だったと考えることもできる。だが，その相互抑止の安定は，米ソ以外の諸国における国際関係の安定をもたらしたとはいえず，むしろ米ソの権力闘争の焦点を地域に移す効果しか生み出さなかった。

　そして，米ソ両国の間の相互抑止も，おおよそキューバ危機の後にやっと生じたものに過ぎない。キューバ危機以前のアメリカでは，ソ連において十分な核弾頭を保有した後は戦争に踏み切るに違いないとの解釈が根強く残り，核抑止による均衡と安定を唱える者が多数派だったとはいえない。ソ連でも，アメリカがいずれ核によってソ連を攻撃するという判断が広く見られ，その懸念があったからこそ財政的にも技術的にも無理を重ねながら原子力潜水艦の建造を急いだのである。自滅覚悟の戦争をするほど相手が不合理ではないかもしれないという認識が米ソ両国に共有されるためには，キューバ危機という戦争の一歩手前の危機が必要となったのである。

　こうして考えれば，核抑止によって自動的に均衡と安定が生まれるという判断がどれほど誤っているのか，明らかだろう。相互抑止による安定は可能ではあるが，必然ではなく，その成立のためには「信頼できる敵」が必要であった。この構図は，力の均衡の時のものと基本的に共通している。各国が直接の戦争を回避する意志を確認することで欧州協調が保たれたように，抑止についても，双方が直接の戦争を回避する必要があると考え，相手もそう考えていると互いに認識することによって，はじめて相互抑止が成立した。力の均衡も抑止も，それだけでは平和を保証しない。

(3)　同盟とは何か

　力の均衡の前提は同盟（alliance）である。各国が単独で他国と対抗するのではなく，第三国と同盟を組み，その同盟によって対抗することではじめて有利な均衡をつくることができるだろう。米ソ対立に彩られた冷戦時代の国際関

係も、米ソそれぞれが同盟国を率い、あるいは統制を加えることによって成り立っていた以上、同盟を除いて考えることはできない。それでは、同盟とは何だろうか。

公式の定義を加えれば、同盟とは何らかの仮想敵国に対して国家の間で軍事行動における協調行動に合意した状態を指している。もっと簡単にいえば、特定の敵国に対して一群の国家が団結した状態が同盟の原型である。A国とB国が同盟を結んでいるとき、C国がA国に攻撃を加えたなら、B国は、C国によるA国への攻撃が自国への攻撃と同じものだと見なして、A国と共にC国に対抗措置を取るだろう。これを、攻守同盟と呼ぶ。なお、ウィーン体制における五国同盟のように、特定の敵国を想定しない国際協調のなかにも同盟を称するものがあるが、以下の議論ではそのような例を除き、攻守同盟に限って議論を進めることにしたい。

同盟は、その相手を変える可能性がどれほど高いのか、コミットメントの高いものと低いものとに区別して考えることができる。自国の同盟へのコミットメントが低く、相手を変える可能性の高い場合、相手は同盟が破れることを想定して行動を取ることになるから、コミットメントの低さが同盟の継続期間に反映し、短期間の同盟で終わる可能性が高い。他方、コミットメントの度合いが高いとき、その同盟は組み替えることのコストが大きくなるため、同じメンバーで固定し、長期間の継続と硬直的な性格を持つことになる。すなわち、長期的・硬直的な同盟と、短期的・柔軟な同盟という二つの型をここから導くことができるだろう。長期的・硬直的な同盟のなかには、第二次世界大戦後のNATOのように戦時の行動ばかりでなく軍事機構の統合までも含むものがあり、このような制度統合が進めば同盟を組み替えるコストはさらに高まることになる。

もっとも、その同盟がどれほど長続きするか、同盟の継続期間は同盟の締結されたときの認識とは異なることがあるため、長期・短期の区別は結果論に過ぎないという面もある。1949年に北大西洋条約機構（North Atlantic Treaty Organization, NATO）が発足したとき、西ヨーロッパの指導者はこの機構が半世紀以上続くとはまったく考えていなかった。アジアにおける二国間条約の一群、すなわち日米安全保障条約、米比相互防衛条約、米韓相互防衛条約につい

ても同じである。他方, 中ソ友好同盟条約 (中ソ条約, 1950年) の場合, 社会主義諸国が団結することは当然と考えられていたために, 条約締結時において, この条約が長期間存続することは自明の前提とされていた。

結果として日米安保条約などが現在に至るまで継続したのに対し, 中ソ条約は中ソ対立の激化とともに空洞化し, 中ソ両軍の衝突したダマンスキー島事件の勃発によってその役割を終えてしまう (条約の正式失効は1979年)。締結時に長続きすると思われた条約が短期間で終わり, 短期で終わると考えられた条約が長続きしたのだから, 締結当時の認識と, 条約の実質的な継続は区別して考えなければならない。

とはいえ, 短期の条約が中心となる時代と, 長期の条約が中心となる時代とを区別して考えることはできるだろう。ヨーロッパの国際政治でいえば, 三十年戦争後のおよそ1世紀半にわたって, 各国が同盟の相手を目まぐるしく変える時代が続いた。これがナポレオン戦争の後を受けた19世紀前半になると, 打って変わって長期的で硬直した同盟に変容する。それがウィーン体制のもとの神聖同盟であり, 四国同盟と五国同盟であった。ここでの同盟は, 主要国すべてを含んでいた点で攻守同盟と異なる特徴を持ち, むしろ第二次世界大戦直後の国際連合の構想に近い特徴を持っている。

ウィーン体制の空洞化が明らかとなった19世紀後半に入ると, 同盟は再び短期的で柔軟なものに変わっていった。ビスマルクのもとの統一ドイツは, ロシア・オーストリアなどと同盟のネットワークをつくり, 一時はその頂点に立つが, オーストリアとロシアとの対立のゆえに安定した秩序を構成することはできない。特にドイツ・ロシア関係は二転三転し, 最終的にはロシアはイギリスとの同盟に向かい, 英露協商が締結された。

19世紀の終わりから第一次世界大戦直前にかけて, 硬直した同盟が互いに向き合う時期を迎えてゆく。ファショダ事件 (1898年) を契機として英仏関係が好転し, これが英仏協商の結ばれる一因となるが, これに続いて結ばれた英露協商, 露仏協商は, いずれも植民地拡大や近隣地域の危機などに触発されて生まれた個別の合意であり, 長期の継続を想定した同盟ではなかった。だが, 結果としてはこれが英仏露三国の安定した同盟 (三国協商) をつくる結果となり, この三国協商を一方に, また他方にドイツとオーストリアを置くことで,

ヨーロッパは二つに分かれてしまった。長期的・硬直的な同盟が向かい合いながら，その政治的効果を当事者も自覚していなかったことが第一次世界大戦のエスカレートを生み出すことになる。

　第一次世界大戦と第二次世界大戦の間の時代，いわゆる戦間期には，短期的で柔軟な同盟がつくられる一方，同盟という伝統的な国際政治の政策を否定するような行動も生まれ，ごく流動的な状況が出現した。その流動性のもととなったのがドイツとソ連である。第一次大戦を引き起こしたドイツと，どのような関係を結ぶのか，また革命によって生まれたソ連に対して，それをどこまで伝統的な大国と見なして外交を進めることができるのか。イギリスのドイツ政策，ソ連政策は何度も変化し，その変化が同盟の短期性と不安定性を加速する。そしていうまでもなく，その不安定のなかでナチス・ドイツによる支配の拡大を阻止することはできなかった。

　第二次大戦後から1980年代の終わりまでが米ソ冷戦の時代であり，歴史上最も長い間，同じ同盟が向かい合う状態が出現した。この時期の国際関係は，米ソ両国についていえば力の均衡と抑止戦略によって理解できる対立と微妙な安定が続く一方，米ソ以外の地域においては地域紛争が相次いで発生するという二重性によって彩られたといってよい。

　そして米ソ双方を頂点とする同盟においては，同盟国と米ソ両国との関係は対等な同盟ではなく，各国の強国へのバンドワゴン政策によって支えられた。ソ連のように同盟国を引き寄せる力と誘因が乏しい場合は，中国のような同盟からの離脱が生まれることになる。冷戦とは力の均衡とバンドワゴンが共に機能することによって支えられた均衡状態であり，周辺に行けば行くほど不安定が増加するという特徴を持っていた。そして，冷戦期に限っていえば，長期かつ硬直した同盟が全面的な対決を生むことはなかった。

　冷戦終結によって東側の同盟は解体し，東西対立の時代は終わる。アジアにおいてはなお中国・北朝鮮・ベトナムと社会主義諸国が残るために東西対立は残されているが，北朝鮮を除けば外交手段による緊張緩和の余地も拡大した。またヨーロッパにおいてはNATOがなお地域安全保障の中核となっているが，これは冷戦時代の同盟というよりも，地域諸国のほとんどの参加を得た連合体であり，攻守同盟として捉えることは適切とはいえない。

(4) **同盟と戦争**

　同盟の固定化と流動化は、それぞれ将来の戦争に関する予測を左右し、抑止の効果を変えてしまう。まず、同盟関係が固定しているときは、味方の同盟に加わる国も敵方の同盟に加わる国も変化が乏しいと考えられるから、戦争が発生した場合に誰が味方で誰が敵国となるのかを予想しやすい。このため、開戦時における兵力の分布や均衡状態の測定がより容易となり、その測定を通じて、より正確な戦争における被害の予想も立てることができる。それだけ、開戦前に相手に送るシグナルの信憑性も高まることになるから、事前の脅しによって相手の行動も封じやすいことになる。つまり、同盟が固定し、硬直していればいるほど、抑止戦略は効果をあげやすい。

　同盟関係が流動的な場合、この正反対の状況が起こる。誰が敵で、誰が味方なのかを事前にはっきりさせることは難しいために、兵力の分布の予想も難しい。それだけに戦争に踏み切る側は、希望的な観測に流れる可能性があり、事前の抑止が働きにくいことになる。

　冷戦期の米ソ両国において相互抑止が働きやすかった理由は、この同盟の固定化から説明することもできるだろう。東西両陣営のどちらに諸国が加わっているのかが相対的には明確なために、兵力の分布も明らかで、抑止戦略の効果が高まったのである。また、周辺諸国との同盟が相対的に流動的だったからこそ、冷戦戦略の重点が周辺における勢力圏の拡大に向けられ、地域紛争に大きな意味が与えられたということができる。

　これだけで見れば、同盟が長期的で固定的なときのほうが戦争を抑止する効果は高いということになる。だが、同盟関係が固定しているときには、敵と味方が固定しているため、外交政策によって相手のそれまでの立場を変えさせることが難しい。そして、外交の有効性が乏しいために国際危機が直接戦争に発展する危険も高まり、また戦争のエスカレーションを止めることも難しくなる。逆に同盟関係が流動的なとき、直接戦争に訴えなくても外交工作によって自国に有利な条件を確保する余地が生まれる。ビスマルク外交は、同盟が固定化した時代には成果を期待できないものであった。

　同盟関係の固定化と流動化に加えて問題になるのは、同盟が固定化している

のにその国際政治上の効果を当事者が認識していない場合と，逆に同盟関係を操作する余地があるのに当事者がそれを自覚しない場合である。抽象的な議論になるので，具体例から説明してみよう。

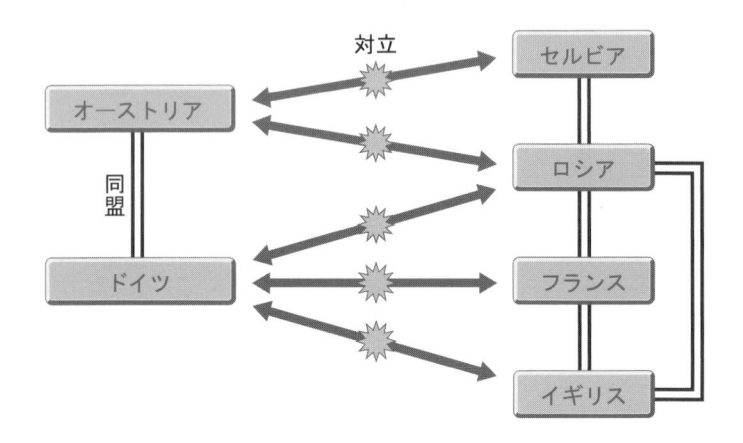

```
            対立
オーストリア ←——→ セルビア
    │      ←——→
  同 │      ←——→ ロシア ──┐
  盟 │      ←——→          │
    │      ←——→ フランス  │
  ドイツ    ←——→          │
            ←——→ イギリス ─┘
```

　第一次世界大戦直前のヨーロッパでは，一方にはドイツとオーストリアの独墺同盟が，他方ではロシア，フランス，イギリスの三国協商があり，19世紀の末から20世紀の初めにつくられたこの二つの同盟によってヨーロッパが二つのブロックに分裂していた。これが国際関係にどういう影響を与えるのか，当事者は意識していなかったが，結果的には戦争の拡大を招いてしまう。

　第一次大戦開戦の直接の原因はサラエボ事件（1914年6月28日），すなわちセルビア人青年によるオーストリア皇太子フランツ・フェルディナンドの暗殺である。だが，これだけならオーストリアとセルビアの間の対立に過ぎず，両国が戦争をすればオーストリアのほうが圧倒的に有利となる。ところが，当時の同盟関係のために，この小規模な紛争が小規模には終わらなかった。

　まず，スラブ民族を中心としたセルビアを支援してきたロシアは，セルビアがオーストリアとの戦争で負けることは我慢ができない。そこでロシアがセルビアを応援するということになる。さて，ロシアとセルビアが組んでオーストリアと戦った場合は，勝者が逆転し，ロシアとセルビアの連合が優勢になってしまう。しかしそうなると，バルカン問題などでロシアと対立関係にあったドイツが不利になる。オーストリアの敗北を受け入れることのできない，という

よりもロシアの勝利を受け入れることのできないドイツは，オーストリアとの同盟を理由として，ロシアと戦争に入ることになる．

　この四か国だけで考えると，また勝者が変わってしまう．大陸部ヨーロッパで圧倒的な影響力を持つ国家はドイツであったために，今度はドイツと組んだオーストリアがセルビアとロシアの連合を圧倒することが確実となるのである．普仏戦争以来の屈辱を抱え，伝統的にドイツと対立関係にあるフランスとしては，ここでドイツの勝利を受け入れることができない．そこで，ロシアとの同盟（露仏協商）を理由として，フランスとドイツの関係が緊張し，それを想定したドイツがフランスに宣戦布告を行う．

　さて，この五か国の戦争で考えれば，戦力は互角か，ややドイツ・オーストリア側に有利というバランスになる．だが，開戦に踏み切ったドイツがベルギーとルクセンブルクを経由してフランスに向かったため，ベルギーの中立をイギリスが保証する1839年条約を根拠として，次にイギリスがドイツに参戦する．ベルギー経由の対仏作戦はドイツの作戦計画シュリーフェン・プランの要であったが，これが結果としてイギリスの参加をひき起こしてしまったのである．このときイギリスは，建艦競争によって破ったドイツよりも圧倒的な海軍力を保持していたために，イギリスの参戦によってこの戦争を短期間で終わらせることができると考えていた．

　暗殺事件が起こったのは6月28日であるが，オーストリアがセルビアに宣戦布告を下した7月23日から数えると，ロシアとオーストリアの交戦が7月28日，ドイツのロシアへの宣戦布告が7月31日，同じくフランスへの宣戦布告は8月3日，イギリスのドイツへの宣戦布告が8月4日であって，この間は10日あまりに過ぎない（七月危機）．オーストリア皇太子暗殺直後には，オーストリアとセルビアの戦争を憂慮する声はあっても，英独開戦を予測する声は少なく，ましてこの戦争が1918年まで続くナポレオン戦争以来の大戦争に発展し，ドイツ・オーストリア・ロシア・トルコという四つの帝国を倒す事件になるという予想は，まったくなかった．ヨーロッパを分断する同盟のために，小規模なはずの紛争が世界戦争にエスカレートしてしまったのである．このように戦争の拡大する姿が螺旋階段を昇る様に似ていることから，このような国際危機の拡大のことをスパイラル・モデル（spiral model）と呼ぶ．

次に，同盟を組み替えることによって国際関係を安定に向けていった例について考えてみよう。その典型が，1971-72年の米中接近である。1960年代の末，ベトナム戦争の時代の国際情勢は，一方にはアメリカ，日本，韓国，ASEAN諸国，さらに南ベトナムなどの自由主義・資本主義陣営が，他方にはソ連，中国，北朝鮮，北ベトナムなどの共産主義・社会主義陣営があり，二極に分かれた対立が続いていた。陣営とはいいながら，ソ連と中国，中国とベトナムの間には緊張が広がっており，とても一枚岩の団結を誇るという状況ではない。だが，ジョンソン政権までのアメリカでは，社会主義圏がひとつのブロックであるという認識がなお広く見られた。アジア地域の西側各国はその防衛をアメリカに依存していただけに，東側以上に強い結びつきがあったといってよい。動揺や緊張が見られるとはいえ，アジア地域においても東西の同盟が固定化しているという捉え方がまだ一般的だった。

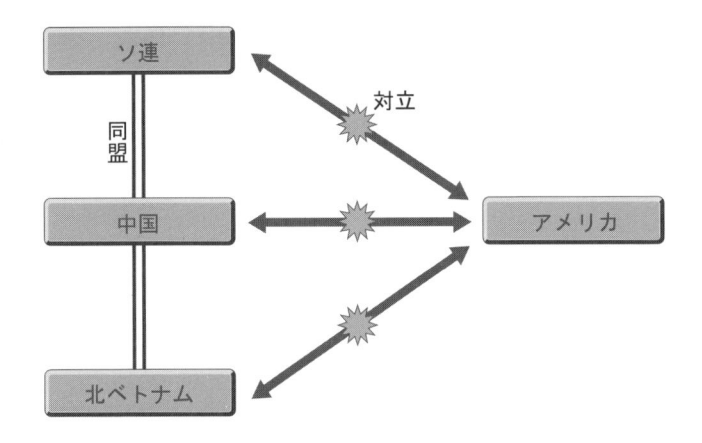

ベトナムでは南ベトナム政府を支援し，南ベトナム国内の反政府勢力と北ベトナム政府の両方を相手に戦争を続けながら，同時に中国・ソ連とも対立が続く。これは，戦略的に見てアメリカに不利な構図だった。中ソとの直接の戦争をアメリカが避けようと行動する限り，ベトナムにおいてアメリカの取ることのできる戦略の幅が狭くなってしまうからである。かつて，1950年，朝鮮戦争に国連軍の中核として参戦したアメリカは，38度線よりも北方に北朝鮮軍を追い返すことに成功した。だがここで38度線を越えて進撃する。その進撃が中国

の介入を招き（朝鮮戦争初期，北朝鮮の侵略当時は中国が参加していたが，国連軍の介入とともに中国は38度線よりも北方に撤退，その後国連軍の38度線突破によって再度参戦），その結果として勝てるはずの戦争が休戦によって終わるという苦い経験があった。ベトナムとの戦争で勝つためにアメリカがさらに兵力を投入すれば，戦争が拡大して，朝鮮戦争のときのように中国や，あるいはソ連の直接参戦を招きかねない。逆に，中ソ両国との衝突を恐れるのなら，ベトナムへの兵力増強は抑制しなければならず，結果としてはベトナムという小国との戦争にアメリカが敗れるという異様な結果が生まれてしまう。これが，ベトナム戦争でアメリカが直面したジレンマであった。

　中国・ソ連との対決を避けながらベトナムで勝つにはどうすべきか。この難問を解いたのが，ニクソン政権の安全保障担当補佐官ヘンリー・キッシンジャー（Henry Kissinger, 1923- ）である。キッシンジャーが取った選択は，アメリカから中国とソ連の両方に接近するというものであった。キッシンジャーの北京訪問，さらにニクソン（Richard, Nixon, 1913-1994）大統領の北京訪問（ニクソン訪中，1972.2）を準備して米中対立を打開し，戦略核兵器制限交渉（SALT I，1969-72）を通してソ連との緊張緩和を図る。すでに大統領就任以前から，ニクソン大統領は米中関係の好転を利用してベトナム戦争を打開する方針を検討していたが，キッシンジャーはこれをさらに捻って，アメリカが中ソ両国を手玉に取る構図を描いたのである。

　ここで重要なのは，中ソ対立を可能な限り利用し，中ソそれぞれの疑心暗鬼を利用することによって中ソ両国をそれぞれアメリカに引き寄せることであった。実際，ニクソン訪中は72年2月，SALT Iの前提となったABM（迎撃核ミサイル）条約の調印は71年5月というように，米中関係と米ソ関係の打開はほぼ同じ時期に進められている。そして，中国・ソ連の双方がアメリカとの戦争を恐れ，ことに中国はソ連・アメリカの双方と対立を続ける政策から脱却することを求めていたために，中ソともにこのキッシンジャー外交に積極的に反応を示した。

　もっとも，キッシンジャー外交がベトナム戦争のジレンマを打開するために採用されたことには注意すべきだろう。中ソ両国が，北ベトナム援助よりもアメリカとの関係改善のほうが重要だと考えるなら，ベトナムを孤立させること

ができる。そうすればベトナムに大量の兵力を送っても、中ソとの戦争を心配する必要がないはずだ。だが、この点でいえばキッシンジャー外交は失敗に終わる。米中接近と米ソデタント（détente、緊張緩和）の後もベトナムの攻撃が弱まることはなく、ソ連のベトナム支援も続いたからである。米中・米ソ関係を打開し、カンボジアまで戦域を広げながら、アメリカはベトナムから撤退せざるを得なかった。

　ここにあるのは硬直した同盟と考えられていたものを揺さぶることよって、新たに自国に有利な国際環境をつくり出すという外交政策である。同盟関係にあるはずの中ソ両国の間に開いた亀裂を利用することで、ベトナム戦争におけるアメリカの戦略的ジレンマを解消してしまうのである。中ソが一枚岩ではないという指摘はすでに1950年代の初めにも見られ、中ソ対立を利用する外交構想を立てたのもキッシンジャーが初めてではない。とはいえ、ベトナム戦争で劣勢にありながら中ソ両国への影響力は拡大するというキッシンジャー外交の成果はやはり無視することはできない。ウィーン体制におけるメッテルニヒや19世紀後半のビスマルク外交に匹敵する、みごとな外交算術である。

　第一次世界大戦の直前の時期における同盟は当事者が考えていた以上に長期的で硬直しており、それが戦争をエスカレートさせる一因となった。逆に、冷戦のさなかにありながら中ソの亀裂に注目することで、アメリカは戦争に負けながら外交の主導権を中ソ両国から奪った。第一次大戦とキッシンジャー外交の事例によってわかるのは、その時々の力の分布と同盟の実情を踏まえなければ外交は失敗し、またその冷静な認識によって新しい外交の機会も開ける、ということである。繰り返していえば、力の均衡や抑止だけで平和が生まれるのではない。そこに必要なのは、賢明で慎重な外交である。

第9章　帝国と覇権

　大国による他の地域の支配は，ローマ帝国の昔から植民地帝国など数多く行われてきたが，このような「帝国」を概念として明確に捉える試みは，こと国際政治学のなかでは少なかった。この限界を捉えて帝国の系譜を考察することがこの章の目的である。前半では，植民地統治と資本主義の関係を中心に展開されてきた帝国主義論とその第二次世界大戦後の展開について述べ，帝国の経済的理解が持つ限界を指摘する。そのうえで，国際政治における大国と小国の関係として新たに帝国概念を再構成し，冷戦から現在までの展開のなかで考察を加えてゆきたい。

(1) 帝国と国際政治

　前章までの説明では，世界各国の力に大きな差異がなく，横並びの国力を持った諸国が対抗する世界として国際政治を論じてきた。英独・英仏関係を通してヨーロッパの外交史を考え，米ソの対抗に注目して冷戦を論じるとき，国家の間の力の格差が議論されることは少なく，まして一つの国家が圧倒的な影響力を誇る状況は想定されていない。

　だが，世界を構成する国家の間では力の分布が一様ではなく，どの国も同じように他国を脅すことはできない。無政府状態という前提を受け入れ，ビリヤードの球が衝突するように各国が権力闘争を繰り返すと考えるとしても，球の大きさが相対的に平等となる保証はどこにもない。もちろん，18世紀や19世紀のヨーロッパのように，絶え間なく同盟を組み替えることができるのなら，ほぼ拮抗する勢力を構成することも可能となる。しかし，バンドワゴン戦略について説明したように，小国が大国に対抗する同盟を組むのではなく，その大国と組む選択ばかりに傾いた場合，力は均衡するどころか不均衡ばかりを強め

ることになるだろう。国際関係においては，力の均衡も，不均衡も，共に生まれる可能性がある。

　そして，「大国」ではない「小国」の視点から国際関係を見るのであれば，「大国の相互関係」として捉える国際政治のいったいどこに自国の位置を見定めればよいのか，とまどいが生まれるだろう。「大国」と「小国」の間には，どう考えても平等な協力関係や対等な対立関係などを考えることができないからだ。強い軍事力を持った国と持たない国の関係は，どのように考えることができるのか。大国の相互関係ではなく，大国と小国の関係，横並びの対抗ではなく，いわば縦の国際関係についてこの章では考えてみたい。

　ここでキーワードとして用いるのは，帝国（empire）である。現代国際政治では，帝国は過去の現象だ，この概念を現状分析に使う必要は少ない，という了解が一般的だろう。これまで帝国という概念は，(1)他国との競合を恐れる必要の乏しい軍事大国，(2)領内に多民族を支配する王朝，(3)本国の国外における植民地支配，そして(4)本国経済に有利となる国際分業の体系とそれを支える政治制度という，およそ四つの対象を指す目的から使われてきた。この四つの意味のうち，少なくとも最初の三つは，すべて過去形で語られる現象である。

　ヨーロッパ世界における帝国の原イメージを今も提供するローマ帝国は，各地に常備軍を配置したばかりでなく，軍と商人の行き交う街道を整備し，属州から徴税する機構を備え，さらにローマ法による一元的法秩序さえつくりあげていた。ローマとは，軍事的覇権であるばかりでなく法と文明であり，その支配に服することは，世界の光に照らされ，闇の支配から解放されることだった。そしてもちろん，ヨーロッパの国際社会はローマの解体によって生まれる。三十年戦争が終わるとともに，国際社会，すなわち複数の国家によって分断された世界としての国際社会が正式に認められたからだ。ことヨーロッパ世界に限っていえば，キリスト教世界の再統一とローマ再興の模索が最終的に潰えるとともに，「世界秩序としての帝国」も過去のものとなった。

　一つの帝国はなくなっても，複数の大国は残される。近代ヨーロッパでは，帝国とは世界秩序ではなく，世界を構成する国家を呼ぶ名のひとつとなった。並ぶものなき権勢を誇るはずのロマノフ朝やハプスブルク朝は，もちろん隣国の権勢に並ばれ，競合されてしまうのである。

さらに，自由主義的な政治秩序の観念が広がるとともに，帝国を政治的自由の敵として捉える概念構成も生まれる。これは決して当然の議論ではない。権力集中と帝国支配の庇護のもとにあってこそ自由な市民活動が可能となる，自由の敵どころか，帝国こそ自由の前提ではないか。この議論は，帝国支配が専制に傾くことを最も恐れたキケロ（Marcus Tullius Cicero, 前106-前43）の主張でもあった。多民族への支配も，帝国権力の偏りどころか開明性の現れととられていた。

　だが，19世紀にかけて西欧諸国の多くが国民国家への衣替えを進めると，国民国家があってこそ専制なしに政府を支えることができるという認識が広がる。ハプスブルクやロマノフのような多民族を支配する王朝は，権勢を誇るどころか，内部から壊れかねない脆弱性を抱えることになる。世界秩序としての帝国という意味に次いで，大国を構成する秩序として帝国の持つ意味も失われた。

　もちろん，その内部では政治的多元性を保つヨーロッパ諸国も，西欧世界の外部に対しては領土の拡大を続けた。すでに衰えたムガールや清など非西欧世界の帝国は次々に解体され，植民地に組み込まれた。ヨーロッパでは国民国家（nation state）であり，共和制や立憲君主制を政治体制とする諸国が，非西欧世界に対しては帝国となるという，政治秩序の二重性も生まれる。

　すでに第一次世界大戦前の時代において，ヨーロッパにおける帝国は国民国家への転換がまだ進んでいない旧弊な体制を指すものとなり，国際政治における観念としては植民地支配の別名になっていた。帝国を自由の敵とするはずの自由主義者であっても，植民地支配については非西欧世界に自由をもたらす制度として肯定する者も多かった。そのなかで，植民地支配をヨーロッパ経済の仕組みと結びつけて捉えようとする議論が起こる。これが，帝国主義論（theories of imperialism）と呼ばれる分野である。

　社会科学における帝国の議論は，実に長い期間，帝国主義論と重なってしまい，植民地統治が過去のものとなった第二次世界大戦後でも，帝国主義論を組み替えた立論がほとんどになってしまった。現代国際政治における力の不均衡を考えるに当たって，帝国主義論と異なる帝国と覇権の概念が必要となるが，学説の展開を示すためにも，ここでは，まず帝国主義論の展開についてごく簡

略にまとめ，その後の概念構成との対照を試みるという方法を取ることにしたい。

(2) 植民地支配と資本主義

19世紀後半における植民地獲得競争が帝国主義論の成立した背景であったとしても，ホブソン (John Atkinson Hobson, 1858-1940) やレーニン（通称，本名は Vladimir Ilyich Ulyanov, 1870-1924）などの古典的帝国主義論では，植民地主義そのものの説明が目的ではなかった。むしろ，世界分割と植民地支配を必要とするような新しい資本主義の形態が生まれたのではないか，つまり「植民地支配と結びついた資本主義」の解明が目的とされており，資本主義と植民地支配の間に必然的関係があるのかどうか，それが帝国主義論の課題だったのである。「帝国主義論」は何をどう説明しようとしたのか，ここで振り返ってみよう。

資本主義の発展と植民地支配の拡張を直接に結びつけた著作のなかでもごく初期のものが，イギリスの経済学者ホブソンの著した『帝国主義論』（1902）である。このなかでホブソンは，内外における利潤率の格差，つまり投資に対する利潤の比率は海外に投資した場合のほうが大きいという特徴に注目し，そこから海外投資の拡大を説明するとともに，その海外投資が植民地支配の原因であると主張した。このホブソンの議論に，ヒルファーディングの金融資本論などを結びつけて生まれたのが，帝国主義論のなかでも最も知られる著作，レーニンの『資本主義の最高の段階としての帝国主義』（1917）である。レーニンは，生産と資本の集中が進んで独占金融資本が生まれた結果，商品輸出に対して資本輸出が増加し，国際独占資本のシェアに応じて世界市場が分割されたと考え，それが植民地統治の拡大を生み出したと主張した。レーニンの議論は，その学問的洞察力よりも共産主義運動の拡大の結果として，ことに非西欧世界の活動家などに大きな影響を与え，帝国を捉える視点の一つの標準を提供することになる。

だが，資本主義の発展形態と植民地統治との間には本当に関係があるのか。この点を捉まえて，レーニンと正反対の結論を立てたのがマックス・ウェーバーである。帝国建設の経済的動機よりもその社会学的特徴に注目したウェー

バーは，帝国主義を国家の栄光を求める運動として捉え，資本主義とはそのような国家の栄光に陶酔する感情とは異なる合理性を持つものと考えた。このウェーバーの議論を一歩進め，資本主義と植民地主義の間には，結びつきどころか対立関係がある，そう正面から論じたのがシュンペーター（Joseph Alois Schumpeter, 1883-1950）だった。

シュンペーターは，その『帝国主義の社会学』(1918) において，帝国主義の歴史的事例を包括的に検討するなかから，帝国主義とは，工業化社会以前の時代や社会構造への先祖返りであって，具体的な経済的利益や経済変動とは無関係であり，封建的社会制度では必要とされた戦争や侵略を求める心理的な態度がまだ残されているからこそ帝国主義が生まれる，と主張した。シュンペーターにとって，近代の自由主義的ブルジョワジーはナショナリズムではなくコスモポリタニズムを，また戦争ではなく平和的な経済関係を求める存在であり，資本主義は帝国主義を必要とするどころかその反対だ，と論じたのである。そして，シュンペーターの分析したように，第二次世界大戦後の世界では，植民地支配の衰退にもかかわらず，資本主義経済はさらに拡大した。資本輸出と植民地化の間の因果関係はレーニンの時代についてさえ怪しいものだったが，大戦後の世界では，海外への投資のために植民地として囲い込む必要がないことは明らかであった。海外領土を抱えた帝国の経済から，自由貿易体制のもとの一国資本主義としての社会民主主義体制への移行が西ヨーロッパ諸国で進むとともに，レーニン型の帝国主義論の破綻とシュンペーターの先見性は明瞭となった。

それでは，植民地支配には何らの経済的動機づけもなかったのだろうか。第二次大戦後の「帝国」概念に触れる前に，この点を整理しておきたい。ホブソンやレーニンのように資本主義と植民地統治を直接結びつけるのが極論であるとしても，植民地拡大には，少なくとも以下の三つの点で経済的動機を指摘することができるからである。

第一が天然資源と工業化の関係である。19世紀の工業化の進展とともに，新しい工業製品には新しい資源が必要となった。エネルギー源としての電力が注目を集めれば，電線のための銅の需要も増えた。石炭から石油への転換は，アメリカとロシア，後には中東の経済的重要性を塗り替えた。また，タイヤ需要

の増大のため，天然ゴムの調達先としてコンゴ，アマゾン，後にはマラヤが浮上した。それらの資源の獲得が植民地列強の国家経済全体の関心であったとはいえないとしても，どの列強の内部にも，天然資源に依存する産業資本や貿易業者などに海外領土獲得を推進する集団があった。産業資本のすべてが世界分割を求めたわけではないが，工業化の進展が世界分割を求める産業資本家の一群を生み出したことも否定できない。

第二に，列強各国の国内市場で，海外で生産される一次産品の消費が拡大したことが挙げられる。茶，コーヒー，砂糖など，かつての有閑階級の嗜好品は，英国では労働者の家庭でも珍しくはなくなった。国内市場とライフスタイルが，海外で生産される一次産品への依存を高めたのである。

最後に，最も決定的な経済的動機が保護主義への対応だった。1890年代の恐慌を経験したヨーロッパでは，各国が保護主義に傾いた結果として貿易の落ち込みが生まれた。恐慌を避けるためには輸出市場拡大が必要であり，そして欧州市場が保護主義から停滞しているため，輸出先は海外に求めるほかはない。海外市場獲得への欲求は列強のどの国にも見られたために，市場確保を求める勢力がヨーロッパの外で衝突することになり，相手国に市場を奪わせない手段として植民地化が必要となる，およそ以上の因果律である。1897年に英国首相はフランス大使に「もしあなた方がそのように保護主義に固執しなければ，私たちもこれほど領土の拡大に努めることもないのですが」と語ったが，この言葉は，停滞する経済のもとで，国家によって保護された市場としての植民地を求める競争として植民地化が進められた事情を物語っている。

このように，その当時の世界経済の特徴が植民地支配の拡大に反映したことはやはり否定できない。とはいえ，資本主義が植民地統治を必要とするという議論はやはり誇張であって，第二次世界大戦後の世界で植民地が相次いで独立を果たすことによって議論の意味も薄れてしまった。だが，第二次大戦が終わった後も，帝国主義を経済的動機から説明する議論が続けられた。それは，政治権力や軍事力固有の契機に注目することなく，経済的格差そのものを「帝国主義」として固定し，資本主義を帝国主義に読み替えるアプローチであったといってよい。

(3) 戦後世界と帝国主義論

　南北格差を帝国主義論の立場から解明したのが従属理論（dependency theory）といわれる学派である。従属理論が他の帝国主義論と異なるのは，「なぜ資本主義大国は海外進出するのか」ではなく，資本主義大国と「第三世界」の国際関係の特徴は何か，また「第三世界」の国内社会の構造はどのように変わったか，を中心に考えるところにあった。その視点から見えるものは，世界経済の先端に位置する諸国が，その底辺にある諸国から財貨を奪ってゆく，マルクス主義者の指摘してきた階級闘争を国際関係に投影したプロセスである。そして，現実に先進工業国と発展途上国との経済格差が残され，発展途上国の間では資源ナショナリズムをはじめとした世界経済への異議申し立てが行われたためもあり，1970年代から80年代前半にかけて大きな影響を与えた。

　従属理論としてまとめられる学説のなかで最も有名なものが，アンドレ・グンダー・フランクの「首都—衛星理論」（metropole-satellite theory）である。その要旨は，以下の四点にまとめられる。世界市場に編入されて以来，資本主義大国へ天然資源や農産物を輸出することに既得権益を持つ貿易セクターが「衛星」地域に成立した。この貿易セクターは大地主から収穫物を買い叩き，さらに大地主は農民や労働者から搾取を行う。その結果「首都」を中心とした中心から末端への従属関係の連鎖が生まれ，「第三世界」には国内経済を中心とした社会の形成ではなく，資本主義大国との貿易関係，いわば外との関係から国内社会が形成されることになった。国内であがった利潤は，この不均等な貿易関係を通じてたえず資本主義大国へ流出し，本来なら「第三世界」諸国の工業発展に向けられるはずの資本も，また国外に移転する。このような貿易関係が続く限り，植民地であろうとなかろうと，「第三世界」が工業化することは本来あり得ない。「第三世界」はまだ発展していないのではなく，低開発という状態が歴史的に発展してきた，とフランクは述べている。

　従属理論の仮説を16世紀以来の資本主義の歴史に当てはめたものが，イマニュエル・ウォーラーステイン（Immanuel Wallerstein, 1930- ）の世界システム論（World-system theory）である。その内容は時期によって動揺したが，『近代世界システム』第1巻（1974年刊行）による限りでは，議論の構

成を以下のように四点にまとめることができるだろう。16世紀にスペインが世界帝国の建設に失敗して以後，国際社会は複数の国家から形成されたが，経済的にはヨーロッパ資本主義は世界的に拡大し，世界全体を市場とする経済をつくりあげた。この政治的多元性と経済的一元性が世界資本主義経済（世界システム）の特徴である。世界資本主義が世界に拡大する過程で，後から世界市場に編入された諸国は世界システムの周辺（Periphery）に組み込まれ，そこでの利潤は資本主義大国（中枢，Center）に吸い上げられる。一般的には，中枢では強い国家が，また周辺地域では弱い国家が形成された。しかし，過去には周辺であった地域でも，世界市場がさらに拡大すると，新しい周辺地域を搾取する半周辺の地位に上昇する機会もあった。ウォーラーステインは，巻によって修正を加えながら，おおよそこのような図式に基づいた世界経済史を綴っていった。

　さて，従属理論や世界システム論の視点に立つ限り，発展途上国において経済成長が実現する可能性はごく乏しい。フランクによれば，世界が不況に向かい，経済大国が世界市場の周辺から搾取する機会が弱まらなかったならラテンアメリカにおける（戦間期の）工業化は生まれなかった。ウォーラーステインの議論に従えば，「強い国家」を形成することによって中枢に上昇する機会はあるが，これも世界経済の縮小期でなければ起こらない。だがいうまでもなく，第二次世界大戦後において経済成長に成功を収めた発展途上国，たとえば韓国，中国，あるいはブラジルのどれを見ても，世界経済の縮小期ではなく拡大期に，しかも国内市場の保護ではなく国外への輸出の機会をつかむことによってそれを果たしている。自由貿易に強者の論理という側面があることは事実だとしても，世界貿易の拡大が貧困地域をさらに貧困へと追い込むというフランクとウォーラーステインに共通する議論は，少なくとも第二次大戦後に関する限り，まったく妥当しない。

　さらに大きな問題は，従属理論や世界システム論において，政治権力や軍事力の果たす意味がほとんど顧慮されていないことである。これらの議論における「帝国」とは，あくまで市場経済における勝者と敗者との関係であり，ある国が他の国を軍事的に支配するなどといった要因はほとんど顧慮されていない。ホブソンやレーニンにおける帝国主義論では，少なくとも植民地支配とい

う政治的支配の現実が目の前にあったが、従属理論では植民地の独立とともにそのような政治権力の契機は消滅したかのような論理構成がとられている。

マルクス主義の帝国論における経済解釈への偏りは、現在にも引き継がれている。たとえばイタリアのマルクシストのアントニオ・ネグリ（Antonio Negri）がマイケル・ハート（Michael Hardt）と共に著した著作『帝国』（*Empire*）でも、世界経済のグローバリゼーションを支える背景として「帝国」概念が用いられており、軍事力などの出番はごく少ない。ネグリとハートによれば、国民国家が同時に帝国を兼ねた近代と異なり、現代世界では資本主義経済の中核によって、アメリカを中核としながらもアメリカ政府より規模の大きな国境を横断した制度がつくられており、かつてのような領土の支配や特定の政府の支配に還元することのできない帝国秩序を構成している。ネグリとハートは、この領域にとらわれない制度という観念を通して、世界経済が政治権力に支えられているという要因を議論に含めてはいるものの、たとえばアメリカ政府の軍事戦略をどこまで経済的動機によって解釈できるのか、などという問題は顧慮されていない。だが、大国の政府と小国の政府の関係を論じる視点は、このような研究からは出てこない。植民地がなければ帝国主義がないとは限らないが、純粋に経済的条件だけから説明するのであれば、敢えて帝国という概念を立てる意味も乏しいのである。

(4) 非公式の帝国

第二次世界大戦の終結とともに植民地支配の時代が終わりに向かったことには疑いの余地がない。政府による支配が終わったからこそ、研究者の関心は経済的支配に向かい、資本主義を帝国支配に読み替えようとする努力が続いたのである。だが、各国が独立したからといって、力の配分が平等になるわけではない。たとえばジンバブエやマラウィといった諸国の政府が、対等の主権国家としてイギリスやアメリカと外交を取り結んでいると考える人はいないだろう。対等ではない政府の間の関係をどのように概念として捉えることができるのか、という問題がここに生まれる。

そして、力の配分に注目するとき、第二次大戦後の世界は圧倒的な不均衡が特徴だったことがすぐにわかるだろう。その底辺から見れば、植民地でなく

なったとはいえ，非西欧地域の各国のなかで独自に自国の経済と防衛を実現できるような国はほとんど存在しない。頂点から見れば，大戦後のアメリカは大戦前のドイツやイギリスなどと並べても比較にならない軍事力と経済力を擁していた。核兵器を保持するソ連は東側陣営の盟主を任じていたが，そのソ連はアメリカと競合するほどの軍事力も経済力も持ったことはない。第二次世界大戦前も，ヨーロッパ諸国は非西欧世界に対して優位を保っていたが，そのヨーロッパには複数の大国が存在し，互いに競合していた。そのような大国間の競合は大戦後の世界ではごく限られた現象となってしまう。国際関係における力の分布に注目する限り，大戦後の世界の特徴は力の均衡ではなく，力の集中である。

その強国アメリカと同盟国との関係は，まさにバンドワゴンにほかならなかった。NATO も日米安保条約も，法制度においてこそ相互的ではあっても，実体としては相互的な同盟ではあり得なかった。自国の防衛と引き替えに自国の軍事主権を制約し，アメリカに対する防衛は自発的に放棄されたからだ。それがソ連の脅威を前にした選択であることはいうまでもない。しかし，力の規模だけから考えるのなら，ソ連の兵力がアメリカよりもほぼ常に劣っていただけに，同盟を組んで対抗すべき相手はソ連ではなくアメリカになるはずだ。ソ連とドイツを二重に封じ込めるためにアメリカに頼るという選択を，力関係だけから説明することはできないのである。ノルウェーの政治学者ルンデスタッドのいうように，アメリカはヨーロッパ諸国が自発的に受け入れた「招かれた帝国」にほかならなかった。

アメリカも，アメリカに対抗する同盟の形成ではなく，むしろ同盟国がアメリカから離れてゆくことを恐れた。アメリカが果断に兵力を投入し，戦争を戦わなければ，同盟国はアメリカへの信頼を失うのではないか。キューバ・ミサイル危機では NATO 諸国やラテンアメリカ諸国の，またベトナム戦争では日本，韓国，タイやフィリピンをはじめとしたアジア諸国の信頼を保つべきだという主張が，権力行使を促す一因となった。同盟国が「力の均衡」を原則として行動するのなら，アメリカが権力を行使し，さらに「強く」なれば，強くなったアメリカを押さえ込むために同盟国がアメリカから離れ，立ち向かう可能性が憂慮されるはずである。だが冷戦戦略の設計者が悩んだ問題はそれとは

逆に，力を行使しないことが「弱さの現れ」と見られ，同盟国の信頼を失なう可能性であった。

このように，大戦後の国際関係を特徴づけるのは，権力の分散よりは集中であり，その力を集めた大国に各国が靡いていく過程だった。大国以外の地域に住む現地の人間にとって，大国の権力を受け入れることが不利益であるとは限らない。国民を防衛する責任が財政的にも政治的にも過大であれば，その負担を大国に頼るほうが経済的には有利だろう。まして，そのような対外的自立とナショナリズムの主張が大国の軍事干渉を招き，ベトナム戦争のような戦乱を戦わなければならないのなら，追従のほうがましだ，という考え方も成り立つ。たいがいの諸国にとって，アメリカに対して独立することは「損」であり，バンドワゴンは不合理な選択とはいえなかったのである。

だが，強国に他国がバンドワゴンを組んだからといって，この秩序を「帝国」と呼ぶことができるだけではない。むしろアメリカは，かつてのローマ帝国やナポレオン帝国と異なって，単独で他国を支配したり事実上の統制下に置いたりするのではなく，他の諸国との協力に支えられた国際機構をつくることを重視してきた。渋るイギリスとフランスを押し切って国際連盟の設立を合意させたのはウィルソン（Thomas Woodrow Wilson, 1856-1924）大統領であり，国際連合の設立を自らの最高の達成と考えたのはルーズベルト大統領である。それはまた，帝国支配とはヨーロッパ世界の遺物であり，それに代わって法と制度の支配する世界を実現することがアメリカの使命であると考える，ウィルソン主義の伝統にもつながっていた。

軍事行動についても，単独で行動に踏み切るよりは同盟国との協議を重視し，国際協調の枠のもとで，たとえばNATO，日米安全保障条約，米韓相互防衛条約の枠のなかで行動を起こすのが原則だった。冷戦期においては，ヨーロッパではNATO加盟諸国の協力，またアジアでは韓国や日本の協力なしに戦争を戦うことが難しい以上，地政学的な条件からもこのような地域各国との協力を欠かすことはできなかった。

また，植民地支配を否定し，海外への領土拡大を求めなかったことも指摘すべきだろう。キューバ，フィリピンのように海外領土を抱える機会に恵まれたアメリカは，しかし，いち早くその領有を放棄する国でもあった。植民地とし

て出発して，それから独立したという経緯ばかりではなく，公式の植民地統治を行うことによってその地域との自由貿易が拡大して本国経済が圧迫されること，また，そもそも植民地統治の行政的なコスト，軍事的なコストを負担しなければならないという条件が，公式統治の拡大に対して消極的な態度をつくらせることになった。

　戦後アメリカは，圧倒的な軍事力を持ち，各国との明瞭な力の格差を享受しつつ，単独の支配よりも国際機構と同盟を優先し，領土的支配ではなく民族自決と独立に支持を与える，いわば帝国を否定する帝国のような存在であった。そして敢えていえば，領土として世界各地を支配する国家よりも，領土とすることなく勢力を保持するほうがはるかにコストがかからず，軍事的にも経済的にも有利なのである。このように，植民地のように領土に編入することなく事実上の政治的影響力を国外に及ぼす主体のことを，非公式帝国（informal empire）と呼ぶ。非公式帝国は，19世紀前半，小英国主義の時代のイギリスや，日中戦争開戦以前に中国に経済的勢力圏を築いた日本などについて展開された概念であるが，何よりもアメリカに最もよく当てはまる概念であるといってよい。

　非公式の帝国は，三つの条件に支えられた微妙な均衡であった。第一が，アメリカ経済が比較優位を保ち，自由貿易という制度のもとで経済的利益を享受できるという条件である。自由競争のもとで利益の得られる側にとって，植民地のような市場の囲い込みは有利どころか不利益に働く。植民地解放と自由貿易の拡大は，世界市場から障壁を取り払うことでアメリカ経済が拡大する機会を提供することが期待されていた。

　第二に，核兵器のもたらした効果がある。20世紀前半まで進んだ軍事技術の革新は，核の開発によって攻撃優位から防御優位へと軍事戦略の流れを変えてしまった。圧倒的な軍事大国ではなくても核保有によって大国の攻撃を抑止できるとすれば，他国の核をすべて排除しない限り軍事オプションの制約を免れることはできない。兵力の規模だけでいえばアメリカと比較にならないソ連も，核を用いて反撃する可能性が残される限り，二極体制の一方には違いはなかった。

　第三が，国際主義へのアメリカのコミットメントである。もちろんアメリカ

の国内には，国際機構や同盟はアメリカの国益や理念の追求を歪め，それを押さえ込むのではないかという疑いや懸念が長らく持たれてきた。だが，そのような立場は，国際関係の場からアメリカが手を引くことを求める孤立主義の主張として現れることが一般であり，単独の世界支配などという方向に向かうことは稀だった。国際主義と孤立主義が対抗する構図が続く限り，アメリカへの権力集中が単独行動や帝国形成に向かう心配は少なかった。

　結果からいえば，アメリカが非公式の帝国にとどまること，つまり事実としての権力集中が権力の分散を前提とするはずの国際関係と併存することが，戦後アメリカの権力が保たれる一因だった。衛星国や植民地を統治するのであれば，植民地帝国や旧ソ連のように厖大なコストを背負うこととなっただろう。同盟国の軍事協力を求めることで，単独の軍事行動に伴う責任と経済的負担を避けることもできた。単独支配ではなく軍事同盟によって，また植民地として市場を囲い込むのではなく自由貿易体制によって権益を支えることによって，アメリカはローマや大英帝国のような過大な財政負担を免れ，過去の帝国のような没落を避けることができたのである。

(5) 冷戦と覇権的秩序

　植民地統治こそしないものの，世界各国にその求める政策を実現させたいという意志を持つ点において，アメリカはやはり帝国であり，その対外政策も平等な政府の間のそれとは異なるものにならざるを得ない。だが，植民地であれば本国政府の決定を出先で行えばよいだけだが，相手が独立国であり，その政府が独自の決定を行う権限を持つとき，直接に政策を強制するリスクは高い。各国政府にどのように求める政策を採用させるのか，これが非公式の帝国にとって最大の難関であり，そのためにいくつかの政策のジレンマが生まれることになる。冷戦期に例を取って，このジレンマを，協力者のジレンマ，介入のジレンマ，紛争拡大のジレンマの三つに分けて検討してみたい。

　1）協力者のジレンマ

　領土的支配を行わず，しかも特定の政策を現地政府に採用させるには，「協力的」な政府が必要となる。しかし，いかに協力的であっても，その地域の住民から支持の得られない現地のエリートでは，政治的安定も得られない。他

方，その地域住民から支持を受けた政治勢力がアメリカの対外政策に協力するという保証もない。親米的であっても傀儡政権であればやがて倒れることを覚悟せねばならないし，反米的で地域住民の支持も厚い政権に干渉すれば，その政権が「やつらの側」に付くかもしれない。協力者（collabolator）の側から見れば，アメリカとの提携によって国内では得られない莫大な権力と資源を獲得するものの，アメリカの政策の単なる代弁者ではないことを地域住民に示すことができなければ，「民衆の真の代表者」によって権力から追われる可能性がある。「主人持ちの政府」には，政治体制として安定する条件が欠けているのである。

台湾の蔣介石，フィリピンのキリノ，韓国の李承晩，そして日本の吉田茂と，冷戦期のアメリカは，数多くの協力者によって東アジア政策を支えてきたが，どの一人をとっても「協力的」ではなく，機会を捉えてはアメリカの政策要請に対して面従腹背を試み，時には正面から抵抗した。もちろんワシントンがそのような行動を喜ぶはずもないが，ここでそれらの政府に圧力を加えたなら，相手の行動をさらに加速させることになりかねない。ここには，小国の指導者が大国の行動を振り回してしまうという皮肉なジレンマを見ることができるだろう。

帝国主義における協力者のジレンマは，アメリカに限った現象ではなく，ソ連と東欧の衛星国との関係，さらにイギリスの植民地支配のなかでも現れていた。そして，古典的植民地主義とは異なり，「植民地なき帝国主義」では直接統治という選択肢が得られないため，現地の内政を操作する手段は限られ，「協力者」の側の自律性もはるかに高い。アメリカが非公式の帝国にとどまる限り，自国と比べてごく弱い国家の指導者に政策の主導権を奪われかねないという，この協力者のジレンマを免れることはできなかった。

2）　介入のジレンマ

協力者のジレンマと裏腹の関係にあるのが，介入のジレンマである。現地で親米的かつ実効的な権力をつくることができない場合，二つの選択肢がある。一つは，アメリカの対外政策に合致する政策を採用するか否かを度外視して，現地で実効的支配を行う権力を承認する場合であり，古典的国際政治であればこれが通常の選択となる。他方，アメリカ対外政策の実現を優先すれば，何ら

かの内政干渉は避けられない。その場合，反体制勢力のなかにアメリカの政策を体現し，しかも地域住民の信望の厚い政治集団や主体があれば，介入の度合は小規模にとどめることができる。しかしアメリカの要望に応える主体が存在しない場合は，最終的には直接支配まで含まれるような「泥沼」の介入に陥る可能性がある。

　泥沼（quagmire）の介入の実例としてあまりにも有名なのがアメリカのベトナム政策である。フランスの敗北を受けてアメリカが送り込んだゴジンジェム（Ngo Dinh Diem, 1901-1963）は，予想に反してワシントンの指示には従わず，しかも国内社会から猛然たる反発を受けてしまった。この状況を前にしてアメリカは，結局クーデタによるゴジンジェム政権の転覆に承認を与えるが，その1963年のクーデタで発足したズオン・バン・ミン政権はゴジンジェム以上に政治的に弱体となり，相次ぐクーデタによって政府が弱まれば弱まるほどアメリカが実質的にベトナム統治に当たらざるを得なくなった。

　介入のジレンマそのものはベトナムに限らずギリシャ，トルコでも見られた。ことにアジアでは，朝鮮戦争以後この地域の諸国が冷戦の前哨となったこともあり，フィリピン，韓国，日本，タイなどほぼすべての諸国で，現地の状況を放任するか，それとも内政干渉を一段と進めるかというジレンマにアメリカは対面せざるを得なかったのである。

3）　紛争拡大のジレンマ

　「われわれはなぜベトナムで戦うのか」，これはベトナム戦争で一貫して問われた問題である。アメリカ経済にとって死活的利益に関わるとは思われない地域で，なぜ軍事行動が必要なのかがわかりにくいのは当然だろう。ところがベトナム戦争終結後，数年を経ずして，なぜアンゴラやナミビアのキューバ兵を放置するのかが問われ，さらに湾岸戦争開戦前にはクウェート人を見殺しにできないとの主張も行われた。地域紛争を放置するリスクと介入するリスクの間の衡量，紛争拡大のジレンマは，アメリカ世論のなかでも現れていた。

　地域紛争における勝敗が世界秩序全体におけるアメリカの信用を左右する。この命題はほとんど愚劣といっていいほどコストと利益の比較衡量を度外視している。小国のクーデタや革命のそれぞれが，間接的であるとしても核戦争のリスクと結びつくことになるからだ。しかし，地域紛争から世界戦争までをひ

とつの戦略秩序で結びつけ、あるいは両者が結びついていると考えるのであれば、いかに愚かであっても地域紛争にはそれ自体の規模を越えた意味が与えられてしまう。

とはいえ、すべての地域に等しく介入することは、人的・経済的コストのうえで無理がある。それゆえ、冷戦期においても繰り返し防衛線（defense perimeter）が引き直され、アメリカが介入すべき紛争と介入を避けるべき紛争の区別が試みられた。朝鮮戦争の前には朝鮮半島が防衛線の外に置かれていたことはよく知られていよう。ところが、この防衛線は、個々の紛争と、その紛争に対する認識によって左右されざるを得ない。不断に地域紛争への介入を繰り返した場合、それらの紛争が大国レベルの戦争、特に超大国間の核戦争に発展する可能性が常にある。他方、地域紛争に介入しなければ、「やつら」の「獅子の分け前」を見過ごすことになりかねない。大国の戦争を招かず、しかも地域紛争で成果をあげるような条件の模索が、冷戦期におけるアメリカの、ラテンアメリカ、アフリカ、さらに何よりも東アジアにおける政策目標になったといえるだろう。

このように見れば、冷戦期のアメリカは圧倒的な権力を手にしながら、それを世界各地で発揮する機会は押さえ込まれていた。軍事力の規模がいかに大きいとはいえ、直接の領土支配を行っていない以上、政府の意志を末端まで徹底することは難しかったのである。非公式の帝国にとどまることによって植民地帝国よりも安上がりの統治をつくることに成功したアメリカは、同時に公式の統治を行っていない結果として対外的権力行使の限界を抱えざるを得なかったのである。

冷戦終結とともに、この状況は一変する。冷戦時代、アメリカがどれほど多くの権力を手にしていたとしても、対極にソ連とその衛星国があり、核兵器で向かい合っている以上、アメリカが単独で覇権を手にすることは不可能であった。だが、冷戦終結によってソ連が世界大国としての地位を断念するに至って、アメリカへの力の集中が完成する。ソ連のほかにも中国、イスラエル、インドなどの核保有国は存在したが、それらは基本的に地域の核大国であり、アメリカと正面から向き合う存在ではなかった。ソ連が解体し、核によってアメ

リカを脅かす存在が退くことで，かつてない軍事的優位をアメリカが手にすることになる。

　圧倒的な優位を手にしたからには，これまでのように同盟国に頼る必要もなくなる，という判断も生まれた。冷戦期には，ヨーロッパでは NATO 諸国，アジアでは日本や韓国などの同盟国の支援なしには戦争をできない，というのがワシントンの常識だった。だが，すでにアメリカに対抗する軍事大国のなくなった時代には，同盟国の必要も少なくなる。多国間で行動するためには他国の要求も受け入れなければならず，行動も制約されてしまう。ソマリア介入以後は国連から，コソボ介入を巡るユーゴ介入以後は NATO から，米軍の行動が離れてゆく。アメリカ社会の原則を国際協力に優先し，各国との協力を軽視しつつ世界各地に介入を行うという，9.11事件後におけるアメリカ外交の基本的な図式がこうしてできあがる。

　このような，一国が圧倒的な権力を掌握し，他国の力や意思にとらわれることなく軍事行動を展開する状況は，近代世界における国際関係よりも，ローマ時代のような帝国支配にはるかに近い。アメリカは各国政府の信頼によって対外政策を進める状況から転じて，各国政府の意向を問わずに単独で政策を遂行できる立場に身を置いたからである。ことに2001年9月11日の同時多発テロ事件と，その後の対テロ戦争の遂行とともに，アメリカを帝国として捉える業績が数多く発表されていった。

　だが，ジョージ・W・ブッシュ政権の単独行動主義（unilateralism）をもってしてアメリカが帝国に変貌したと判断するのは，まだ早いかもしれない。イラク介入（2003年）以後のイラク内政の混乱を見ればわかるように，冷戦こそ終わったとはいいながら，協力者のジレンマも介入のジレンマもそのまま残されているからである。現代の国際秩序は，各国がそれぞれ脅し合う力を持つわけではないが，一国が帝国としての権力を保持する条件もまた存在しない。そして，武力行使や直接統治の代償が大きく，権力の拡大そのものが権力の基礎を掘り崩してしまうという，かつてのローマや大英帝国を悩ませた帝国支配のジレンマは今も残されている。国際関係における力の均衡が平和を保証しないように，帝国の形成が国際関係の安定をもたらすと判断すべき根拠もまた存在しない。

第4部 変容

第10章 国際政治はどのように拡大したのか

　発足当初，国連に加盟した51か国はヨーロッパと南北アメリカに集中していたが，今では加盟国は192か国に及び，その多くはアジアやアフリカに集中している。だが，非西欧諸国が国際秩序を形成し，担う存在であるとはとてもいえない。それでは，非西欧諸国の国際政治への参入は国際政治をどのように，またどこまで変えたのか，それが本章の第一の課題である。また，新しい国際政治の主体としてのアメリカの参入は，デモクラシーという本来は国内政治の理念が国際関係に大きな影響を与える契機ともなった。アメリカの参入，さらに国際政治と民主主義との関係について考えることが，本章の第二の課題である。

(1) 非西欧諸国の統合

　国際政治の世界は，何よりもヨーロッパの，それも君主を主体とする仕組みとして始まった。現在の国際政治はヨーロッパよりもはるかに広大な地域を舞台として展開され，その主体もヨーロッパ諸国ばかりでなく，南北アメリカ，アジア，アフリカ諸国にまで及んでいる。また，君主が主役の国際政治に代わって，世界的な民主化の進展とともに国内世論という，これも新しい主体が国際政治に登場した。国際政治は，地理的にも，また身分・階級についても，拡大を遂げたのである。

　まず，非西欧地域が国際政治にどのように加わっていったのかについて考えてみよう。もちろん非西欧地域はヨーロッパ国際関係が展開するはるか以前から存在はしていたが，政治秩序としてのヨーロッパ国際政治とは独立した営みを続けてきた。植民地とされる前のラテンアメリカ，インド，あるいは東アジアは，ヨーロッパと異なる独自の世界を保持してきたのである。それだけに，

国際政治の主体が非西欧世界に拡大するより前に，まず非西欧世界が西欧の国際関係に統合される過程が展開した。つまり，国際政治の主体は西欧諸国に限られているが，その秩序の末端に非西欧世界が組み込まれ，国際関係の射程が広がる過程が見られたのである。それが植民地支配の拡大であることはいうまでもないが，より正確にいえば，19世紀後半に，それまでの植民地支配とは異なる制度的統治が非西欧世界に移植されたこと，これが国際関係の射程が拡大した直接の原因である。

　17世紀から19世紀前半にかけての植民地支配は，端的に非西欧世界からの収奪であった。本国との政治的関わりも，そのような収奪を認め，免許を与え，合法化するという範囲に限られ，現地社会を破壊することはあっても，そこに新たな政治秩序をつくるには至らなかった。これに対して，19世紀後半以後の植民地支配においては，本国政府の政策を直接に反映して，非西欧世界に対しても西欧的な官僚機構や政治制度を移植することが行われる。国内の政治権力と直接の因果関係は持たない冒険家，あるいはならず者による簒奪(さんだつ)を特徴とした19世紀中頃までの植民地支配と異なり，アフリカ分割を頂点とする19世紀末の植民地支配の拡大は，各国国家権力のプロジェクトとして，本国政府の決定に基づき整然と進められていった。対外侵略は国軍の正規の軍事行動として行われ，支配地域には洗練された行政機構を設立し，その機構には本国の選良が送られた。すでに植民地として獲得されていた地域，たとえば英領インドや蘭印（オランダ領インド）では，官僚機構の構築や軍事機構の再編成が進み，新しく獲得されたアフリカなどの植民地でも行政機構の設立が急がれた。植民地は，単なる冒険家，商人，そして宣教師による個別の収奪や関与ではなく，国軍，企業，教会，そして官僚による組織的な支配と改良の対象に変わったのである。

　植民地が植民地である限り，その政治的要求は主権国家の要求としては認められない。非西欧世界が最初に国際政治に影響を与えたのは，むしろ，植民地獲得におけるヨーロッパ各国の競争がヨーロッパ本国相互の関係を左右したためである。植民地獲得の過程で他のヨーロッパ列強との競合が生まれれば，それは出先での衝突としてだけではなく，本国間の戦争にまで発展しかねない国際紛争として争われた。植民地獲得の過程で英仏が衝突した，それだけなら

ファショダ事件は，絶対主義時代に繰り返された英仏植民地戦争と選ぶところはない。しかし，その衝突が英仏本国間の戦争の一歩手前にまで至ったところに，ファショダ事件の，さらに19世紀後半に再び激化した植民地獲得競争とヨーロッパ国際政治との結び付きの新しい性格を見ることができる。そして，ビスマルク体制のもとでのイギリスの海外進出と，ヨーロッパ大陸におけるドイツの影響力拡大という英独の棲み分けが，ビスマルクの退陣とヴィルヘルム二世の指導するドイツによる対外進出の開始とによって壊れてしまうと，ヨーロッパ諸国の植民地獲得が欧州戦争を招きかねないという構図が生まれる。別にレーニンの帝国主義論に従って下部構造への還元を行わなくても，植民地獲得がヨーロッパの国際関係を変えていったという指摘を行うことは十分に可能である。

　周辺地域での紛争が大国の戦争を引き起こすという構図は，植民地獲得競争の時代に限られた現象ではない。第二次世界大戦後も，植民地支配の衰えにもかかわらず，たとえばベトナム戦争への関わりが米中ソの関係に響いていくように，局地紛争への関与が米ソ冷戦・米中冷戦に影響を与えるという形で，その後も引き継がれていく。しかし，第一次世界大戦後は，非西欧諸国は単なる客体としてだけでなく，国際政治の主体としての意味も持ち始めてゆく。すなわち，第一次大戦後から第二次大戦後にかけて，旧植民地が政治的に独立を獲得するとともに，この地域の諸国も主権国家として国際政治に参入を始めたのである。

　この非西欧諸国の独立と国際政治への参入には，植民地支配の拡大がもたらした結果としての側面がある。植民地支配という形での接触がない限り，非西欧世界も，それぞれの地域における「世界」を維持することが可能であり，特に西欧大国に対して「主権」を主張する理由も生まれない。ところが，非西欧世界に政治制度を移植すれば，その非西欧世界へ政治体制の理念までもが移転することを避けられない。こと19世紀後半以後の，高度に制度化された植民地支配に関する限り，植民地支配を広げれば広げるほど各地の政治的独立の要求を高めるというパラドクスから免れることができなかった。そのパラドクスは，独立運動が激化する以前から帝国主義諸国の側でも自覚されていた。植民地獲得競争が最も激化した1890年代以後は，非西欧諸国が西欧諸国への挑戦者

となる恐怖が，黄禍論のような形で広く表明される時代であった。挑戦者が生まれる以前から，支配者の側に恐怖が芽生えていたのである。

(2) 植民地独立とは何だったのか

　植民地における政治的独立の取った形は，実に多様である。たとえばフィリピンに見られるように，植民地支配下の統治機構を残しながら，その機構から白人の撤退を要求するという，「権力移譲」とも呼ぶべき保守的な政治権力の継受が一方にあれば，他方ではより過激な，民族を旗印とする体制刷新を模索した，スカルノ（Soekarno, 1901-1970）政権のもとのインドネシアのような事例がある。ここでの問題は，これらの「新興独立国」の登場が，どのように，どこまで既存の国際関係を変えたのか，という点にある。

　いうまでもなく，20世紀に入って，主権国家として国際的に認められる諸国の数は激増した。第一次世界大戦後は，ロシア革命と連邦制の採用に刺激されて「民族自決」が標榜されたものの，その成果はごく限られた範囲にしか及ばず，要するに旧ドイツ，旧ハプスブルク，さらに旧オスマン・トルコといった多民族を支配する帝国・王朝の解体に適用されるにとどまっていた。しかし，この「民族自決」は，第二次世界大戦後は国際政治一般の原則にまで昇格し，それとともにかつて植民地であった地域がやがては国民国家として独立することも，国連憲章の文言のなかで，いわば事前に約束されることになった。その後のアジア・アフリカ諸国の政治的独立を経て，主権を標榜する国家の数も百を越えることになる。

　とはいえ，新しく独立した諸国が国際政治を設計する主体として認められたわけではない。国家主権を認められるばかりでなく，国際秩序の設計と維持に関わり，その過程でその都度「国益」を標榜する存在，つまり伝統的国際政治における「パワー」として，どこまで非西欧諸国が国際政治の主体となったのかを見れば，ごく微々たる存在であることが直ちにわかるだろう。第二次大戦中における国民党支配下の中国は，あくまでアメリカの庇護のもとに，その意志に従う存在としてルーズベルト大統領に利用されるものにすぎなかったし，大戦終了後の日本も，アメリカ外交に従うという前提のもとで国際政治における活動を許される存在にすぎなかった。このように，非西欧諸国がパワーとし

て承認される場合は，そのほとんどが対外的に軍事力を示威した結果としてではなく，むしろ既存のパワーが，その西欧大国の利益と意思に沿って行動することが期待できる，一種の政治的リソースとして承認される，というケースが一般であった。

　イギリスにとっての日英同盟，アメリカにとっての中国国民党政権は，いずれも日本や中国の影響力の承認というよりは，イギリスやアメリカの対外政策のリソースとして使うために模索されたものであった。同じように，戦後日本もOECDにもサミット（先進国首脳会議）にも加入したが，それは日本の要求が受け入れられたからというよりは，ヨーロッパ諸国の反対をアメリカが押し切った結果であった。そしてアメリカが日本の加入を推進した理由も，日本のパワーをアメリカが認めたからというよりは，アメリカの影響力に従うことが期待できるアクターを会議に加え，それによってヨーロッパ諸国の一致した見解に立ち向かうという条件をつくるために行われた操作であった。パワーとしての条件を備えているから国際機構に参加したのではなく，パワーとして自主的な，あるいは利己的な利益主張を行う可能性が低いからこそパワーとして認められる，つまりパワーではないからパワーとして認めるというパラドックスをここに見ることができる。

　このような国際関係の「狭き門」は現在も変わってはいない。かつてはヨーロッパ国際政治の一角を担ったロシアも，その政府がソ連であり，ソ連がソ連であり続ける限りは，サミットに参加することは考えられなかった。ソ連がロシアとなり，そのロシアが旧東欧諸国のNATO加盟を受け入れ，アメリカ外交の大枠に従うことが確実となる，という前提が満たされてはじめて，ロシアもサミットに，しかもごく限られた範囲で参加されることが認められた。また，そのような共通了解を受け入れるかどうかが疑われ，いかにもパワーとして軍事力と経済力を駆使する可能性の大きい中国は，まさにパワーであるからこそ，国際政治の主体としては制度的地位を持つことが未だに認められていない。世界秩序に新しく参加する主体に関していえば，パワーを持たなければ参加を認められ，パワーがあれば認められないという，およそ倒錯した事態が生まれているのである。

　もちろん，サミットやOECDだけが国際組織ではないし，一国一票を原則

として設立された国際機関のほうが，国連総会をはじめとして数としてははるかに多い。当初は米ソに対する政治的中立を掲げたはずの非同盟運動も，やがて「富める国」以外の第三勢力が結集する運動，という側面を帯びてゆく。さらに70年代後半からは，いわゆる「第三世界」諸国が，その数を背景として，国連総会ばかりではなく国連貿易開発会議（UNCTAD）などで新国際経済秩序の形成を呼びかける，という現象も起こった。国家の数が多いばかりでなく，人口の点でも領土面積の点でも，米ソ大国やヨーロッパ諸国よりは，確かに「第三世界」諸国のほうが「世界」を「代表」する資格を備えていた。こうして，アメリカのベトナム戦争での敗北と，第一次・第二次石油危機を経て，「北」と「南」の間の，一種の国際的な階級闘争が国際政治を決定するように見られた時代が訪れた。

　しかし，「第三世界」は人口・領土・数では優位にあっても，富と軍事力の集中とは無縁であった。そして，国家の数を頼りに国際連合が「階級闘争」の舞台に傾いたため，その「国連」の外に，富と軍事力の規模に会わせた事実上の国際組織がつくられてしまう。もとより世界銀行も国際通貨基金も加重投票制をとり，一国一票原則を破っていたが，70年代に入るとサミットという形で，インフォーマルながら先進工業国の意思決定機構が設立される。そのようなパワーに裏打ちされた機構の前に，「第三世界」の連合は無力であった。世界銀行の規模を前にした国連開発計画（UNDP）は惨めなほど小さかった。富と軍事力の偏在を破るためのリソースとしては，主権国家の数はあまりに無意味であった。資源ナショナリズムの行使も行きづまり，また「第三世界」諸国の中の新興工業国と低開発国との落差も拡大するとともに，「南の連帯」に支えられた国際政治の刷新という夢は無惨に裏切られることになった。

　このように，こと主権国家という地位に関する限りでは国際政治における主体が非西欧世界に広がったといっても，新たな国際秩序の形成と現実の国際秩序の維持に当たっては，非西欧世界の諸国が参加する余地はごく限られたものにすぎなかった。非西欧世界の国際政治体系への編入は，まず客体，すなわち支配の対象として始まり，政治的独立を経て主体としても参加することになった。とはいえ，「第三世界」諸国結集の試みにもかかわらず，現実の国際秩序がごく少数の大国によって支えられ，その大国が基本的には大西洋を跨ぐアメ

リカと西欧諸国を中心としている事情に変わりはない。「南の連帯」の挫折は，国連に議席を占めるだけで国際政治の主体となるわけではない事情を，残酷なほど明瞭に示している。

　逆にいえば，非西欧諸国が政治的に独立してから30年から半世紀も経ちながら，それらの諸国が国際政治において果たす役割は，第二次世界大戦後から現在まで引き継がれてきた世界秩序のなかでは示されていないのである。国連安全保障理事会の常任理事国はもちろん，OECDやサミットを構成する諸国を見ても，第二次大戦直後，つまり各国が独立を果たす前の状況に，わずかな修正しか加えられてはいない。このことは，第二次大戦後，軍事力，政治的，さらに経済的影響力を含め，大戦後当時と最も劇的に異なる状況が生まれたのが非西欧世界であることを考えれば，現在の世界秩序の，いわば制度的限界を示すものといっても過言ではない。

(3) アメリカの世紀

　20世紀が「アメリカの平和」の時代として語られるように，国際政治の主体としてアメリカが参画したことがこの時代の特徴である。だが，そのように明確に指摘できるのは第二次大戦後であり，その過程もなだらかではなかった。1890年代以前は，「ヨーロッパの秩序」と「新世界の秩序」は明確に分かれていたし，南米諸国に対してはヨーロッパ諸国の干渉や工作が続いても，北米の政治秩序は明確な独立を保った。それを端的に表しているのが南北戦争という，戦争の規模だけでいえば七年戦争やクリミア戦争はおろか，ナポレオン戦争に対してさえ優に匹敵する死傷者と戦費を費やした戦争が，一貫して北米だけにとどまり，周辺を巻き込む国際紛争には発展しなかったという事実である。そのような事実としての「孤立」を支えたのが「孤立主義」であり，ヨーロッパ諸国の権力政治に参加しない，という意思であった。1890年代まで，アメリカは常駐の大使をヨーロッパ諸国に送ってはいなかったことがその露骨な現れである。

　アメリカ国内についていえば，すでに1890年代から，国内における革新主義の台頭と合わせて，世界秩序をつくる主体としてアメリカを捉える自己認識も政策も生まれていた。軍事的にはマハンの海洋戦略と，具体的にはオレンジプ

ランなどと呼ばれる次期の戦争計画が練られ，また義和団介入から米西戦争とフィリピン領有を含め，遅れてきた帝国としての対外進出が進められた。とはいえ，セオドア・ルーズベルト（Theodore Roosevelt, 1858-1919）のいかにも壮大な海洋帝国の構想にもかかわらず，アメリカはヨーロッパ諸国の国際政治にとって局外者に過ぎなかった。門戸開放宣言は事実上無視され，第一次世界大戦開始後にヨーロッパを歴訪したブライアン（William Jennings Bryan, 1860-1925）は嘲笑で迎えられた。

　第一次大戦をアメリカの資本と兵力によって戦った後でも，アメリカの国際政治への参加が保障されたわけではなかった。そもそも，アメリカ側に参加する意思があったとはいえない。ウィルソン（Thomas Woodrow Wilson, 1856-1924）大統領本人が，欧州諸国と米国議会が自分の理性と判断に従うのでなければヨーロッパの政治へのコミットメントには消極的であったし，ウィルソンを支える世論も乏しかった。「勝者なき平和」の代償としては，厖大な死傷者は大きすぎた。大戦終結後は兵力も即座に動員解除され，孤立主義への回帰も強まり，第二次世界大戦後には想像しがたいような反戦思想と厭戦感情が国内政治を覆ってゆく。そして，ヨーロッパ諸国も，アメリカの資本は戦後復興のために必要でも，戦後構想を実現するうえでアメリカの参加が望ましいと考えたわけでかった。パリの和平会議では，ロイド・ジョージ（David Lloyd George, 1863-1945）もクレマンソー（Georges Clemencear, 1841-1929）も，ウィルソン大統領の提案を裏からことごとく壊していったし，国際連盟にアメリカが参加しないことが決まったことにも別に衝撃を受けたわけではなかった。イギリスにとってもフランスにとっても，アメリカは戦争を戦ううえでのリソースとしては必要でも，秩序形成と維持に関しては雑音にすぎなかった。

　アメリカなしには第二次大戦を戦い，ヒトラー政権を駆逐することができなかった，という苦い経験が，ヨーロッパ側に，またアメリカ側にも，大西洋を横断した連合なしには現状維持もできないという共通の認識を生み出した。ミュンヘンの教訓，すなわちミュンヘン会談によるナチス・ドイツ宥和の失敗が好戦国家に対する外交交渉の不毛をヨーロッパ諸国に思い知らせたとすれば，アメリカに対してはヨーロッパの国際政治から孤立することが利益のうえ

では最大の市場を失うことと，信条のうえでは正義を損なうことにもなる，という教訓を残したのである。アメリカの資本だけではナチと戦うことができなかった諸国にとって，大戦後の秩序構想にアメリカが参画することは（イギリスの抵抗にもかかわらず）すでに既成事実であった。そしてこの教訓が，アメリカの国際政治への参加を保障することなしにはソ連への対抗もできないという認識を生み出し，「閉じたシステム」としてのヨーロッパの国際政治に終止符を打つこととなったのである。

　アメリカが参加することで国際政治がどのように変わったのか。それは，これまでのヨーロッパ諸国より軍事的にも経済的にも豊かな主体が参加し，国際政治における力の配分が大西洋の西に傾いただけのことだ，と見ることもできる。しかし，ここでの問題は，軍事力や生産力そのものではない。そもそも経済的リソースだけでいえば，すでに19世紀末にアメリカは世界一位の規模を誇るパワーになっており，20世紀に入って変わったのはそのリソースを持つ国家が具体的にヨーロッパ国際関係の「閉じた」世界に関わり始めた，という意思ないし認識の違い，変化に過ぎない。新しいアクターがそれまでの国際関係の「ルール」に従うだけであれば権力バランスの変化に過ぎないが，新しい「ルール」を持ち込むのであればシステム全体の変化を伴う。そして，改めてデモクラシーと戦争の関わりについて論じる際に触れる点であるが，アメリカの参入は，伝統的ヨーロッパ国際政治の「談合のルール」とは異なる原則を国際関係に持ち込み，またそのことによって国際関係の仕組み，システムそのものを組み替えることになったのである。

(4) 民主主義の平和

　20世紀の初めには，「民主制」に分類できる政治体制は，西欧諸国を例に取ってもごく少数であった。だが，20世紀の末には，「民主制」こそが世界各地で一般的な政治体制となった。1970年代以降の南欧・南アメリカ諸国の民主化，フィリピン・韓国をはじめとする東・東南アジア諸国の民主化，そして80年代末以後のソ連・東欧圏における体制変動を受けて，普通選挙によって代表者を選出し，行政権力が法によって拘束される政治体制は，ヨーロッパばかりか，南北アメリカ，南アジア，さらにアフリカまで含めて，広く見られる政府

の形態となった。

　さて、政治体制の相違は国際関係にどのような影響を与えるだろうか。もっと踏み込んで、民主主義の拡大は戦争にどのような影響を与えるのか。この点に関連して、民主主義国は互いに戦争をしない、という主張が行われている。すなわち、市民に対して責任を負い、その責任を自覚する政府は、軍事行動を自衛を目的とする行動に限定した。それゆえに民主主義を政治体制とする諸国の間では、攻撃的行動が起こらない。マイケル・ドイル（Michael Doyle）は、過去の1世紀の歴史を振り返ると民主国家同士の戦争はないと指摘し、ブルース・ラセット（Bruce Russet）は、著書『パックス・デモクラティア』においてこの指摘を精緻化し、安定したデモクラシーの間では戦争は起こらないと主張した。デモクラティック・ピース（民主的平和）の議論としてまとめて紹介されることも多いこれらの議論について、ここで検討を加えてみよう。

　民主主義国相互の戦争の不在という議論は、カントの『永遠平和のために』をはじめとして、少なくとも規範的主張としては歴史の古いものである。ドイルの議論の特徴は、従来は彼岸の国であった夢が現実になっていること、つまり世界各国の民主化が現実のものとなったのと同様に、民主主義国相互の戦争の不在も実現したという、理念の現実化に注意を促した点にある。

　ドイルは第一に、民主主義国は民主主義国と戦争をしなかったと主張する。これが互いに戦争をすべきでないという規範的提言でも、あるいは戦争をしない傾向があるという作業仮説でもなく、単純な事実の指摘として行われている点にドイルの議論の特徴がある。彼は、過去における戦争の事例を網羅的に検討すると、民主主義国相互の戦争の事例はきわめて乏しく、その立憲政体が安定した諸国に限ってみれば、そのような戦争はまったく存在しなかったと指摘する。彼の指摘には例外事例がないというのである。

　第二に、第一次世界大戦におけるイタリアの例を引きながら、民主主義国が独裁政権と戦うか、それとも民主主義国と戦うか、選択を迫られたとき、民主主義国は力の均衡の維持に敢えて反しても独裁政権と戦うことを選んできた、とドイルは指摘している。つまり、民主主義国相互の戦争がなかったのは偶然ではなく、そのような戦争を回避しようという意図に基づいた選択の結果だった、ということになる。

他方，第三に，民主主義国が独裁政権と戦うとき，その戦争が防御的なものであるとは限らない。民主主義国が独裁政権の侵略に抵抗するばかりでなく，独裁政権を倒そうとする積極的介入の事例も多く見られた，だから民主主義国相互には戦争をしないが，民主主義国と独裁政権とが戦争を戦う可能性は残される，ドイルの主張をこのように要約できるだろう。この議論を延長すれば，世界を構成する国家がすべて民主主義国になれば侵略戦争は生まれない，という想定をすることもできる。

　民主主義国相互の戦争がないとすれば，これは偶然の結果であろうか。偶然ではなく，当然の結果だ，両者には因果関係がある，と主張したのがブルース・ラセット（Bruce Russett, 1935- ）であった。ラセットによれば，まず第一に情報が公開されれば世論が戦争に抑制的になり，権力者がそれに従うため，制度上，民主制は戦争になじまない。また第二に，民主国家は民主主義と人権保障という普遍的な理念を共有しているため，その共通する理念へのコミットメントが戦争の発生を抑制する。こうして，制度と理念の両面において，民主的平和論には一応の基礎が与えられた。

　もし権力者が市民に責任を負っているとすれば，そしてその市民が他の市民の自由も尊重するとすれば，民主主義国への侵略を正当化することは難しい。民主主義体制のもとで正当化できる戦争は自衛戦争であり，また軍事力の行使は自衛戦争に限定すべきだ，これがカントからミル，さらにウィルソンに至る自由主義思想の戦争観の中核となる。戦争目的を正当化する必要のなかったそれまでの政府と異なり，国民の政府を掲げる以上は侵略戦争はできないことになる。そして，どの国も民主化を遂げたなら，戦争は廃絶されるのではないか。民主的平和の理論は，力の均衡のような国際関係における軍事的条件ではなく，民主化という，本来は国内政治における政治的選択こそが戦争の廃絶を生み出すと考えているのであり，国際政治におけるリアリズムとはまったく異なる論理構成を取っている。

　だが，この議論が妥当するのかどうか，疑問も残される。第一に，デモクラシーが互いに戦わないという議論が成り立つ前提としては，複数のデモクラシーが存在する地域がなければならない。しかし，こと第二次世界大戦前の世界に関する限り，そのような地域はヨーロッパと南北アメリカしか存在せず，

しかもその双方において民主化を遂げた諸国はむしろ少数であった。複数のデモクラシーが存在する地域という，この議論の前提が成り立つのは何よりも第二次世界大戦後の世界である。そして，大戦後になっても，東ヨーロッパはソ連の影響下で共産主義体制が敷かれ，ラテンアメリカや東南アジアでは軍事政権が優勢であり，中東やアフリカでもデモクラシーと呼べる政権はごく少数であり，しかも短命であった。

こうして考えると，デモクラシーが互いに戦った事例が存在しないというごく一般的な命題は，実は第二次大戦後の西ヨーロッパと北アメリカで戦争が起こらなかったという事実を指すものにすぎない。確かにそれらの地域で戦争が発生しなかったのは事実であるが，それが各国がデモクラシーだから起こったことなのか，それとも他の要因によって説明できるのか，考える余地が残るだろう。西ヨーロッパ諸国は，ソ連の脅威のほうが大きいから団結したのかもしれない。経済発展の水準が高いから，あるいは各国の間の交易が大きいから戦争が不利だと考えたのかもしれない。カナダやメキシコは，アメリカがデモクラシーだからではなく，アメリカが圧倒的な軍事力を保持するからアメリカに従ったのかもしれない。つまり，戦争の不在という現実は一つであっても，その説明が一つの要因に限られるという保証はどこにもないのである。

さらに，現在の国際関係を見るとき，新たに民主主義に移行した諸国が戦争に訴えるかどうかが大きな争点となることもわかるだろう。ドイルやラセットなどの唱える民主平和論とは「安定した」民主主義国に妥当する議論であって，誕生して間もない民主主義国が世界に立ち並ぶ時代に直接当てはめることはできない。むしろ民主化すれば世論が外交に参入することになるから，対外的偏見を世論が持っていれば民主化後の政権はそれまで以上に対外偏見を表明することになるだろう。アルジェリア，エジプト，パレスチナ，イラクなどで行われた選挙によってイスラム急進勢力が台頭したことからわかるように，民主化の進展も，短期的には対外的に強硬な政策と国際危機を助長する危険がある。ラセットが「安定した」デモクラシーについて議論を立てている以上，新興民主主義国の事例をもって反論とすることはできない。だが，誕生したばかりの不安定なデモクラシーこそが特徴である現代世界において，その置かれた状況を説明できない議論は，議論の実益を疑われることになるだろう。

(5) 民主主義と国際関係

　民主的平和という議論が成り立つのかどうかは，疑問が残る。だがこれをもって各国政府の民主化が国際関係に何の影響も与えないと考えたなら，それはやはり誇張とすべきだろう。国内世論という新たな存在が関わることで，それでは，国内政治の民主化は，それまでの国際関係をどのように変えたといえるだろうか。

　まず民主化以前の国際関係の特徴を改めて振り返っておこう。宮廷外交の前提は，国家間の合意を国内社会の政治的要求に優先させることであった。これは，別に各国が自己の利益を犠牲にしても国際関係の安定を優先した，という意味ではない。もし，政治権力を持つ主体と主権者が一致し，その権力者が自らの利益に合致する場合に限って他の国家と合意するのであれば，国家間の合意と主権者の掲げる「国益」との間にはそもそも齟齬が存在せず，国益と国際合意との間に矛盾は生まれない。ところが，政治権力を握る主体が国内のさまざまな要求にさらされ，その要求によって政治権力の有無さえ左右されるという状況が生まれれば，権力者は他国と合意しても，その合意が国内からの批判にさらされるという状況も成り立つ。国内世論から切り離された外交談判の世界は，各国の政治が民主化し，権力者が国内の諸利益と法に支配されるとともに維持することが難しくなってゆくのである。すでに逸早く，19世紀フランスの思想家アレクシス・ド・トックビル（Alexis de Tocque-vill, 1805-1859）は，その『アメリカの民主政治』において，民主政治と外交のディレンマを指摘している。

> 民主政治に特有の優れた特質は，外交政策には必要ではない。ところが，外交政策のために育てるべきものは民主政治に欠けているのである。……民主政治は，秘密裡に策謀を巡らし，辛抱強く結果を待つ，という能力を欠いている。このような特質は，個人や，君主制に見られることの多いものだ。(*Democracy in America* (trans. George Lawrence) New York, 1969, 228-229)

トックビルが述べるように，民主政治は外交のスタイルを変えてしまう。一般的に述べるならば，第一に，古典外交では，数の限られた当事者の間の秘密外交を前提とするのに対し，デモクラシーのもとでは，外交手続きを世論に公開することが求められる。第二に，古典外交のもとでは，国内の政治体制がどのような理念を掲げるかに関わりなく国際関係における行為規範が共有されていると考えるのに対し，デモクラシーのもとでは，外交政策の遂行も国内政治における理念や原則に従って行われることが求められる。その結果として第三に，古典外交では条約の憲法に対する優位に示されるように，国家間の協定は国内法よりも上位のものとして考えられるが，デモクラシーのもとでは，国内政治における行為規範が国際関係における行為規範に優先し，条約と憲法の関係は逆転してしまう。

　このような公開外交と国内政治の優位がもたらすものは，国家間の協定によって運営される「国家の共同体」としての国際政治ではなく，市民に責任を負った民主的な政府がその市民に対する責任に応えるためにも，他国との協定の有無に関わりなく一方的に外交指針を決定する単独行動主義（unilateralism）が支配する国際関係である。むろん，後者においても他の国家との無制限の紛争や戦争が想定されているわけではなく，むしろ世界各地の民主的な政府が互いに協力して，君主の恣意による野合や戦争に彩られた旧世界とは異なる秩序を創りあげることが夢見られるのであるが，それでは世界のすべてに民主政権ができあがるまでの間，たとえば非民主的政権との間にどのような関係を取り結べばよいのか，結論は出ない。旧世界における外交が，事実として現存する各政府の間の関係を取り結ぶものであったとすれば，新世界における外交は，世界の民主化を想定し，そのユートピア的将来においてはじめて均衡を取り戻す，理念による外交という性格を帯びることになる。

　このような変化のなかでも，とりわけ大きいものが戦争の戦い方である。そこでは，第一に特殊利益のための戦争の排除，第二に国民防衛のための戦争を戦う義務，そして第三に敵に対する妥協の排除，という三つの新しい要素が生まれる。この状況では，戦争の終わり方も変わらざるを得ない。つまり，当事者が終戦に合意し，すでに終わった戦争に終わったという合意を付け加えるのでなく，当事者に終戦を強制し，相手の同意の有無はほとんど問わない「無条

件降伏」という観念が発生するのである。これは単なる理論的可能性だけではなく、カサブランカ会談以後は実務の一端にも登場した。ここには微妙な問題がある——つまり、無条件降伏も降伏には違いなく、降伏である以上は交戦国の合意が必要なため、相手国が無条件降伏に同意しない場合はどうするのか、という問題である。第二次世界大戦ではドイツが破綻し、日本はポツダム宣言を受諾したためにこのジレンマは表面化しなかったが、湾岸戦争末期においてフセイン政権が安保理決議の受諾に当たってさまざまな条件交渉を行い、これがその後のイラク戦争の遠因となったように、無条件降伏問題は決して架空の争点ではない。

　より一般的にいえば、民主化は国際政治と国内政治の関わりを変えることによって、国際政治に価値判断を持ち込んでしまう。主権国家体系では、国際政治が国内政治とは独立した世界を構成していたが、民主主義という国内の政治原理を中心に国際政治を考えれば、そのような「使い分け」を続けることはできない。国内世論への公開を外交の原則とすれば、政治指導者の密教と権謀術数の根拠は失われ、国内政治と国際政治は地続きになる。エリートの密教に代わる平和の制度化を行うことなしに、ただ外交を公開すれば、平和を広げるどころか、それまでかろうじて平和を維持してきた信頼関係だけを壊してしまい、むしろ不安定を加速する結果に終わる可能性がある。

　そして、戦争を自衛戦争に限定することは、逆に国際政治にイデオロギーを復活させるという効果も生み出す。主権国家体系では、戦争が政策の合理的手段として認められていたが、逆にいえば戦争をしない自由も政策決定者に残されていた。他方、国民に安全を保障する責任を負う政府には、自衛戦争だけが許される一方で、自衛戦争は戦わなければならない戦争になる。そして、自衛と侵略の区別は容易ではなく、民族観念の操作によってあからさまな侵略も生存圏の確保にすり替えることができる以上、戦争を制限するはずの自衛権概念によって侵略戦争の正当化も行うことができ、しかもそれが世論によって促される可能性さえ生まれる。

　だからこそ、民主化は戦争を抑えるどころか、戦争を引き起こすことにさえなりかねない。民主主義相互の戦争は難しくなったとしても、民主主義ではない諸国への戦争行為は、むしろ正当化が容易となるからだ。圧政に虐げられた

民衆が国外にあっても，それがその国の国内問題であり，また戦争を仕掛けても「国益」増進につながらなければ，特に問題は起こらない。ところが，国外の圧政について情報が流れ，その民衆と心情的に同化する国民が増えれば，人権保障のような普遍的原理を国制の原則とする限りでは何らかの対応を迫られる。逆にいえば，国内の政治に普遍的原理を持ち込み，市民の資格にも普遍的原理を持ち込んだ以上，政治的共同体の境界を「国民国家」に限定しなければならない必然性も失われる。むろん，異民族支配は国民国家の原則と正面から衝突するから，民主主義になれば植民地主義が正当化できることにはならない。だが，植民地支配という制度的統治を否定したうえでの海外への権力行使に対する制約は，国内の民主主義という制度原理からは生まれない。国内政治を普遍的原理によって統合し，その投影として国際政治を見るとき，少なくとも論理のうえでは「正しい帝国」という，主権国家体系では否定されたはずであった概念が合理性を回復するのである。

さらに，相手国における政府の正統性を否認し，その政府が新たな政体に組み替わらない限り戦争が終結しない。しかし相手国で政変が起こらなければどうするのか。その既存の政府と終戦交渉をするのか，それともその政府との交渉を拒否して，その地域を軍事的に制圧するのか。そして，軍事的に制圧した後には，どのように撤退するのか。これらの問題は，第二次世界大戦末期における米独，米日間の交渉ですでに明らかなジレンマであったが，その後も，たとえばボスニア和平を巡るセルビア政府の位置付けなどに繰り返し現れることになり，またイラク戦争においては，独裁政権の打倒が権力の真空を生み出すという悲劇的な形で浮上することになった。

以上，伝統外交の世界と，デモクラシー下の外交の世界を，極限的な形で対照することを試みた。もちろんデモクラシーへの転換によって，直ちに国際政治における各国の行動が全面的に変容を遂げるとはいえない。内政が民主制に転換しても，外交関係では従来の行為規範が残る場合がはるかに多く，またそれまでの条約や国際関係における行為規範に従うことを示すことで，はじめて，新政権も他国による政治的承認を得られ，新政権として生き延びることができるのである。このように，内政の転換と外交政策の転換は常に単純に結び付くとはいえないが，それでも古典外交とは正面から異なる行動様式が新しい

政府に求められることに違いはない。市民に責任を負う政府が君主の恣意のように外交を展開することは，その体制の性格からいって許されない。そして対外政策において，国内世論が専制君主よりも合理的な選択を行うという保証は，実は，ない。そこに，デモクラシーと外交のジレンマが潜んでいるということができるだろう。

第11章 ナショナリズム

　近代国家とは国民国家と呼ばれることがある。それは、国民が共通の伝統と文化によって支えられているというナショナリズムが各国の基礎に置かれ、政府の統治に正統性を与えているからであるが、それでは国民とは、そしてナショナリズムとは何だろうか。ナショナリズムは、国際政治を考えるうえでどのような意味があるのか。なぜ民族は争い、民族紛争が生まれるのか。政治思想のなかでも最も曖昧で、しかも影響力の大きい、このナショナリズムの意味と政治的機能について考えることがこの章の目的である。

(1) 国民国家の時代

　ヨーロッパ中世において政府の正統性を支えるのは君主の系譜であり、他の君主との縁戚関係であり、ローマ教皇との距離の近さであった。由緒正しい家系と、ローマ教皇の与える祝福があれば、国家財政が豊かでなくても、また軍隊が強くなくても、正統な政府として他国に認められ、対外的に影響力を振るうこともできた。だが、系譜と縁戚関係に恵まれていたところで、強い軍隊がなければ国家の防衛を実現することはできない。ローマ教会の権威が衰え、絶対君主が出現した中世末期を迎えると、身分や出自に根拠を持つ伝統的な正統性は、緩やかに、国家の持つ権力の大きさに取って代わられていった。領土を統制し、他国を侵略する力を持つことが王家の格式よりも重要とされる時代、つまり近代国際政治に移行したのである。

　現代世界を見るとき、力の保持だけで政府の権力を内外に認めさせることはできなくなった。その変化の第一が、前章で述べたような各国における民主化の進展であり、市民によって与えられる政治的支持が政府の正統性の根拠とされるようになる。国際関係における政府の資格は、家系から力へ、そして力か

らデモクラシーの有無へと変わっていったように見える。

　だが，世界各国における政治体制の民主化が広がるのはヨーロッパを取ってみても第二次世界大戦後，世界規模で見れば1980年代以後の現象に過ぎない。しかもアジアに残された共産主義国や中東やアフリカなどにおける強権支配を見ればわかるように，今なお民主制とはかけ離れた政府は数多い。力があれば国家として認められる時代は緩やかに過ぎ去ろうとしているが，デモクラシーでなければ国家としては認められないという地域はまだごく限られている。どれほどその普遍性が主張されたところで，デモクラシーが現代国際政治における原則となり，デモクラシーだから政府としての資格が認められるという時代は，まだ，訪れていない。

　そして，政府の資格を権力に求める時代と，民主政治の有無が政府の資格を決する時代の間に生まれ，今なお国際関係における基本的な原則となっているものが国民国家（nation state）という観念である。ある国民を基礎として成り立ち，その国民の利益を代弁することのできる国家には正統性が認められ，複数の民族集団を抱える国家は常に正統性の危機と内乱の危険を恐れなければならない。三十年戦争終結のときのヨーロッパを考えればわかるように，伝統的な国際関係では，世界が複数の国家に分かれている理由は，世界が数多くの武装集団に分裂しているからであり，それぞれの武装集団が国民とか民族などといった基礎を持つかどうかは必ずしも問題ではなかった。国民国家を主体とするのであれば，この国際関係のイメージは大きく転換することになる。世界にはそれぞれ独自の文化と伝統を持った国民が存在し，それぞれの国民が国家を形成するのがごく自然で正しいことだからこそ世界は複数の国家に分かれている。文化の多元性を政治的多元性の根拠にするわけだ。

　ここで確認しておかなければならないのは，主権国家の成立と国民国家の成立は異なるものだ，ということである。主権国家体系を基礎づけたウェストファリア条約の結ばれた当時はもちろんのこと，18世紀末でさえ，「国民国家」というコトバを使うことができるような「国民意識」を，国境で区切られたなかの「国民」が共有していたとはいえない。フランス文化の称揚やロシアの伝統への賛美がどれほど知識人の手によって行われたとしても，その土地に住む農民や商人が知識人の唱える国民意識を共有したとはいえない。知識人が主張

するだけで国民意識が生まれるわけではないし，後世の歴史家から国民意識の始祖とされた人物が「国民」を意識していたとも限らないのである。そして，君主と臣民との間では結びつけるものが乏しくても，君主同士はどこかで血縁関係がつながっていた。国民国家形成以前のヨーロッパでは，国内社会は幻想であり，国際社会こそが現実であった。

　ナショナリズムの時代がいつ始まるのか，その起源はナショナリズムの定義によって変わるため，確定することは難しい。だが，共和政体や自由主義思想の成立という比較的早い時期に国民国家の成立を求めたとしても，それでも主権国家の成立と国民国家の成立には時差があることがわかるだろう。イギリスやフランスのように，絶対王政から数次の政治変動を経て国民主権に立脚した権力が形成された事例があるとはいえ，そのような市民社会に基礎を置く政府は，ヨーロッパ世界でさえ，そして19世紀に入ってさえ例外的現象であった。どのように概念をねじ曲げても，ウィーン体制を国民国家体系として捉えることには無理がある。さらに，仮に制度としては国民に責任を負った権力が成立したとしても，その「国民」の外延が実際に拡大するためにはさらに長い時間が必要となった。グリム兄弟が童話を集めてドイツ童話と命名しても，童話を語る人々がドイツ人だと考えているとは限らない。

　こうして考えてみれば，「国民国家の構成する世界」は，「主権国家の構成する世界」よりも後になって生まれたことがわかるだろう。そして，この国民国家の世界を支える理念として生まれ，今なおきわめて大きな影響力を保持している思想がナショナリズムにほかならない。

　だが，これだけでは何もいったことにはならない。「国民」も「民族」も「ナショナリズム」も，当事者には至極当たり前の，説明を必要としない観念でありながら，外部からの観察者にはなかなか捉えがたい，意味の曖昧なものだからだ。ナショナリズムの意味について考えてみたい。

(2)　民族とは何か

　ここでは，ナショナリズムの一応の定義として，「民族に関わるシンボルを媒介として，政治社会の統合を目的として展開される運動あるいは体制」と考えることにしよう。運動と体制の双方を含み，「政治社会の統合」という用語

に政治的自律性への要求と，もっと踏み込んだ政治的独立の双方を含むよう工夫を凝らした定義ではあるが，それでもこの定義はさしたる助けにならない。何が民族に当たるのか，そのシンボルがどのように用いられ，政治統合がどのような政策として進められるのか，これだけではわからないからである。しかも，当事者の主観によることなしに，民族を定義することはできない。

　自分がどの民族に属するか，当事者が疑うことは少ない。だが客観的に見ると，民族という観念を支える明確な指標も乏しい。まず使う言葉によって議論の内容が左右されてしまう。民族と国民はどう異なるのか。英語でいうエスニックグループ（ethnic group）は民族に相当するのか，それともネーション（nation），つまりエスニックな結びつきという含みの薄い「国民」と「民族」を同じものと考えてよいのか。それぞれの言葉が，すでにそれを生んだ社会と文化状況の違いを反映しており，民族を示す概念にどの用語を用いるかによってすでに議論の形が拘束されてしまう。

　しかも，誰がその民族に属するか，民族への帰属は，何よりも当事者の自己認識に依存するものであり，それを客観的指標によって確定することはできない。言語や習俗の多様な集団が国民意識を共有し，逆に言語や習俗は似ているのに異なる国民として自覚を保つ集団は決して珍しくはないからである。同じ言語を共有することが民族の条件だとすれば，三つの言語が交錯するスイスをどう考えればよいのか。ベルギーは，北部にはオランダとのつながりが強く，主としてフラマン語を話すフランドル地方を，南部にはフランスとのつながりが強く，主としてフランス語を話すワロン地方を抱えているが，ベルギー国民という社会意識はやはり存在するのであって，地域対立が繰り返されてきたとはいえ，ベルギーを多民族国家と決めつけるわけにはいかないだろう。つまり，外部の観察者がどれほど文化の多元性を指摘したところで，その多元的な集団が一つの国民だと思い込むことを排除することはできないのである。こうして，民族観念は，ほとんど定義上，曖昧にならざるを得ない。

　さらに，どこからどこまでが民族に入るのか，概念の外延が不明確である。ある個人の帰属集団は，家族，隣近所，町や村，さらに地域社会，拡がって国民国家，世界全体など，同心円のように重なり合っている。それぞれの円のなかには，民族意識に相当するものもそうでないものもあり，民族への帰属意識

も一つには限らない。一見すれば国民国家の代表のように見えるイギリスも，その内実はイングランドばかりでなく，スコットランドとウェールズという独自の文化と伝統を持つ地域を含んでおり，ウェールズの場合は英語と異なるケルト系のウェールズ語という言語も持っている。この場合，なぜ連合王国（United Kingdom）が「国民国家」であり，なぜスコットランドやウェールズが独自の国民国家ではないのか，その理由を文化の共通性などから説明することができない。もちろんイギリスばかりではない。たとえばナイジェリアのイボ族（Ibo）は，イビビオをはじめとした多くの種族から構成されている。フィリピン南部のイスラム教徒モロ族（Moro）は，マギンダナンやタウスグなどの諸族に分かれ，それぞれで言語も異なっている。外側から見ると，どの境界線が民族の境界線となるのか，定めることは難しい。

　ここで注意しなければいけないのが，文化的共同体としての「民族」と，政治的共同体としての「国民」との関係である。「国民」概念には，文化と伝統を共有するエスニックな意味での「民族」という意味と，その社会に住む人々の政治共同体（英語本来の意味におけるネーション）という，必ずしもエスニックな意味づけを伴わない「国民」という二重の意味があり，前者は「民族」と重なるが，後者は必ずしも重ならない。そして，仮にエスニックな意味において「国民」概念が用いられたとしても，それが政治的共同体として，「自分たちの政府」の設立を権利として主張する根拠として用いられているとき，文化的な共通点に注目して定義した「民族」とは重ならないことが多い。スイスのドイツ語地域やフランスのアルザス・ロレーヌ地方では，文化の点ではドイツとの共通点が数多く見られるが，政治的にはスイス国民やフランス国民という意識が一般に共有されている。文化的共同体と政治的共同体が重なるとは限らないのであり，それがまた「民族」ないし「国民」概念の把握をひどく難しいものにしてしまう。

　そして，民族自決が国家形成の原則として承認された後は，政治権力の簒奪を目指す主体や集団にとって，民族の代表者を自称することが対外的にも対内的にも正統性の起源になる。民族自決という原則に従う限り，民主政治を取らない政府でも正統性を主張することができる。逆にいえば，政治権力を獲得しようと画策する集団が正統性を主張するためには，民族の代表というシンボル

に訴えるのが最も有効な方法であり，しかもほんとうに代表しているのかどうか，選挙によって試される必要もない。こうして，内実は私的な権力への欲望を民族自決といううわべで飾るような，民族を標榜する集団が群生し，権力闘争に従事することになる。民族とは何を指すのかが曖昧なまま，曖昧だからこそ政治的に利用され，紛争の過程で実体の怪しい民族という政治的なシンボルばかりが噴出するという，恐慌的事態が生まれてしまう。

どの帰属集団が「民族」になるのか，その選択が国民国家の形成によって終われば問題はまだ簡単だろう。対内的にも対外的にも政治権力を主張できる「民族」が「国民」を標榜し，その国家のなかにあり，それより下位の民族意識から政治的正統性が奪われるからだ。しかし，「国民」が成立した後でもさまざまな種族意識が残され，時には政治共同体としての要求を行うことになる。いったん国境線が引かれ，それぞれの国境のなかにある国民が存在するという観念が内外から承認されたとしても，その安定が崩れ，国民国家の内部から小集団による民族自決の要求が突きつけられる可能性が残るのである。国民統合に成功したはずのイギリスにおいても，大戦後のスコットランドではケルト系のゲール語を推進する運動が広がり，スコットランド国民党（Scottish National Party）のような自治独立を求める政党まで出現した。国民国家の形成は決して不可逆的な過程ではなく，大きな「国民」のなかにある複数の民族集団がいつ声を上げないとも限らない。ナショナリズムの逆説は，国民国家の形成によって終わるとはいえないのである。

(3) 民族はいつ生まれたのか

民族の歴史的起源も不明確であることが多い。より正確にいえば，当事者はその民族の悠久の歴史を信じ込み，歴史的起源を誇っていても，民族への帰属意識が社会のなかに生まれたのは近代に入ってからのことが多いのである。居住地や集落への帰属意識とか，その親族への祖霊崇拝などと民族への帰属とは本来異なる問題であり，それらを結びつけて見るためには，国民文化という観念の創造と伝播という，優れて近代のコミュニケーションに依存する状況が必要だった。もちろん，知識人たちが民族・国民の起源を過去にさかのぼったり，民族・国民文化の原型を古典に求めたりするような試みは，決して新しい

ものではない。だが，国民への帰属が当然のように受け入れられ，村人が国籍を自称するのは，それからずっと後のことだった。近代に生まれた社会意識でありながら，当事者が悠久の歴史を信じ込む。この奇妙な倒錯がナショナリズムの特徴である。

　外部から客観的に観察すれば，国民意識とは，出版活動，国語教育，国民軍の形成などと相前後して生まれた，優れて近代の現象であることがわかるだろう。目に見える仲間をはるかに越えた領域で，同じコトバを話す人間が，同じコトバを話す人間としての連帯感を持つためには，そのコトバを活字に直し，活字になったコトバの読み書きを覚え，会ったこともない人々と活字を通した一体感を養わなければならない。グリム兄弟による童話の収集をはじめとして，辞書の編纂や「国語」と「国民文学」の確認ないし創造がナショナリズムの初期の表現となった。だが，知識人の活動を別にすれば，ごくふつうのおじさんやおばさんが「国民」としての一体感を持つようになるのは，ヨーロッパ世界でさえせいぜい19世紀後半のことにすぎない。民族集団を主体とする自己決定の要求という，われわれが現在考える意味でのナショナリズムは，自由主義や社会主義などの近代の政治イデオロギーのなかでも，最も遅れて成立したとさえいうことができる。

　このように，民族の内実は曖昧であり，起源も決して古いとはいえない。だが，ここで重要なのは，当事者はそう考えない，ということだ。ナショナリズムの特徴は，民族は悠久の歴史を持つという主張であり，その主張を支えるために，文化や伝統が国民文化（national culture）として新たに位置づけられ，悠久の伝統を示す証拠として持ち出されるのである。日本でいえば徳川幕藩制末期において天皇家の系譜や万葉集に始まる古典文化が国民の文化として再評価され，19世紀末の中国では本来は王朝の観念であるはずの「中国」が国民を示す観念として再定義される。もちろん日本に住む人すべてがいつも自分たちのことを日本人だと考えてきたはずはないが，ナショナリズムの正統性が歴史の長さに求められるため，「国民文化」を過去にさかのぼり，直接には国民観念と関わりの少ない過去の文化事象を国民の長い伝統を示すシンボルとして称揚するのである。イギリスの歴史家エリック・ホブスボーム（Eric Hobsbawm）は，これを「創られた伝統」（invention of tradition）と呼んだ。

このような，構想され，想像された民族という観念は，ベネディクト・アンダーソン（Benedict Anderson）の『想像の共同体』が刊行されてから広く受け入れられるようになり，ナショナリズムの起源を遠い過去の原初的（primordial）共同体に求めるような議論は少なくなった。だが，もし民族や国民を与件とすることができないのならばなおさら，なぜ「民族」が想像されるのか，その契機を摑む必要も生まれる。「民族」に「用具（instrument）」という側面があるとすれば，誰がどんな目的で，いつそれを用いるのか，改めて検討しなければならないだろう。

ここには，先にも触れた国民と民族の区別という問題も隠されている。国民国家を標榜する国家のなかには，エスニックな意味での民族とも重なり合う「国民」共同体の観念やイデオロギーが含まれる一方，制度的に構成された「近代的」で「官僚的」で「科学的」な国家権力と，その支配に服する客体としての「国民」という，それ自身は民族やエスニシティとは関わりのない，制度としての側面が含まれている。前者では民族集団の信条，象徴，伝統的シンボルなどが「国民」の理念を支え，後者では国民よりも国家機構と権力の制度化に重心がかかっている。国家形成過程における国民統合には，公式の「国民」意識の培養と並んで，伝統主義的な「民族」を近代国家の機構のなかに吸収してゆくという側面も含まれている。近代国家における「国民」には，エスニックな意味における民族，すなわちエスノス（ethnos）に頼る伝統主義と，エスノスの神秘性や伝統主義を駆逐して世俗的国家権力の権威を樹立しようとする近代主義と，二つの顔が潜んでいる。「近代主義」的な国民によって，その国民内部の文化的多元性が世俗化されることが国民統合（national integration）であるとすれば，統合される諸民族から見た国民統合とは民族破壊にほかならない。統合や同化は，それに対抗する運動を生み出す可能性が常に潜んでいるのである。

(4) 市民の政府・民族の国家

政治思想として見た場合，ナショナリズムは思想としての独自の実質を持たない。それは民族が民族としての自覚を深めるという堂々巡りのような概念に過ぎず，誰がどのような政府をつくるのか，政党，選挙，結社，あるいは経済

社会の構成など，近代政治思想に必要な要素は含まれていないのである。それだけに，ナショナリズムの思想としての実質は，ほかの政治思想と結びつくことによって得られることになった。そして，ほかの政治思想と結び付いた後に，その政治思想を乗っ取ってしまう。自由主義とナショナリズムが結びつくと，退くのは自由主義のほうだった。国境を越える団結という夢は，共産主義をとっても社会民主主義をとっても，20世紀には後退する。中国革命がどうして共産主義と関係があるのか疑わしくても，そこにナショナリズムの表現があることは否定できない。ナショナリズムという思想はないが，ナショナリズムから自由な思想もなくなった。

　ナショナリズムの曖昧さは，国家と社会の関係に注目すると，いっそうはっきりするだろう。一面では，ナショナリズムには，国民という観念を通して国家と社会を情緒的に結びつける，いわば接着剤のような性格がある。悠久の過去から続く文化と伝統によって個人の運命は共同体の運命に，そして共同体の運命が国家の運命に結びつけられるのである。国家と社会は不可分であり，国民があって個人にも意味が生まれることになるから，古典自由主義から受け入れられる概念ではない。かつてアクトン（Lord Acton）は，「国民性（nationality）は，自由と繁栄を目的としてはいない。むしろ，国民性を国家の原型と基準とするために，自由と繁栄を犠牲にしてしまうのだ」と述べてマッツィーニ（Giuseppe Mazzini）を鋭く批判した。自由主義の国家観とナショナリズムの緊張を示すものだろう。ここでは，国民国家を運命共同体として考えるナショナリズムが，国家と社会を無条件に結びつけてしまうために，政治的自由の追求と相容れないものとして考えられている。

　しかしナショナリズムには，国家と社会を結合するどころか，両者の対抗を示唆する側面もある。フランス革命が近代ナショナリズムの始まりであるというとき，そこでわれわれがいうネーションとは，国家を私物化する王権に抵抗する市民社会（civil society）を指しており，国家と社会は対抗関係にあるものと想定されている。フランス革命における「フランス人」とは，フランス語を話す者，またはフランス語を学ぼうとする者を指しており，言語による同一化と差別は確かに見られたものの，「民族の血」を基準に民族を定義したり，民族の悠久の伝統を主張するような側面はフランス革命にはなかった。その端

的な現れが，フランス革命当時はユダヤ人もフランス市民としての資格を認められていたという事実である。フランス革命とは，やはり市民が国家権力をつくるという革命だったのであり，民族の奪権よりは市民による政府の創造に重心が置かれていた。

　国家と社会を結びつけたナショナリズム，いわば歴史主義的ナショナリズムと，国家と社会を対抗関係で捉える自由主義的ナショナリズムとでは，同じナショナリズムであっても政治思想としての意味はまるで正反対になってしまう。自由主義的ナショナリズムにおいては，市民とは国家権力との対抗関係において市民社会を構成するから市民なのであり，その市民がつくった政府は，別にそれだけで正しいことにはならない。市民の法を破った権力者は合法的に追放されざるを得ないのである。ところが，歴史主義的ナショナリズムにおいて，民族の血によって権力を正当化する場合は，その権力がどのような形を取るのかは問われない。極端にいえば，民族の代表者である以上は専制支配さえ正当化できることになる。

　このように並べれば「市民の政府」のほうが「民族の国家」よりもはるかに「先進的」に見えるだろう。ところが，歴史的に先に成立したのは「市民の政府」の側であり，その実態は教育を受けたエリートにとって有利なものであった。そして，19世紀後半に入ると，ナショナリズムの性格は古典自由主義的な「市民の政府」から，より「歴史主義」的な「民族の国家」，人種主義と結びついた「民族の血」の思想に傾いてゆく。

　イタリア統一とドイツ統一は，民族を標榜すれば国家権力を国際的に認めさせることができるという先例となり，中・東欧のナショナリズム運動をいよいよ刺激することになった。同時に，民族の国家である以上は政体は問われないという先例も生まれた。民族の血に基づいた権力である以上は，その権力を制限する制度が特に必要となるわけでもない。ドイツ統一には，フランクフルト国民議会におけるような自由主義はもはや残されてはいなかった。市民が政府をつくるという自由主義の宿題は，民族がその血と伝統を政治的に証明するという人種主義の課題に変わることになった。ヨーロッパの古典王朝のもとでは当たり前だった多民族支配が，民族自決という思想のもとでは正統性を失い，ハプスブルク，ロマノフ，オスマンなどの王朝の動揺が続く。遅くとも19世紀

の末には，ユダヤ人はフランス人から明確に排除された。ポーランド移民の進出を恐れたマックス・ウェーバーにとって，ポーランド人とドイツ人の垣根を取り払うことは問題外であった。19世紀末のナショナリズムの時代における国家形成は，決して古典的自由主義から説明できるものではなく，むしろそれは民族の血の団結によって権力をつくるという苛烈なイデオロギーであった。

しかし，ナショナリズムが自由主義からは後退したとしても，出版活動の発展に支えられた国語辞典の編纂をはじめとする国民文化の創造（ないし捏造）が多くの「民族」によって行われ，「民族」という夢は啓蒙的知識人をはるかに越えて，地域的にも階級的にも空前の広がりを見せた。ナショナリズムは，決して国家権力によって操作される「上から」のイデオロギーなどではない。言語，生活様式，さらに「国民文化」に支えられた「民族の血」は，市民的自由の拡大などより幅広い地域の民衆に受け入れられた。いかに粗暴な権力と市民の一体化を唱えていたとしても，国民自立の夢は国民国家となったドイツやイタリアで熱狂的な支持を受け，帝政下の諸民族に，そして植民地支配のもとに置かれた非西欧地域の諸民族に独立政府の希望を与えることになった。

(5) 民族自決と国際関係

民族自決（self-determination of nations）とは，民族を単位として政府をつくる権利があるという観念である。だが，よく考えれば，この観念は決して当然のものではない。

そこに住む人が，そこの政府をつくるのがよい。この議論に反対する声は，まずないだろう。では，なぜそのほうがよいのか。正しい人が正しい政治を行うのがよい，そう考えるならば，その正しい人がそこに住む人である必要はない，異民族統治でも構わない，ということもできる。それでもなお住民の自治を中心に政治を考えるとすれば，それは何が正しくて何が正しくないかを住民が決めるべきだ，という考え方に基づいているからだろう。

問題は，この「住民」の内容にある。なぜ「住民」は民族を単位とするのか。自由主義思想のもとでは，このパラドックスは，住民が市民になり，市民が国民になるという一種の進化論によって解消されていた。この場合，国民がやがて世界市民になったところで一向に構わないことになるから，民族による

世界の分断は必然的なものではなくなる。他方,「民族固有の歴史」に支えられた集団が世界を構成するという考え方を取れば,国民国家の形成は国際関係の到達点であって,世界市民といった意識は国民への裏切りにほかならない。同じ「民族自決」でも,自由主義的な普遍主義から考えることも,人種主義と結合した民族主義から考えることもできる。前者,つまり自由主義的ナショナリズムに従って考えれば,民族自決と国民国家の形成は治者と被治者の同一を実現する一里塚であるが,後者,すなわち歴史主義的ナショナリズムに沿って考えるなら,国民国家の成立は政治社会の究極的な形態であって,それ以上の政治統合は考えられない。民族自決は,その主体としての民族をどう捉えるかによって,まるで正反対の意味を持つことになってしまう。

さらに,自由主義の要素を取り払って民族自決を考えた場合,民族の代表を標榜する政府には,ほとんど白紙委任のような権力が与えられてしまう。住民が選んだ政府なら,その住民を虐殺することは認められるのか,と考えればわかりやすいだろう。もちろん,自由主義の立場を取れば,住民を虐殺する政府に対して,市民は選挙を通して不信任を行う機会と権利を有することになる。そこでいう「住民」とは市民社会の構成員であり,市民には専制支配を認めない合理的判断が期待されているのであって,市民が自ら自由を投げ出して専制支配を受け入れる可能性は残るが,それを左右するのは市民のほうであって政府の側ではない。ところが,民族の血と伝統によってのみ政治権力を正当化するならば,国内で何をしようとも,それに対する国外からの干渉は国家主権の侵害になる。仮にその政府が民主的手続きによることなく構成されていたとすれば,その権力がいくら人殺しを繰り返したところで,市民は不服従を訴える機会を奪われ,しかも外国からの干渉に対しては内政不干渉原則に手厚く保護されることになる。民族自決が独裁政権の隠れ蓑になってしまう可能性は否定できない。

歴史的に見れば,19世紀ヨーロッパの国際関係における民族自決とは,民族の無制限な自己決定を認めるものではなく,むしろナショナリズムの高揚した時代においてなお国際関係の安定を実現するための,いわば紛争処理の方法のようなものだった。国民国家に転換しなければ諸国の内政は不安定となり,その不安定が戦争を招きかねない。国民国家形成を食い止めることができなく

なった以上，問題はその国民国家と主権国家体系としての国際政治をどのように両立させるか，という点に絞られた。

「民族」がエスニックグループとしての境界線のなかにとどまるのであれば，「民族の国家」の領土は限定することができるかもしれない。もしナショナリズムが，市民の革命ではなく，それぞれのエスニックグループによる奪権であるとしても，奪権した後の国家が通常の主権国家の行動原理を受け入れるならば，いずれ崩壊は見えているハプスブルクやオスマン朝などの帝国を解体しつつ，主権国家体系の安定を保つこともできるのではないか。古典的勢力均衡論から見ればまさに抑制すべき相手に当たるドイツの統一をイギリスが認めた理由は，ドイツが統一以後も膨張しない限り，ドイツ諸民族の統一を認めたほうが欧州安定を達成できる，という判断であった。内政面では自由主義の後退と見えるナショナリズムの変化が，国際関係では，主権国家と国民国家を両立させる機会を提供したのである。

ここで重要なのは，権利としての民族自決ではなく，民族自決の結果として生まれた国民国家が，それまでの政府と同じように国際関係の安定に加わるという，いわば国際関係における現状維持を保とうという政治的判断であった。だが，ナショナリズムの熱狂は，そのような伝統外交と国民国家の使い分けを壊してしまう。ヨーロッパ世界におけるナショナリズムの高揚は，しだいに各国政府の間の外交交渉の優位を引き下げ，各国が国民国家の栄光を賭けて第一次世界大戦を戦うという極限にまで行き着いてしまった。そして，ヨーロッパ国際関係の解体のなかで，第一次世界大戦のさなかにウィルソン大統領の訴えたのが，国際関係の原則としての民族自決であった。

ところが，ウィルソンの考える民族自決とは，エスニックな意味での民族を単位に国家を形成するというよりは，市民を専制支配から解放すべきだという主張であり，アメリカ独立の経験を世界に適用する試みであった。ウィルソンから見るとき，ヨーロッパとは，アメリカのような市民の政府を構築しなかったからこそ第一次大戦のような戦乱に陥ったのであると考えられた。いうまでもなくアメリカは多様な文化を持つ市民や集団が憲法を受け入れ，それに服することによって構成される社会であって，ひとつのエスニックグループが形づくる国民国家ではない。そして，アメリカ建国における古典自由主義を念頭に

置けば，民族自決とは要するに民主主義と同じ意味となり，民族による独裁という問題は生まれない。パリの和平会議において，ウィルソンは，和平条約を調印した後も，その条約によって生まれた各国政府は，定期的に国民投票を行い，住民の正統な代表であることを示さなければならないと主張しているが，ここからもわかるように，ウィルソンの主張する民族自決は，民族の自決ではなく，市民の自己決定を指していたといってよい。

もちろんウィルソンの構想は実現せず，第一次世界大戦終結における民族自決とは，自由主義を剥ぎ取った，大国による「民族」を基準とした国境線の確定以上のものではなく，しかも委任統治という形によって，ドイツ帝国のアフリカや太平洋地域における植民地をはじめとして，敗戦国の支配地域を戦勝国に事実上分配するような措置さえ含まれていた。第一次大戦後，大英帝国の植民地がかえって拡大していることからもわかるように，植民地支配が倒されたわけでもない。

だが，第一次大戦の終結は，民族自決という観念が世界に拡大する機会ともなった。インドをはじめとする植民地地域では，民族自決が国際関係の原則としてパリ和平会議において議論されたことの意味はやはり大きかったのである。ここで非西欧地域に伝播した民族自決とは，それぞれのエスニックな民族集団が権力を構築する権利を持つという意味であって，間違ってもウィルソン的な民主主義の拡大ではなかった。そして，第二次世界大戦以後，植民地の独立が相次ぎ，当初はごく名目的な非自治地域制度などしか設けてこなかった国連も，総会において植民地独立付与宣言（1960年）を行うに至り，民族自決は国際関係における明確な原則となった。国民国家でなければ正当な政府とは認められない世界が実現したのである。

(6) 冷戦終結と民族紛争

民族自決を正当な原則として認めたなら，各国国内にさまざまな民族集団が居住する以上，諸民族の戦争が一貫して繰り広げられてきたことになるはずだ。ところが，植民地帝国の解体がひとまず終わると，民族紛争は各地でむしろ収束に向っていった。民族自決原則を機械的に当てはめれば民族紛争と内乱が引き起こされることがはっきりしていただけに，原則としては民族自決を受

け入れながら，実際には植民地時代の国境線が保持されたからである。また，第一次世界大戦と第二次世界大戦という二つの戦火を経たヨーロッパでは，ナショナリズムの高揚を警戒する態度が広まり，たとえばスペインのバスク地方やイギリスの北アイルランドなどで武力紛争が起こったとはいえ，少なくとも各国政府のレベルにおいては，ナショナリズムに訴えて他国に対抗するような政策は見られなくなった。そして，冷戦終結の過程では，ヨーロッパ統合のような統合が世界各地に広がり，国民国家は過去の遺物となるとの予想さえ行われた。

　しかし，1980年代終わりから90年代初めにかけて東西冷戦が収束に向かうと，ルワンダにおけるフツ族によるツチ族の虐殺をはじめとしたアフリカにおける民族紛争が再燃し，スリランカのように内戦の再燃が懸念される地域も増大した。民族対立は過去のものとなったと一時は考えられたヨーロッパでも，ユーゴ内戦が勃発した。どうして民族紛争は，出来の悪い蛍光灯のように，ついたり消えたりするのだろうか。

　それを説明する要因の一つが，第二次大戦後の国際環境，ことに冷戦の影響である。所得，職業，階級といった社会区分に比べて，「民族」は言語，宗教，文化一般と結びついた最も基本的な社会意識を基礎としているために，民族意識も民族対立も「消滅」することは稀であり，経済が発展したり社会的流動性が高まればなくなるというものではない（人口流動の激化は，民族集団の接触する機会を増やして，かえって紛争を激化する可能性もある）。とはいえ，民族間の対立がいつも内戦になるわけでもない。民族対立は確かに戦争に発展する可能性はあるが，また戦争ではなく国会内の殴り合いに，さらに殴り合いではなく怒鳴り合いに，順次切り下げられる可能性もある。そのような民族対立の「囲い込み」は，結局そこの政府がどのような原理に立って，どの程度政治的に支持されているか，その政治権力の正統性によって左右される。そして，各国政府の成立条件を外から規定してきたのが冷戦であった。

　冷戦期には，大国間の核抑止体制を頂点として，ドイツ，朝鮮半島など冷戦戦略の前哨地域，さらに東西への帰属の不明確な第三世界という，中心・前哨・周辺の三層構造がつくられた。東西間での核戦争が権力者にも自滅となりかねない以上，紛争の焦点は前哨地域と周辺地域であった。そして，前哨地域

での紛争が全面核戦争につながる可能性があるだけに，最も戦争が「戦いやすい」地域とは，周辺地域だった。大国の国際関係の外にある戦争は，伝統的国際政治のもとでは関心の外に外されている。そのような「地域紛争」が冷戦期に国際政治の争点となったのは，簡単にいえばそこでしか戦争をすることができなかったからである。

地域紛争が冷戦の主戦場となるということは，地域の当事者から見れば，自前の戦争ができない，ということを意味する。冷戦体制のもとでは，東西への帰属と無関係に国境線を確定することはおろか，国内の体制を選択することさえ難しかった。米ソ共に民族自決を原則としては支持し，植民地帝国の正統性は認めなかったが，地域の政治的自律性を認めたわけでもなかった。「東側諸国」はソ連ないし中国の，また「西側諸国」はアメリカの軍事力との結びつきによって政治権力を保持し，それだけに「東側」の反体制運動はアメリカの，また「西側」の反体制運動は東側の援助を当てにすることになった。中東地域のように，東西への帰属が不明確な地域でさえ，米ソから独立した権力闘争は望むべくもなかった。そして，米ソ共に自由主義と共産主義という，「民族」とは別個の世俗的イデオロギーを軸に体制を構築しており，それだけに権力闘争における民族の契機は背後に退くことになった。ナショナリズムだけでは米ソの政治的支援を獲られないからである。

念のためにいえば，冷戦期に米ソによって地域の安定が保たれた，という議論は必ずしも成立しない。米ソの介入によって収束した紛争よりは，介入によって拡大した紛争のほうがはるかに多いからである。とはいえ，米ソの力関係から独立した独自の判断によって紛争をひき起こす余地が小さかったことも事実であり，いかに野合に過ぎないとしても，大戦後の「民族自決」の成果が米ソの力関係によって保持された面は無視できないだろう。そのような状況では，国連の平和維持活動も，米ソ双方が戦略的関心を持たない地域で，いわば冷戦の落穂拾いに甘んずるほかはなかった。

冷戦の終結は，このような米ソ関係に支配された世界の終わりを意味している。冷戦終結後に生まれた紛争は，次の三つの類型におおよそ区別することができるだろう。第一は，米ソの権力関係の変化を受けた各国内政における権力関係の変化である。冷戦終結がソ連解体という形を取ったために，最初に現れ

た反応は各地における「アメリカ側」勢力の盛り返しであった。ベトナム戦争でアメリカが負けると，ソ連側の現実の介入が乏しくても，アフリカではソ連型社会主義を採用する諸国が急増した。それとまったく裏返しに，冷戦終結後におけるソ連の影響力の弱体化を受けて，アフリカでは一連のソ連形社会主義体制の崩壊と親米勢力の成長が進むことになった。そして，イデオロギーを唱えても外部からの援助が期待できなくなった以上，紛争の争点はもっと端的に民族をシンボルとした奪権という形を取ることになった。

　第二は，連邦制の解体の結果としての民族紛争である。冷戦終結は民主化という切り口から捉えられることも多いが，その民主化は，連邦制という政治体制を取る諸国では，連邦を構成する各共和国の自立を何よりも意味していた。連邦という世俗的原理のもとで，実際には特定の民族が有利な地位に就いていたことが多いだけに，連邦解体後の国際関係を安定させることは難しい。ユーゴ内戦は連邦解体後の民族紛争として最も悲劇的な事例であるが，旧ソ連やインドのように，連邦制の動揺が続く諸国は旧ユーゴスラヴィアばかりではなかった。

　第三に，世界戦争にエスカレートする可能性が薄れた以上，米ソ関係から独立して自前の戦争を戦う機会が生まれたのではないか，そのような期待から発生した紛争がある。イラクのクェート侵略はその極端な例であるが，米ソ（ないし米露）共にこの米ソ冷戦という枠が外れることによって紛争が拡大するという可能性については最も敏感に反応しており，その抑制のために現実に紛争となった事例は少ない。逆に，局地紛争に過ぎない湾岸戦争において，世界戦争規模の大規模な軍事力の投下によって「戦勝」を獲得した結果，軍事力による平和維持に対する過度の期待を生み出してしまうという皮肉な結果が生まれ，湾岸戦争の後の紛争に対して軍事力を投下しないことへの反発を生むことになった。

　民族紛争の激化は，民族以外の統合原理が弱くなった結果として捉えることができる。とはいえ，その統合原理は，米ソの軍事力だけによるものではなかった。自由主義も社会主義も，ただの裸の民族による権力の正当化ではない，より積極的な秩序の原理であった。ウィルソン的民族自決は，民族を標榜する独裁者の権力闘争ではなく，アメリカ独立革命の経験に学んだ，市民の政

府を構築することへの呼びかけであるはずだった。社会主義における民族自決は，抑圧された諸民族の解放ばかりでなく，その抑圧を生む社会体制の刷新を伴うはずだった。このような理想主義的な自由主義や社会主義を信用する者はもはや少数だろう。そして，そのような世俗的な政治思想の信用が失われるとともに，それよりもさらに素朴で理解しやすい国民国家と諸民族の闘争という観念が復活する。21世紀に入ってもナショナリズムの時代は終わっていない。

第12章 　戦争とその変化

　　その前半に二つの世界戦争が戦われた20世紀は，後半に至って半世紀の冷戦に彩られた。この冷戦期において，世界は核戦争の一歩手前の状態にありながら，大国相互が直接に戦うことはなかった。そして，核抑止体制のもとで，核戦争につながる可能性の少ない紛争，逆にいえば直接に国益とは関わりの薄い地域紛争に大国が関与し，熾烈に戦うという逆説が生まれる。この冷戦とは何だったのか。そして，冷戦の終結とともに国際関係における戦争のあり方にはどのような変化が訪れたのか。20世紀から今世紀にかけての戦争の変化について，冷戦の分析を中心として考えてみよう。

(1) 世界戦争の世紀

　20世紀は世界戦争（world war）の世紀であった。この世紀の前半には，第一次世界大戦と第二次世界大戦という二つの世界戦争が戦われた。世界戦争が現実に戦われ，将来の世界戦争に怯える，この世界戦争の影が20世紀の国際政治を考える前提である。

　何が世界戦争に当たるか，当事者には実に自明であるが，客観的に定義することは難しい。日本史の時代把握において第一次大戦が欧米の歴史書におけるような転機とされていないことからもうかがわれるように，ある当事者にとっての「世界」戦争が，ほかの当事者にとってはただの戦争に過ぎないからである。その戦争にどのように加わり，どの程度の戦災を被り，戦前と戦後の政治体制の間にどれほどの断絶が生まれたのか，このような条件の違いによって，戦争を「世界戦争」と見なすのかどうかが左右されることになる。地理的規模だけでいえば，世界全体がほんとうに戦場となった戦争がこれまでにない以上，世界戦争はなかった，ということにもなりかねない。

ここでは世界戦争を「戦勝国・戦敗国の双方とも許容限度を著しく越える戦災を被り，そのために同種の戦争の再現を阻止すべきだという認識を戦後各国が共有するに至った戦争」として定義しよう。こう考えれば，世界戦争の数が限られている理由もわかる。戦争に負けた国家の政策決定者にとって，戦後の政策目標は次の戦争に勝利を収めることであり，勝つ見込みがある限りでは，また戦争に訴えることはむしろ当然の選択であった。それだけに，勝った側も負けた側も戦争の再発を避けようと行動するほどの大規模な破壊は稀であり，ヨーロッパ史に限ってみても三十年戦争，ナポレオン戦争，第一次世界大戦，そして第二次世界大戦を数えるに過ぎない。そして，それらの世界戦争の招いた破壊が著しかったからこそ，ウェストファリア体制，ウィーン体制，ベルサイユ体制，サンフランシスコ体制といった新たな国際秩序が世界戦争の後に構築されたのである。

　ここで考えるべき問題が二つ生まれる。二つの世界戦争が20世紀に集中している理由はなぜか。また，第二次大戦後，三度目の世界戦争はなぜ起こらなかったのか。まず第一の疑問から考えてみよう。

　19世紀から20世紀にかけて兵器体系そのものの破壊力が激増し，第一次大戦は当初の予想をはるかに凌駕する破壊をもたらした。さらに，第一次大戦のさなか，塹壕を突破するために開発された戦車が，同じ戦争で実用化された軍用の航空機とともに第二次大戦ではナチス・ドイツの電撃戦を支えたように，戦争そのものが兵器の技術革新を促進する。各国における工業生産の高度化に加え，ナショナリズムを媒介として無前提に自己の生死と「国家」の「生死」を一体化して捉える「国民」が形成されたことによって，政府によって戦争遂行のために動員できる国内の人的物的資源も飛躍的に増大した。世界戦争を支えたのは，このような「国の力」のすべてを挙げて戦う戦争，総力戦（total war）であった。

　過去の戦争よりも第一次大戦が，第一次大戦よりも第二次大戦が多くの破壊をもたらした。さらに第二次大戦の末期に核兵器が開発されたことから，次の戦争はさらに大規模な世界戦争となるに違いない，世界が滅亡する可能性も否定できない，という観測が生まれる。米ソ核戦争の悪夢が米ソ冷戦の続いた40年以上の時代を支配した。

結果としていえば、第三次世界大戦は起こっていない。それどころか、核戦争の悪夢に脅かされた時代は、大国間では戦争の発生しない、世界史でも例外的な時代でもあった。さてそれでは、なぜ米ソ戦争は起こらなかったのか。冷戦とは、やはり長い平和だったのか。この問いは、冷戦が終わってから20年を迎えようとする今、また新たな意味を持つはずだ。というのも、冷戦の終結とともに世界戦争の時代は終わったと考えることも、また長い平和が終わったと考えることも可能だからである。冷戦とその時代を問い直すことなしに、現代における戦争を考えることはできない。

(2) 冷戦の起源

外交史のなかでも冷戦の解釈は熾烈な論争を呼び起こしてきた。最初に生まれたのは、『歴史としての冷戦』の著者ルイス・J・ハレー (Louis J. Halle) やトーマス・ベイリー (Thomas A. Bailey) を代表とする正統派史学 (orthodox theory) である。彼らは、米ソ冷戦の始まった原因はソ連の側にあると主張し、ソ連がヤルタ会談における各国の合意を破って東欧諸国を支配下に置き、共産主義の拡大を目指す限りにおいて、トルーマン・ドクトリンとマーシャルプランに見られるアメリカの政策は、拡張主義に対抗する合理的な選択であると考えた。

この正統派史学に異議を唱えたのが修正主義学派である。アメリカ経済に有利で安全な市場を確保し拡大することがアメリカ外交の目的であったと主張するウィリアム・ウィリアムズ (William Appleman Williams, 1921-1990) の『アメリカ外交の悲劇』(1958年) から強い影響を受けたウォルター・ラフィーバー (Walter Lafeber) をはじめとしたウィスコンシン大学を中心とする歴史家たちが、冷戦開始においてアメリカに責任があるのではないかと問いかけたのである。その主張を要約すれば、アメリカによるソ連への対抗は冷戦よりも前から始まっており、冷戦とは資本主義経済の擁護と拡大のためにアメリカの続けてきた門戸開放と共産主義封じ込めの一環にほかならない。つまり、正統派史学はソ連の脅威を過大評価したものに過ぎない、というのである。

こうして、冷戦の開始において米ソのどちらに責任があるのかを問う論争が生まれた。ここで注意すべきは、修正主義学派の業績の多くが、実は米ソ関係

そのものではなく，アメリカと地域との関わりに焦点を置いていたことだろう。朝鮮戦争内戦説で知られるブルース・カミングス（Bruce Cummmings）をはじめとして，修正主義学派の主な関心は，勢力圏を保つべくアメリカがどのように地域に介入したのかという点に置かれ，だからこそベトナム戦争への不満が高まるアメリカ国内で受け入れられたといってよい。

　修正主義学派に死刑を宣告し，冷戦史研究の第二の転換を主導したのがジョン・ルイス・ギャディス（John Lewis Gaddis）であった。ギャディスは，朝鮮戦争以後の封じ込め政策の転換を論じることによって，それ以前の対ソ認識の転換に焦点を合わせてきた修正主義学派の業績を相対化することに成功し，これを受けて，冷戦研究は「地域の冷戦」から「米ソの冷戦」に重心を移した。さらに，ほぼ同時期に展開されたアイゼンハワー再評価論が，アイゼンハワー（Dwight David Eisenhower, 1890-1969）大統領のリーダーシップの確認から大きく広がって，アイゼンハワー政権期における対ソ政策の合理性の「再発見」に展開する。かつては狂信的反共主義者と目されたダレス（John Foster Dulles, 1888-1959）さえもが熟慮に満ちた古典外交の担い手として論じられるようになると，「挫折の過程としてのアメリカ外交」という認識は，ソ連の膨張主義に対抗する「合理的対応としてのアメリカ外交」という認識に道を譲るほかはない。米ソ関係が相互抑止によって膠着し，両者の勢力圏分割も安定したと仮定すれば，冷戦期の国際政治は「泥沼の介入」や「恐怖の均衡」ではなく，まさにギャディスのいうように，「長い平和」だったことになるからである。

　今から振り返って考えれば，冷戦の起源に関する論争は，冷戦の持つ多様性を反映していたと考えられる。正統派史学とアイゼンハワー再評価論が米ソ両国の外交に注目し，その合理性を説いたのに対して，修正主義学派はアメリカの地域介入を論じ，その不合理を批判したからである。そして，冷戦期に米ソ直接の戦闘が起こらなかったとはいえ，朝鮮，ベトナム，アフガニスタンなど，米ソ本国の外では苛烈な戦争が繰り返された。米ソ関係における合理的政策決定と不合理な地域介入は，共に冷戦の特徴だったといってよい。

　それでは，この多面的な冷戦をどのように考えることができるのか。いくつかの側面に分けて分析してみたい。

冷戦とは何よりも米ソ関係の緊張を指している。大国間の軍事的対抗だけなら、むしろ国際政治では当たり前の状況に過ぎない。だが、18世紀の英仏対立や20世紀初頭の英独対立と異なって、米ソ関係では双方のイデオロギーが異なるために相互不信が強く、外交交渉の有効性が低い。冷戦の第一の側面は、米ソ関係が外交的手段によって緊張を緩和することのできない状態に陥ること、として捉えることができる。

だが、冷戦は米ソの二国間関係にとどまらず、世界を二分する体制であった。世界各国の政府が「西側」と「東側」に色分けされ、ソ連は東欧や中国、またアメリカは西欧諸国や日本・韓国などの同盟国に対する影響力を確保しつつ、どちらの陣営に属するかがはっきりしない地域への介入を競ったのである。この、世界規模の勢力圏分割が、冷戦の第二の側面である。

そして最後に、各国の国内体制が冷戦を左右したことを見逃してはならない。自由主義と資本主義経済を選ぶのか、それとも共産主義と社会主義経済を選ぶのか、この国内体制の選択が東西のバランスを左右したからであり、各国国内では、左右両翼が互いに争う国内の冷戦、時には内戦が展開することになった。冷戦の第三の側面は、この国内冷戦である。

米ソ関係、世界分割、国内冷戦と、三つのレベルに冷戦を区別することによって、冷戦がいつ始まったのかという問いに対してもより正確な答えを出すことができるだろう。簡単にまとめていえば、米ソ関係の緊張は1946年前後から始まるが、世界分割はそれよりも遅れ、ヨーロッパでは第一次ベルリン封鎖、アジアでは朝鮮戦争の開戦が転機となった。そして、各国国内における左右対立は米ソ関係の緊張より以前から続いてきたが、米ソ対立と勢力圏分割が進むとともに国内冷戦が国際冷戦と結びついた、と考えることができる。

米ソ対立の始まりは、アメリカが対ソ協調政策から転換したことに求められる。ルーズベルト大統領（Franklin Delano Roosevelt, 1882-1945）は第二次世界大戦を遂行する過程でスターリンとの協力を重視し、ヤルタ会談（1945年2月）ではソ連によるポーランド東部領有を認める（カーゾン線の保持）などソ連への譲歩を行っている。対日戦にソ連を参加させ、米ソ協力のもとで国際連合を支えるための妥協ではあったが、その国連を設立したサンフランシスコ会議の直前にルーズベルトが亡くなってしまう。もともと国務省でも、また世論

のなかでも対ソ協調路線への疑問が持たれていただけに，ルーズベルトの死去はアメリカの対ソ政策を見直す契機となった。

　転機となったのが，モスクワ代理大使ジョージ・ケナン（George Kennan, 1904-2005）が1946年2月に送った長文電報（long telegram）である。ソ連は世界革命を目的として行動しており，ソ連との協調は幻想に過ぎない，ソ連に対しては外交ではなく力によって臨むほかはないと述べたケナンの電文は，アメリカ政府に大きな影響を及ぼした。その直後にアメリカ・ミシガン州のフルトンでチャーチルが行った鉄のカーテン演説はケナンの分析とほぼ同じ趣旨のものであり，同じ頃にスターリンの行った新五か年計画演説はその好戦的なレトリックによってケナンの主張の説得力を強めることになった。その結果，ルーズベルト外交を継承して対ソ協調の可能性をなお模索するバーンズ国務長官は孤立し，46年の暮れにはワシントンは対ソ強硬論でほぼまとまることになる。1947年3月にはソ連に対抗してギリシャとトルコへの援助を議会に求めるトルーマン・ドクトリンが発表され，4月のモスクワ外相会談は決裂，外交交渉によって米ソ対立を解消する道は途絶えた。

　米ソ対立が直ちに反映されたのがヨーロッパ，ことにドイツ占領問題である。第二次世界大戦後の日本と異なり米英仏西側三国とソ連によって分割占領されたドイツでは，巨額の賠償を要求するソ連と賠償を放棄し早期復興を目指すアメリカとの対立が激化していた。そのさなかに決定されたマーシャルプラン（1947年6月発表）は，ドル不足のために生まれた大西洋貿易の停滞を打破するための手段であり，必ずしもソ連への対抗措置として取られたものではない。だが，ソ連はマーシャルプランに激しく反発し，1948年2月にチェコスロバキアでは共産党が権力奪取，さらに6月には西ベルリンに向かう鉄道と道路を封鎖してしまう（第一次ベルリン封鎖）。孤立した西ベルリンを支援するために西側は大空輸作戦によって封鎖に対抗し，アメリカ上院はヴァンデンバーグ議員の主導によって北大西洋の同盟を支援するヴァンデンバーグ決議を採択，翌年4月には北大西洋条約機構が設立される。ヨーロッパの東西分割がこうして完成した。

　だが，ベルリン封鎖が東西の戦争を招くことはなかった。東西の分断がはっきりしたとはいえ，アメリカもソ連も戦争に訴えて相手を倒す意図も準備もな

かった。米ソ関係が緊張するなかでもアメリカの戦時動員解除は続けられており，ヨーロッパにおける米軍基地の拡充も核兵器の増産もまだ行われていない。ヨーロッパの冷戦は，戦争の一歩手前まではゆきながら，その先には進まない，まさに冷たい戦争だったのである。

　世界的な封じ込め（containment）体制をつくる直接の引き金は，ヨーロッパではなくアジアにあった。ヨーロッパと異なり，第二次世界大戦後のアジアでは植民地支配が動揺する政治的動乱期にあり，しかも中国本土における国共内戦がベトナムや朝鮮半島の政情に影響を与えていた。ヨーロッパにおける「革命」とは要するにソ連の軍事占領に過ぎなかったが，アジアでは日本の敗戦が招いた権力の真空のなかで中国革命が伝播し，各地に共産主義運動が波及する現実の可能性が存在した。そのような政治的流動性のため，東西の境界線を定めることが難しく，紛争が発生すれば地域に波及する懸念を無視できなかったのである。

　さらに，アメリカのアジアに対する戦略的関心は決して高くなかった。国務省に新設された政策企画室に招かれたケナンがアジアにおける戦略構想を練っていたとはいえ，力に訴えてでも東アジアにおける共産主義の浸透を阻止すべきだという議論は少数意見に過ぎなかった。中国本土の共産党の活動に対しても軍事介入は行われず，1949年に共産党が国民党を台湾に追い落とし，全国規模の政権を樹立した後でも，朝鮮半島はアメリカの防衛線には含まれていなかった。そして，この隙を縫うように，金日成はスターリンと毛沢東の支持を取りつけて，1950年6月，38度線を突破する。朝鮮戦争の始まりである。

　朝鮮戦争はアメリカの対外政策を一転した。世界規模でソ連とその衛星国の拡大を軍事的に阻止すべきだという国家安全保障会議文書68号（NSC68）の草案は開戦前につくられていたが，膨大な軍事予算が必要となるためにトルーマンは採択に消極的であった。ところが朝鮮戦争が勃発し，共産勢力の拡大が現実のものとなることによって，状況は一変する。NSC68は直ちに採択されたばかりか，これを基礎として世界各地における共産主義勢力の伸張を阻止する一連の措置が採用された。その封じ込め戦略を支えるため，朝鮮戦争の戦われるさなか，米比・米韓相互防衛条約，さらに日米安全保障条約が結ばれる。共産主義の伸張を阻む軍事同盟と軍事基地のネットワークが，ヨーロッパからアジ

アまで広大な地域に広がった。朝鮮戦争によって,世界的封じ込め体制が完成したといってよい。

(3) 冷戦の展開

これまでに述べたように,米ソ対立,ヨーロッパの冷戦,さらにアジアの冷戦と順を追って,冷戦体制と呼ぶべき世界秩序が出現した。冷戦の展開も,米ソ両国の関係,ヨーロッパの冷戦,アジアの冷戦という三つのレベルによってかなり異なるものとなる。そのレベルによる違いに注意しつつ,冷戦の展開を簡略にまとめてみよう。

まず,スターリンが死んだ1953年3月からフルシチョフ(Nikita Khrushchev, 1894-1971)第一書記によるスターリン批判演説(1956年2月)までは,ソ連の対外政策が柔軟化し,その雪どけに応えてヨーロッパでも東西対立の緩和した時代として捉えることができるだろう。膠着状態に陥った朝鮮戦争は,特にその末期にはスターリンの戦争という性格を強め,米中両国は戦争を継続する意志を失っていた。それだけに,スターリン死亡直後から休戦気運が高まり,6月には休戦が実現する。スターリンの死去はソ連政治局のなかでも非スターリン化の波を引き起こし,これが雪どけとして特に西欧諸国に歓迎される。封じ込め戦略のもとでは軍事的自立性をアメリカに譲るほかはない立場に置かれてきた西欧諸国にとって,ソ連内政の転換は冷戦体制の緩和と,各国の自主外交の機会を提供したからであり,それが西ドイツの独立承認やオーストリア国家条約(1955年)など,第二次世界大戦の戦後処理を進める一因ともなった。アイゼンハワー政権,ことにダレス国務長官はこのソ連の「平和攻勢」に懐疑的であり,対ソ警戒の必要を同盟国に訴え続けたが,そのアメリカも英仏両国とともにソ連とのジュネーブ四巨頭会談(1955年)に応じる。こうして,東西の緊張は和らぐかに見えた。

しかし,マレンコフやブルガーニンとの権力闘争に勝利を収め,第一書記として基盤を固めたフルシチョフは,中央委員会にてスターリン批判演説を行った後は,むしろ緊張緩和から後退していった。ハンガリーでは独裁者ラーコシに代わってナジが首相となり,ポーランドではポズナニで暴動が起こるなど(1956年2月),非スターリン化の機運に乗じて東欧で自由化への動きが強まっ

ていたが，フルシチョフは徹底した弾圧で臨み，ハンガリーにはソ連軍を派兵して革命をねじ伏せた（ハンガリー動乱，1956年10-11月）。軍事面では，水爆実験や長距離爆撃機の開発を進め，さらに原子力潜水艦の配備を強行するなど，アメリカとの対抗を進め，ことに人工衛星スプートニクの打ち上げ（1957年）はソ連に先を越されたのではないかという衝撃をアメリカに与え，防衛論争を引き起こした（ミサイル・ギャップ論争）。ヨーロッパに限っては東西対立が激化したとはいえないが，米ソ両国の関係で見ればジュネーブ四巨頭会談以後は緊張が高まっていったといってよい。

　アメリカにケネディ政権が発足するとフルシチョフは強硬姿勢をさらに強め，ベルリンの壁の建設を認めたばかりか（第二次ベルリン封鎖，1961年），ついにキューバにミサイルを配備する。だが，米ソが最も戦争に近づいたキューバ危機は，逆に米ソ関係を打開する機会となった。アメリカに譲歩を強いられたソ連は，アメリカとの直接対決を回避する平和共存路線に移り，米ソ間の相互抑止が戦後はじめて安定した時代を迎える。このように，米ソ関係は動揺を繰り返しながらもキューバ危機によって相対的安定に向かい，本国同士の戦争の可能性は遠のいていった。ヨーロッパの場合，米ソの勢力範囲はほぼ固定していただけに，米ソ関係より早く，すでに50年代中葉の雪どけから，東西対立は続くものの戦火は遠のき，相対的安定が生まれたといってよい。米ソ関係とヨーロッパの冷戦に関する限り，1962年以後は安定した時代が生まれていた。

　だが，アジアではそうではない。先に述べたように，もとは植民地であった諸国が多いアジア地域では，地域各国の内政不安定のために東西の勢力圏分割が安定しなかった。さらに，特に1960年代に入ると，中国がソ連から離れて独自の対外政策を取ったため，米ソ関係が安定してもアジアにはそれが波及しないという構図が生まれた。キューバ危機の後はアメリカとの平和共存路線に向かったソ連に対し，中国はアメリカばかりでなくソ連とも対決する政策を取り（中ソ対立），平和共存ではなく民族解放路線を訴え，1964年には核実験を行った。アメリカから見れば，ソ連は抑止可能な敵であっても，中国は核によって抑止できる保証がない。60年代における冷戦の重心は米ソ冷戦から米中冷戦へと移ったのである。

東南アジアでは，すでに40年代末から英領マラヤでマラヤ共産党の活動が続けられ，インドネシアではスカルノ政権がインドネシア共産党の路線に近寄るなど，中国革命の間接的な影響を受けた国内冷戦が展開してきた。ことにフランス撤退後の南ベトナムでは，北ベトナムの支援を受けた共産勢力との戦闘が激化し，それまでは南ベトナム政府への支援にとどめてきたアメリカも，南ベトナム政府が弱まれば弱まるほど介入に引き込まれてゆく。そして1964年のトンキン湾事件，さらに1965年の北爆開始によって，ベトナムへの間接的な介入が，アメリカの直接介入としてのベトナム戦争に転化していった。

結果として見れば，ベトナム戦争が米中関係を打開する機会を与えたということができる。中ソ両国を敵視する限りベトナムに大兵力を送ることのできないアメリカは，ニクソン政権に入って，米中間の接近によりベトナムを中国から切り離す政策に転換した。米ソ両国を敵に回したために著しく脆弱な立場に置かれた中国にとっても，米中接近は有利な選択であった。こうして，1971年7月にキッシンジャー補佐官は中国を訪問し，さらに翌年の2月にはニクソン大統領が訪中して，60年代を支配した米中冷戦は一応の終わりを迎えることになった。

他方，ベトナム戦争以後のソ連は，中国とは逆に，アメリカに対決を迫る姿勢に戻ってゆく。ベトナムにおけるアメリカの敗北は，晩年のブレジネフ（Leonid Ilich Brezhnev, 1906-1982）書記長にとって，発展途上国におけるソ連の影響力を拡大する好機として映った。特に，ポルトガルが撤退した後のアンゴラやモザンビークでは，ソ連型社会主義を忠実に実践する政権が発足したため，ソ連はキューバに派兵させながらアフリカへの介入を深めてゆく。

アメリカは，カーター（James Earl Carter, 1924- ）政権のもと，人権外交という呼び名のもとで事実上の不介入政策を取り，ソ連のアフリカ介入に対抗措置などは取らなかった。だが，国連総会では発展途上国が公然と先進工業国に挑戦し，1978年末にはイラン，79年7月にはニカラグアで革命が相次いで発生する。これらすべてがソ連の工作によって生まれたわけではないが，カーター政権の不介入政策のためにアメリカの影響力が後退したという認識が国内に広がっていった。こうして，ソ連のアフガニスタン侵攻（1979年）を機会に，カーター政権は不介入政策を撤回し，対ソ強硬戦略に転じることになる。

カーター大統領の後継者にロナルド・レーガン（Ronald Reagan, 1911-2004）が就任することで，米ソ対立はいっそう明確となった。レーガンは戦略核兵器制限交渉を撤廃し，すでに配備されたソ連のミサイルSS20を廃棄しなければ交渉に応じないと通告した。アフガン紛争に関してはパキスタンを経由して反政府勢力に軍事援助を与え，中米地域ではホンデュラスで秘密訓練を施したコントラと称される部隊をサンディニスタ政権の支配するニカラグアに送り込む。全面対決といってよい。

レーガン大統領は必ずしも武力にのみ頼ったのではなく，83年2月には率先してドブルイニン大使と会談し，84年に入ってからは1月の一般教書演説で米ソ関係の打開を訴えた後，ソ連政府との交渉を試みている。だが，ソ連からは反応がなかった。82年11月にブレジネフが死去し，引き継いだアンドロポフ（Iurii Andropov, 1914-1984）書記長も84年2月に死去，その後継となったチェルネンコも病状の悪化により執務不能に陥るというように，病人ばかりを頂点に抱えたソ連指導部は，動きようのない硬直に陥っていた。

1984年，すでにヨーロッパでは東西関係が安定し，アジアでは米中接近によって緊張が緩和したにもかかわらず，米ソ関係は冷戦初期と見まがうような緊張に包まれていた。冷戦が終結するその直前には，このような冷戦の再開が見られたのである。

(4) 冷戦の終結

冷戦終結は，おおまかにいって1989年を境として，二つの時期に分けて考えることができる。ゴルバチョフ（Mikhail Gorbachev, 1931- ）が書記長に就任した1985年から1989年までは，冷戦終結とはソ連のイニシアティヴによる東西の緊張緩和であった。それが1989年以後は，冷戦終結がソ連・東欧圏の解体となり，主導権もソ連からアメリカなど西側諸国に移ることになる。

まず，冷戦終結の前期について考えてみよう。ソ連政治局の硬直が冷戦を引き延ばしていた以上，冷戦終結のイニシアティヴもソ連側からくるほかはなかった。チェルネンコ書記長のもとでゴルバチョフが実権を掌握し，書記長となることによって，初めて冷戦終結の機会も生まれたのである。

外交政策におけるゴルバチョフ政権のイニシアティヴは，時期を追って，党

政治局の人事刷新（84年2月―85年7月），中距離核兵器全廃合意を頂点とする核軍縮の合意（87年7月），アフガンからの撤兵合意（88年4月），そしてブレジネフ・ドクトリンの放棄をはじめとした共産主義諸国との関係の刷新（88年12月―89年10月）という，およそ四つの時期ないし段階を踏んで進められた。人事の刷新は，1984年2月にアンドロポフ書記長が死去して以後，翌年3月に書記長に就任し，さらに7月にグロムイコを最高会議議長に棚上げしてシェワルナゼを外相に据えるまでのほぼ一年半に展開され，ブレジネフ時代の党官僚はほぼ一掃された。

　その内政基盤の上でゴルバチョフは核軍縮に着手する。この過程は，基本的にはソ連側が先に譲歩を示し，そのことで西側の譲歩を引き出すという一方的イニシアティヴの連鎖である。まず85年4月に戦域核兵器SS20の配備を中止，同年9月30日に核兵器半減を提案してジュネーブ米ソ首脳会談の糸口をつくり，86年2月の党大会における演説で核軍縮方針を確認して同年10月のレイキャビク米ソ首脳会談にこぎつける。軍縮構想の先手を取ることで，冷戦終結のイニシアティヴをソ連側が握り続けるという構図である。

　このゴルバチョフの新思考外交のために，アメリカ側は受け手に立たされた。ソ連のイニシアティヴが西側の軍事力への屈服であり，「弱さの現れ」であったとしても，そのようなイニシアティヴがドイツ，フランス，イタリア，さらに日本などの同盟国に歓迎されていたことは否定できない。87年11月に『ペレストロイカ』が出版され，各国で翻訳されてからは，ゴルバチョフはソ連一国を越えた，時代の指導者のような存在となっていた。結局，レーガン大統領も，イギリスのサッチャー首相も，SDI計画は継続するという条件のもとで中距離核兵器の全廃提案に合意し，87年12月にINF条約に調印する。1988年10月に国連総会でゴルバチョフは演説を行い，国際関係における武力行使の排除と，普遍的な人間的価値の優位の保障を高らかに謳ったが，第一次世界大戦末期におけるウィルソン大統領の14か条演説とも並び称されたこの新世界の宣言は，ゴルバチョフ外交の絶頂でもあった。

　だが，1989年に入ると，東西緊張緩和としての冷戦終結が，東側体制崩壊としての冷戦終結に変容する。東西の緊張緩和のなかに自由化の機会を見た東欧諸国では，ハンガリーとポーランドを中心として体制転換が進んだ。ハンガ

リーの西側諸国への国境開放をきっかけとして東ドイツからハンガリーへの国外脱出が拡大し，これがホーネッカー政権の崩壊，さらにベルリンの壁の解体へと展開して，東ドイツ，チェコスロバキアさらにルーマニアと，共産党体制が相次いで倒されたのである。ゴルバチョフは新しい外交方針を打ち出すことはできても，共産党支配に代わる体制をつくる準備はなかった。89年12月，東欧諸国の革命が頂点を迎える中で行われたマルタ米ソ首脳会談で，ゴルバチョフは新世界秩序を唱えたが，すでにこの時点で冷戦終結のイニシアティヴはゴルバチョフの手を離れようとしていた。

　90年10月のドイツ統一は，ソ連の後退を明示する事件だった。東ドイツの体制転換こそ支持したとはいえ，東西ドイツの統一はヨーロッパの力関係を根底から変えてしまうだけに，ソ連は強く反発する。だが，すでに外交の主導権を失ったソ連には，ドイツ統一を阻止する力はなかった。ブッシュ（George H. W. Bush, 1924- ）政権の支援を受けた西ドイツのコール首相とゲンシャー外相は，ソ連，イギリス，フランスの反対を押し切って早期統一を実現する。

　湾岸戦争も，ソ連の影響力後退を見せつける事件だった。1990年8月にイラクがクウェートを侵略したとき，ソ連のシェワルナゼ外相はアメリカのベーカー国務長官と密接な協力を保っていたが，年末にはシェワルナゼ外相が辞任し，後継者のベススメルトヌイフは政府特使プリマコフとともにイラクとの交渉に当たる。だが，プリマコフの工作は何の成果を得ることもできず，翌年1月の多国籍軍介入が始まる。東西対立が終わったとき，ソ連の外交的・軍事的影響力も後退するほかはなかった。

　東西ドイツの統一，ハンガリーやポーランドのNATO加盟，さらにソ連の分解といった「転換」は，88年末の段階では想定されていなかった。ところが，わずか三年後，91年末になると，「東西の歩み寄り」ではなく，「東の転換」だけが焦点となり，ソ連側が政策を変える必要はあっても西側にはその必要はないという認識が，政策決定者のみならず一般世論も含めて広く受け入れられるようになってゆく。そして，最終的には91年8月のクリミア事件によってゴルバチョフは実権を失い，エリツィン（Boris N. Yeltsin, 1931-2007）大統領のもとで，同年12月，ソ連は解体する。東欧ばかりでなくソ連も体制が崩壊することによって，少なくとも米ソ関係とヨーロッパに関する限り，東西冷戦

は終結を迎えた。

(5) 冷戦後の戦争

　第二次世界大戦後の国際関係における権力分布の変化を見るとき，最大の変化が冷戦終結だったことには異論が少ないだろう。米ソ以外に核保有国があったとはいえ，それらは基本的に地域の核大国であり，アメリカと正面から向き合う存在ではなかった。ソ連が解体し，核によってアメリカを脅かす存在が退くことで，かつてない軍事的優位をアメリカが手にすることになった。

　軍事領域でいえば，これは世界戦争の時代が終わったことを意味するといってよい。ロシアは世界規模の軍事大国から脱落し，それを米ロのモスクワ条約が最終的に確認した。インドやパキスタンはもちろん，中国も地域の核保有国であり，アメリカへの攻撃を想定できるような立場にはない。アメリカに対抗して影響力を二分するような国家が存在しない以上，世界規模の戦争が起こるはずもない。三十年戦争の時代から300年以上経ってはじめて，大国間戦争の可能性が遠のいたのである。

　しかし，世界戦争の終わりは，現代世界から戦争がなくなったことを意味するわけではない。むしろ，米ソ相互抑止によって支えられた軍事秩序が崩壊することによって，逆に地域の紛争にどのように対処すべきか，という新たな課題が生まれる。冷戦終結後に発生した代表的な紛争の例として，たとえばユーゴスラビア紛争，アフガン紛争，コンゴ紛争などと並べれば，どの事例でも国家以外の主体，たとえばボスニアにおけるセルビア派民兵やアフガニスタンでパキスタンから流入したイスラム神学生などの果たした役割の大きさに気づくだろう。そこでは既存の国家権力の弱体化と国家以外の交戦主体の登場を共通した特徴として認めることができる。「国家と国家の戦争」という枠によっては捉えることの難しい紛争が発生したのである。

　また，交戦の目的も異なっている。19世紀までの戦争では領土や資源のような実在の利権が争われ，冷戦もイデオロギーの対立といううわべのもとで，実際には軍事的勢力圏の拡大が争われていた。だが，冷戦後の紛争では，宗教とか民族意識の相違が対立の中心に浮上している。イギリスの国際政治学者メアリー・カルドー（Mary Kaldor）は，このようなアイデンティティーの相克を

基軸とする戦争を，新しい戦争と呼んだ。信念や帰属意識が問われるとき，利権の分配などで解決がつかないことは明らかだろう。

　さらに，抑止が働かない。リアリズムのもとでは，国家は自らの国益を損なう行動を取らないという前提が立てられていた。反撃を受けたときの損害を考えるからこそ攻撃を思いとどまるのであって，抑止が成立するためには利害計算に基づいて行動する「合理的な敵」が必要である。だが，どれほど制裁を予告しても，自爆を覚悟したテロリストの行動は抑止することはできない。アイデンティティーを巡る紛争では敵に合理性を求めることは不可能なのである。

　こうして，冷戦が終結してから二十年弱を経過した現代世界において，戦闘の主体，戦闘目的，そして対抗手段の三つの面において，かつての国家間戦争とは異なる紛争が登場し，あるいは重要性を増していった。世界戦争の終わりは，新しい戦争の時代の始まりであったのである。

第5部 統合と紛争

第13章 相互依存は国際政治を変えるのか

　貿易が拡大すれば戦争は引き合わなくなるのではないか。これは，アダム・スミスの昔からリベラリズムを支えた観念の一つであった。各国の間で通商が増大し，貿易に頼らなければ経済が成り立たないという状態が生まれたなら，戦争と，それに伴う海外貿易の低下や停止がもたらす被害はそれまでになく大きなものとなるからである。しかし，ほんとうにそうだろうか。国際的な相互依存の進展は，どのように，どこまで，国際関係における各国政府の行動を変えるのか。これが本章の課題である。

(1) 国際政治における制度形成

　ここまでの分析では，国家と国家の関係を，特に軍事力の役割を中心として論じてきた。力の均衡のように大国と大国の関係に注目する場合でも，あるいは帝国と覇権に注目して大国と小国の関係を論じる場合でも，そこの焦点は国家間の関係にあり，また中心となる課題は軍事紛争の管理であった。

　だが，この見方には少なくとも三つの限界がある。まず，政府以外の国内社会における主体に関する分析がない。外交が政府の管轄事項であるとしても，各国国内における政党，圧力団体，あるいは企業などのさまざまな主体は，それぞれに対外政策に関する主義主張や利益を持ち，その要求を実現するために各国政府に働きかけている。もし政府だけに絞って国際関係を考えるのであれば，このような国内の主体の動きが視野から脱落し，現実から離れた認識に陥る危険があるだろう。

　第二に，軍事問題に視点を絞ることによって，国際関係における軍事問題以外の争点がどのように取り扱われるのか，社会経済の課題に関する国際関係の分析が抜け落ちてしまう。各国国民にとって自分の生命と安全が大切である限

り，軍事問題を優先して考えることは間違いではない。しかし，国民から見れば，経済成長，所得配分，エネルギーの安定供給，あるいは環境保全などの課題は，戦争からの自由と並んで重要な課題に違いない。そして，国際貿易の動向や原油価格の変動，あるいは国境を越えた環境汚染などを考えればわかるように，現代社会においては，これらの課題は国内政治だけで解決することは難しく，国際関係の動向によって大きく左右されるのが現状である。為替相場や原油価格を無視するような国際政治の分析は，やはり視野が狭いという批判を免れない。

　第三に，国家間の関係を軍事領域に絞って見るとき，国際法や国際機関の役割はごく限られたものとしか映らない。国際関係におけるさまざまな領域のなかでも，軍事問題は各国が国外からの干渉を最も嫌い，また国際機関の手に政策決定や実行を委ねることを嫌う分野である。国家の安全を保証する法や制度が未だに脆弱だからであるが，逆にいえば，安全保障以外の領域では，国際機関の役割を各国政府が認める余地がそれだけ大きいということにもなる。安全保障以外の領域に目を向けて国際関係を考えるならば，各国が合意に応じ，法を設け，その法に従う可能性は案外大きいこともわかるだろう。軍事問題に視野を限定した国際政治の認識は，現実の国際関係における法や制度の役割を過小評価してしまうのである。

　国家を主体とし，軍事問題に争点を絞り，国際機関の役割が小さいと考え，常に対立ばかりに目を向けてしまう。これは国際政治における伝統的な考え方，つまりリアリズムの視点であるといってよい。念のためにいえば，安全保障の手段として軍事力の役割が無視できない限り，伝統的リアリズムが誤りであると決めつけることはできない。また，第二次世界大戦後の時代を米ソ対立と冷戦から捉えることが可能であるように，リアリズムの視点だけに絞って国際関係を考えることにも十分に意味はある。それでも，冷戦だけに限って第二次大戦後の世界を考えるなら，ヨーロッパにおける共同体の形成や共通通貨の導入，あるいは発展途上国の経済開発に関して国連の専門機関が果たした役割など，冷戦に劣らず重要な変化を度外視することになりかねない。何よりも，このリアリズムの視点からは，現実の国際関係において進展しているさまざまな国際的制度の形成について説明することができない。

国際政治においてリアリズムと立ち向かってきたもう一つの考え方，すなわちリベラリズムは，国家以外の主体を重視し，軍事問題以外の領域の重要性に注目し，国際機関の役割を強調してきたといってよい。リアリズムとリベラリズムの違いは，軍事力に頼るか軍事力を忌避するかという，いわばハトとタカの争いとして描かれることも多いが，国際政治の学術業績について見るならこの対照は正確ではなく，議論の対象を選択するところで方法的な違いがあることに注意しなければならない。そして，軍事・安全保障の領域においてリアリズムの持つ説得力がやはり強いとすれば，リベラリズムは安全保障以外の領域を説明するとき，また国際組織や国際機関の役割を論じるときに説得力を発揮してきた。この理由から，国際関係の制度化を論じるこの第5部では，リベラリズムの業績を多く紹介することになる。

それでは，国際政治における制度形成は，どのような角度から説明することが有効だろうか。その角度，視点としては，大きく分けて相互依存，地域統合，国際体制という三つを挙げることができる。まず相互依存（interdependence）とは，国境を越えたモノ，ヒト，カネのやり取りが増大し，社会経済における相互依存関係が深化することによって国際関係が変容する過程を考察する分野である。各国がそれぞれ単独に国益の最大化を図る状況と，相互依存の進むなかで各国の政策選択が互いに影響を受ける状況とではやはり違いがあるだろう。相互依存が進んだからといって国際機構が生まれるという因果関係はないだけに，相互依存は国際制度の構築とは別個の領域である。また，相互依存が進むことによって新たな国際紛争が生まれる可能性も無視できない。それでも，各国の相互関係によって政策選択の前提が変わるという相互依存の視点は，国家間の協力の条件を変えてしまうだけに，国際関係の制度化を検討するうえで基礎的な認識を提供するものとして考えることはできるだろう。

第二の分野が地域統合（regional integration）である。ここでいう地域とは，各国国内の地域でなく，ヨーロッパや東南アジアなどといった世界のなかの地域を指している。第二次世界大戦後の世界では，それぞれの地域における各国政府が地域機構（regional organization）をつくり，そのなかにはヨーロッパ連合（European Union, EU）のように共通の通貨や議会を備えるものまで生まれてきた。このような地域機構は，ただ各国政府が協議する機構であ

るばかりでなく，各国政府の権力を吸収し，それに制限を与えるほどの権力を持つこともあるために，国際機構への国家の統合という側面に注目して地域統合という呼び名が与えられてきた。現在の世界で，「統合」という名称を使うことのできる地域機構はEUのほかには存在しない。だが，仮に，今のところヨーロッパに限られるとしても，王国や国民国家の衝突ばかりを繰り返してきたヨーロッパにおいてなぜ地域統合が進んだのかは，やはり魅力的な課題だろう。

第三の分野は国際体制（international regime）である。リアリストの指摘するとおり，現代の世界には世界各国を統制することのできる世界政府のような強力な国際機構は存在しない。しかし，そのことをもって国際関係における制度の不在を説くことはできない。国際関係のなかには，たとえば国際通貨体制や国際貿易体制のように，各国政府を統御する国際機構の力が限られているにもかかわらず，各国政府間につくられた緩やかな合意を支えることによって現実に機能している制度が，いくつかの分野において存在する。この，非公式の合意を含むルールに支えられた事実上の国際制度，いわば国連のようなハードな国際機構と対照的なソフトな国際制度のことを国際体制と呼ぶ。そして，政府間の緩やかな合意とそれに基づく事実上のルールまで対象を広げて検討すると，国内社会のような政府と法は存在しない国際関係においても緩やかな法と緩やかな制度が存在し，大きな役割を占めていることに気づくはずである。

それでは，以上の問題整理に基づいて，以下の各章において，相互依存，地域統合，そして国際体制の検討を行ってゆこう。

(2) 相互依存とは何か

国家の国境を越えた貿易，投資，金融，さらに人の移動などが増大し，それぞれの国家を取り出して考えるだけでは現実を捉えることができなくなった状況を相互依存と呼ぶ。科学技術における鉄道や航空などの運輸手段の革新，電信電話や無線に始まってインターネットに至る通信手段の高度化に支えられ，世界市場の結びつきが強まるとともに，このような相互依存が現代世界において急速に進んでいることはいうまでもないだろう。そこで，この相互依存の進展がそれまでの国際関係の仕組みをどのように変えるのか，という課題が生ま

れる。これが，国際政治における相互依存論の課題である。

　国際政治の理論として見るとき，相互依存論は経済的リベラリズム，すなわち市場経済の拡大によって国家と国家との間の協力の機会が増大するという考え方を継いだものとして捉えることができる。第3章で検討したように，アダム・スミスに始まってマンチェスター学派に至る思想家の一群は，貿易の拡大は経済に有利なばかりでなく，戦争の合理性を引き下げるものと考えていた。その議論をここで確認しておこう。

　まず，貿易の拡大は経済発展のために有利だ，という前提を置いて考えてみよう。ある国が経済を発展させたいとすれば，貿易の拡大が望ましいことになる。さらに，戦争が発生した場合，交戦国の間では貿易が行われず，あるいは貿易が大幅に減少する，と仮定しよう。この場合，相手国との貿易を断念することなしには戦争に訴えることはできない。相手国との貿易の規模が大きければ大きいほど，戦争に訴えた場合に生まれる経済的打撃が大きいことになる。もしこの想定が成り立つとすれば，各国の間の貿易が拡大すればするほど戦争の招くコストが増大し，各国が戦争に訴える誘惑もそれだけ引き下げられる。国際貿易こそが平和の条件だ，という考え方がここに生まれる。アダム・スミスが『国富論』を著した時代には貿易活動への課税によって国家財政を賄う重商主義政策が広く見られただけに，このような自由貿易の平和はユートピアに過ぎなかった。だが，自由貿易が拡大し，経済制度としてほぼ確立した現代世界であれば，これは夢というよりは現実に近い。

　しかし，ここで問題が生まれる。ヒト，モノ，カネが国境を越えて移動したとして，それは具体的にどのように各国政府の決定に影響を与えるのか。交易が増大したとか，海外資本の流入に頼るようになったなどという，いかにも大掛かりな要因，いわば「事実としての相互依存」は，どのように政策決定の現場に関わっているのか。ここで，「事実としての相互依存」を国際関係における政策決定と結びつけるような概念の枠組みが必要になる。相互依存論の理論的課題はそこにあった。

　この分野における最も著名な業績が，ジョセフ・ナイ（Joseph Nye）とロバート・コヘイン（Robert Keohane）の共著，『権力と相互依存』（*Power and Interdependence*, 1977）である。この本においてナイとコヘインは，相互依存

の進展した国際関係を複合的相互依存（complex interdependence）と定義し，相互依存の乏しい時代には当てはまりやすい軍事的安全保障の役割が，複合的相互依存のもとでは相対化的な役割しか持たなくなると主張した。伝統的な国際政治においては国家の行動の源泉が軍事力に集中していたが，複合的相互依存においては貿易，通貨からエネルギーや環境などに至る多岐にわたる争点が生まれ，その多様な争点のそれぞれに有効に働く権力の要素が違ってくるために，軍事的安全保障が国際政治の中核であるということはできなくなるからである。さらに，軍事領域とは異なって，社会経済的争点においては国家の間における協力の合理性もより高いために，国際機関の果たす役割も相対的に上昇することになる。このように，相互依存論は，「軍事問題を中心とする国際政治」によっては包摂することのできないさまざまな国際関係の領域の重要性に示唆を与えるものとなったということができる。

さて，ここでいう複合的相互依存がただの「事実としての相互依存」だけでないとすれば，それは何だろうか。コヘインの定義によれば，複合的相互依存の特徴は三点に求められる。

1）　結合の多元性

伝統的な国際関係を構成するのは各国政府であり，しかも国王，宰相，大使など，少数のエリートが外交政策の決定を独占してきた。だが，現在では政府と政府の結びつきが多元化するとともに，政府以外の主体によって各国の接触が行われている。このような，各国を結ぶ，その連携の多元化を結合の多元性という。

まず，外交の主体が外務省から他の省庁へ拡散している。医薬品の輸出入を例に取れば，貿易である以上は経済産業省の管轄とも重なる一方，薬品の安全基準に関わるために厚生労働省の判断も欠かすことはできない。政府のなかの分業化が進むほど，外務省が特権的に外交を独占することは難しくなる。

さらに，政府以外の主体が国境を越えた活動を展開している。企業を例に取れば，貿易のために各国に事業所を設け，世界各地に生産拠点をつくるなど，多国籍化した企業活動は珍しくない。私人を見ても，海外への移動が移民・難民か富裕層に限られていた時代が終わり，先進工業国に住んでいなくても海外旅行をする人が多い時代となった。そして，国境なき医師団やアムネスティ・

インターナショナルなどの非政府組織（Non-governmental Organization, NGO）のように，政府とは独立した組織が海外で援助活動に携わり，トランスナショナル・リレーションズ，すなわち政府を媒介としない国境を越えた連携をつくり出している。

このように，政府と政府の関係だけで国際関係と外交を考えることができた世界が大きく変わり，国と国の結びつきが多元化する。この結合の多元性のために，政府の行う外交が，同時に展開される他の結合形態によって相対化されるという結果も生まれた。

2) 争点序列の不在

国際関係における争点として，国家の安全に関わる領域の重要性が高いことは否定できない。だが，軍事安全保障のほかにも多くの争点が存在する。原油供給の確保，通貨の信用保持，オゾン層の保護――このような問題は状況によっては安全保障以上に各国政府の関心事となるだろう。そして，これらの課題は一国だけでは解決することはできない。原油の安定供給には産油国の協力が欠かせないし，一国の為替市場への介入では通貨レートの操作にも限界があり，自国だけがフロンを規制しても他国が放出を続ければオゾン層は破壊されてしまう。現代世界では，伝統的には内政問題とされてきた争点の多くが，国際的調整なしでは解決できなくなっている。

さて，このようにさまざまな課題に取り組まなければならないとき，どこから手をつけるべきだろうか。言葉を換えていえば，各国政府にとってどの問題が優先順位が高いものと見なされているか，その優先順位の序列をつくることができるだろうか。これが争点序列の問題である。

一般論からいえば国防以上に重要な問題はないと考えることもできるが，現実の政府がいつも国防問題を優先しているとはいえない。たとえば1973年10月，第四次中東戦争を契機にアラブ産油国が原油価格を引き上げた第一次石油危機を考えればわかるだろう。中東の石油に依存する西ヨーロッパや日本などの諸国では経済活動が低下するなかで異常な物価上昇が生まれ，エネルギー供給の確保と経済の安定が緊急の課題となった。現在でも開催されている主要国首脳会議（サミット）は，この石油危機によって引き起こされた先進工業国の経済的混乱がきっかけとなって，フランス大統領ジスカール＝デスタンの呼びかけによって1975年にはじめて開かれたものである。このときの米ソ関係は第

一次核兵器制限条約（SALT Ⅰ）がすでに結ばれ，第二次交渉が始まろうとするときであり，アメリカがベトナムから撤退した直後とはいえ，安全保障問題の優先順位は低かったといってよい。

　経済ばかりではない。京都議定書を取りまとめる直前の日本政府にとって環境問題が最優先課題となったように，その時々の国際情勢に応じて，国際関係の優先課題は変わってしまうのである。この点を示すものとして，ナイとコヘインは，まさに伝統的リアリストの典型ともいうべきキッシンジャーの次の言葉を引用している。

　　伝統的な課題を上手に扱うだけでは，もはや十分ではない。これまでに先例のない争点が浮上してきたからである。今やエネルギー，資源，環境，人口，宇宙や海洋の利用といった課題が，伝統的に外交案件となってきた軍事安全保障，イデオロギー，そして領土紛争などの問題と肩を並べている。(Kissinger, quoted in Keohane and Nye, 1975：199)

　このように，国際政治の実態から考えるとき，各国政府がどの争点の優先順位が高いと考えるか，一般的に判断を下すことはできない。これが争点序列の不在という，複合的相互依存の第二の特徴であり，軍事問題の重要性を自明のものと考えてきたリアリズムに対する重要な修正となる。

3）　軍事力の有効性の相対的低下

　複合的相互依存においては，軍事力が有効な手段として働く問題の領域が相対化される。これは，軍事力の有効性が一般に消滅するなどという意味ではなく，安全保障においては軍事力の役割がなお残されるとしても，その軍事力に訴えたところで自国に有利な選択を得ることのできない国際政治の領域が拡大している，という意味である。

　たとえば日本を例に取ってみよう。いうまでもなく，日本は米軍の力に頼って戦後の安全保障を保ってきた。この場合，日本には米軍基地があるが，アメリカ本土に自衛隊の基地はないように，日本が米軍に依存するほどアメリカはその本土を防衛するために自衛隊に依存してはいない。そして，日本の依存が一方的である限り，アメリカ政府は日本政府に対し，少なくとも軍事面においては圧倒的な優位に立つことになる。両者の関係は非対称的であり，伝統的な

国際政治でいえば小国日本が大国アメリカに依存するという構図である。

　これだけを見れば，日本政府は常にアメリカ政府の決定に従うほかはない，という結論になるだろう。だが，1960年代から90年代にかけて日米間で繰り返されてきた貿易紛争を見るとき，繊維紛争や半導体紛争のようにアメリカの要求に沿って決着した事例が多いとはいえ，日本が「いうなり」になったわけでもない。アメリカ政府の要求がはっきりしている場合でも，相手の制裁措置をかわしながら交渉を引き延ばし，決着に何年も要した例が少なくない。農産物の自由化交渉では日本側の態度はさらに強く，自由化に応じた牛肉についてもBSEの発症例が確認された後は長期間の輸入禁止措置を続けた。

　防衛をアメリカに頼っている側が，なぜ貿易交渉では強気となることができるのか。それは，第4章で見たように，権力の構成要素は多様であり，ある領域で有効に働く権力の構成要素が，他の領域で有効に働くとは限らないからである。軍事基地を保持するアメリカは貿易交渉が不調となったとき，米軍を撤退したり，あるいは首都爆撃を行うことも論理的には可能だろう。だが，貿易交渉で自国に有利な決着を得るという目的から見て，このような選択はごくリスクの高い，愚かなものに過ぎない。

　このように軍事力が強大でも，貿易紛争，通貨問題，あるいは環境問題を有利に展開できるわけでもない。軍事力がより有効に働く領域はもちろん存在するが，軍事力の有効性が限られた争点領域も存在する。複合的相互依存のもとでは，このように，軍事力の有効性が相対化されるのである。

　軍事力の相対化は，相互依存が進めば軍事力の役割が消滅し，戦争の合理性が失われるという主張とは区別しなければならない。伝統的な経済的リベラリズムのもとでは，通商関係の発展が戦争の合理性を引き下げると考えられてきたが，現在の相互依存論ではそのような直接的な因果関係は議論されていない。通商が拡大し，通貨市場の自由化が進んだ後でも，なお力の均衡とか抑止戦略などの意味が失われるとは限らないからである。相互依存論とはリアリズムの否定や克服ではなく，リアリズムでは説明することの難しい国際政治の領域があることの指摘として捉えるべきものであり，その限りではリアリズムと共存し，「棲み分け」る考え方である。

　それでも，国際関係とは「力のがものをいう」世界ばかりでなく，また

「力」も軍事力だけとは限らないという相互依存論の主張は重要である。国際政治の理論でいえば，ナイとコヘインの著作は，貿易や通貨における国際関係を対象とする国際政治経済論 (international political economy) という新たな分野を切り開き，また軍事力ではない力が国際政治において果たす役割に注目するソフトパワー論などへの展開を生み出すことになった。

(3) リアリズムと複合的相互依存

結合の多元性，争点序列の不在，軍事力の相対化という三つの特徴によって把握される複合的相互依存は，結合の一元性，争点の明確な序列，そして軍事力の一般的有効性という三つを前提とする伝統的リアリズムとはかなり対照的な概念構成を取っている。そこで次に，リアリズムと複合的相互依存とによって国際政治の把握がどのように異なるのか，両者を対照して考えてみよう。その対照を通じて，リアリズムのもとでは限られた役割しか与えられなかった国際機構が，複合的相互依存のもとでは無視できない活動を展開することがわかるはずである。

●リアリズム，複合的相互依存による政治過程●

	リアリズム	複合的相互依存
目　標	軍事的安全保障	国家による目標の相違。超国家組織や国家以外の国際機構により，目標の決定が難しくなる。
手　段	軍事力。他の手段を使っても軍事力が最も有効。	争点となる領域に対応した権力構成要素が最も有効。相互依存関係，超国家組織，国家以外の国際機構をうまく操作することが有効な政策の手段。
国際機関の役割	小さい。国家の権力と軍事力の有効性により制限される。	国際機関は議題を設定し，国家の連合形成を促進し，小国にも政治活動の機会を与える。問題解決のために国際的集会を開いたり，票を集めたりすることは重要な政治的能力となる。

1）　政策の目標

　リアリズムのもとでは，国際政治における政策目標とは，何より安全の確保であり，他の目標はこれより下位の課題として捉えられる。だが，複合的相互依存においては，それぞれの国家や各国を取り巻く状況によって政府の追求する政策目標が異なり，それぞれの目標に応じて異なる国際関係が複合的，重層的に形成される。

　国際機構は，政策目標の設定に役割を果たすことがある。各国それぞれでは優先順位が低いが，手をつけなければ状況が悪化する，そのような政策目標については各国が単独で取り組む意志が乏しいからこそ，まず国際機構に議題を設定させ，国際機構の合意や決定を得て，それを内政に投影させるという方法があるからである。たとえば，オゾン層の保護はあまりに巨大な課題で，しかも一国では対応できないために，どの政府も取り組まないまま放置される可能性の高い政策案件であった。だが，この問題を放置はできないという判断だけは各国に共通して見られたため，国連環境計画（UNEP）を通した検討は，それでも行われてはいた。そして，UNEPの主導によってモントリオール議定書が締結されると，フロンガスの削減という共通した目標に各国が取り組むという，これまでにない状況が生まれる。この事例では，国際機構の関与によって政策目標の優先順位を変えた，あるいは各国政府が国際機構を利用して優先順位の低い政策に取り組んだ過程を見ることができるだろう。

2）　政策の手段

　リアリズムのもとでは，国際政治におけるパワーとは軍事力にほかならない。むろん，リアリストも軍事力以外の権力構成要素の存在を認めるが，しかしそれらは究極的に軍事力に換算できるからこそ意味があるものとされる。

　だが，複合的相互依存のもとでは，多様な争点領域に応じて，それぞれの領域に対して有効に働く権力の構成要素があると考えられる。この場合，争点領域に適切に働く手段を選ぶことが最も効果的であり，どの争点に対しても同じ手段で応じるような外交政策はコストとリスクを引き上げる結果に終わってしまう。

　国際機構は，予算と人員の限界だけからいっても，軍事力を主な手段とする対外政策では限られた役割しか果たすことができない。さらに，軍事力の大き

な国家であればあるほど自国の安全を国際機関に頼る可能性は少なく，国際機関が主導権を持つ平和維持活動について大国は消極的姿勢を取ることが多い。軍事安全保障に注目すれば，国際機関の役割が小さく映るのはやむを得ないのである。

　だが，軍事力以外の手段が有効に働く領域では，そうではない。まず，軍事力や経済力に恵まれない諸国にとって，国際機構はその政府の意志を表明する数少ない機会であり，そのために小国は国際機構の活動に関与する意志が大国よりも高いことが多い。そして，軍事行動のように，相手の意志にかかわらず一方的に行動しても十分に合理的な領域とは異なり，たとえば通貨や貿易に関する政策においては，各国が合意に至ることそれ自体が大きな目標となるため，大国も小国の意志を無視することは危険であり，むしろ小国の合意を取りつけることができるような外交的技量が必要となる。つまり，軍事力を主な手段としない政策分野において，国際機構の役割は相対的に大きいと考えることができる。

3）　国際機関の役割

　国際機関は，特定の課題について，数多い諸国が集まり，その課題に対して取るべき選択を決定する過程が繰り返して行われる空間である。もちろんそれが各国の共通する利益を実現する空間になるとは限らず，何が課題とされるのか，またどの選択が最終案とされるのかによって各国の利害は左右されるだろう。また，各国が国益の実現を図る点においては，国際機関を通じた外交も，通常の二国間の外交などとの違いはない。だが，国際機関において自国の利益を実現するために必要となる技術と，軍事紛争において相手を威圧する技術とではかなりの違いがある。軍事力や経済力を背景とする威圧と取引では不十分だからだ。

　それでは何が必要となるのか。まず，国際機関で審議される課題を設定する力が必要になる。どの問題を議論する必要があるのか，どの問題を優先して審議すべきか，その課題の設定は国際機関の決定に直接つながるだけに極めて重要な作業であり，どの課題が取り上げられるかによって各国の利害得失も変わるからだ。そして，議題の設定ばかりでなく，自国の求める提案が採用されるよう，それに賛成する各国政府を募り，連合を形成し，決議が求められたとき

に多数派を確保する必要がある。それは，ナイのいうソフトパワーの必要となる場面にほかならない。軍事力や経済力の規模も各国を左右する道具としてもちろん重要だが，各国の支持を受けるためにそれ以上に必要なのは，各国から信頼され，各国を説得する力なのである。

そして，各国から支持を集め，信頼を受ける限り，小国であっても国際機関で決定的な役割を果たすことがある。その一例として，2000年の核不拡散条約（Nuclear Non-Proliferation Treaty, NPT）再検討会議における合意形成プロセスを取り上げてみよう。この交渉では，最大の核保有国であり，しかも核廃棄技術と拠出できる資金の両者についても他国の及ばない力を持っていたために，アメリカが圧倒的な力を持っていた。そして，まさにそのために，当時のクリントン政権がこの再検討会議に消極的である以上，会議は失敗に終わることが容易に予測された。

ところが，ニュージーランドやメキシコなど，核兵器の拡散に強い関心を持つ一部の非核保有国が1998年に新アジェンダ連合（New Agenda Coalition, NAC）を結成し，このグループが再検討会議参加国の賛同を得たために，状況は一変する。再検討会議の議題は当初の予想に反して核不拡散体制の強化という方向へ転換し，「核保有国による核廃絶への明確な約束」を盛り込んだ最終文書を採択して会議は閉幕した。

再検討会議の結果を過大評価することはできない。結局のところ，核拡散を懸念される諸国が核開発を断念し，核保有国が具体的な措置を取らない限り，最終文書だけでは核拡散を止めることはできない。しかし，アジェンダの設定と連合の形成に成功すれば，小国であっても国際機関において大きな影響力を獲得できることが，この事例からわかるだろう。

国際機関を媒介とする国際関係には，このほかにも取引コストの低減，つまり国際機関を通じて多数国間の交渉を一括して行うことにより，国際的枠組みの形成のために必要となる膨大な手続き上の負担を軽減すること，また多数国が集まって決定を行うことによって少数の大国による決定よりも公共性と正当性を主張しやすいという公共ルールの形成など，いくつかの独自な特徴がある。国際機関を通した交渉と決定が伝統的な外交に取って代わると判断することはできないが，それでもなお，複合的相互依存の進展するなかにおいて国際

機関が果たす役割の大きい国際政治の領域は，次第に拡大していることは無視できないだろう。

(4)　相互依存の限界

　相互依存の研究が国際関係を捉えるうえで新しい領域を切り開いたことは疑いを入れない。だが，相互依存関係の進展によって国際社会の統合が進み，国際機関の役割が増大し，戦争の陳腐化さえ実現するというように，リアリズムに代わる国際関係の萌芽までを読み込むのは，やはり過大評価というべきだろう。相互依存の限界，過大評価を慎むべき点について最後に触れておこう。

　まず，国家間の依存関係そのものは，必ずしも新しいものではない。宗主国と植民地の間の依存関係は，はるか以前から存在していた。その依存は植民地が一方的に宗主国に強いられるという，いわば垂直的な依存であり，この場合では垂直的依存の進展が植民地におけるナショナリズムを刺激したのであった。複合的相互依存が対象としているのは何よりも第二次世界大戦後の先進工業国であり，それまでであればそれぞれ独立した国民国家と国民経済を保持し，対外的には権力闘争に走りがちな各国の間において，国民国家と国民経済を相対化するような変化だからこそ相互依存関係が注目されたのである。これは，いわば力が横並びになった各国の間における水平的相互依存を指す概念であって，植民地のほとんどがすでに政治的独立を獲得した現代世界においても，垂直的依存はなお存在しており，依存が進むことによって各国国内の反発が生まれる可能性も無視できない。

　また，相互依存関係の進展によって戦争が減少するとは限らない。鴨　武彦は，その『国際安全保障の研究』において，第一次世界大戦前のヨーロッパ諸国の間で相互依存関係が進んでいたと述べている。他国との貿易が拡大し，戦争に訴えた場合に受ける経済的打撃が高まったとしても，他国から与えられる軍事的脅威と他国から攻撃を受ける可能性が十分に高ければ，その脅威の認識を理由として，やはり戦争は起こってしまうのである。ごく長期的に見れば相互依存が進むことで戦争のコストが増大すると考えることはできるが，相互依存の進展というマクロレベルの変化と，開戦決定というミクロレベルの政策選択との間には大きな距離が開いている。

さらにいえば，相互依存が進むことによって紛争が減るどころか，新たな紛争が生まれる可能性もある。競争力のない経済にとって市場の自由化が脅威と見られやすいように，相互依存の進展は各国国内における既得権を脅かし，既得権を守ろうとする側から反発を受けることもあるだろう。結合の多元化と争点序列の不在は，数多くの争点について数多くの紛争を生むことにもなりかねない。

　こうしてみれば，「事実としての相互依存」は，国際政治を取り巻く環境の変化であって，各国政府の決定を直接に変えるわけではなく，ましてリアリズムに代わる新たな国際政治のモデルにはなり得ないことがわかる。それでもなお，軍事安全保障ばかりに目を向け，国際機関の役割を過小評価してきた伝統的リアリズムと異なり，相互依存に注目することによって現代国際政治の新たな側面に目が向けられるようになった意義は大きい。相互依存は，国際関係の制度化の可能性を探るうえで，いわば基礎的な条件を提供していると考えることができるだろう。

第14章　EUはなぜ生まれたのか

　長く敵国であったドイツとフランスが同じEUのもとで協力するという変化ほど，ヨーロッパ統合の成果を示すものはない。それではなぜEUは成立したのだろうか。EUは，ヨーロッパ各国の政府に代わる存在となりつつあるのだろうか。また，地域統合はヨーロッパばかりでなく他の地域においても進む可能性があるのか，それともヨーロッパに限られた現象なのか。地域統合の過程と条件について考えてみよう。

(1) ヨーロッパ統合の始まり

　19世紀と20世紀の前半，ドイツ（プロイセン）とフランスはいく度となく戦ってきた。21世紀初めの今，ドイツとフランスが戦争をする可能性は，無視できるほど小さい。

　そして，この変化は冷戦のために生まれたのだ，第二次世界大戦後ソ連という共通の敵に立ち向かう必要ができたから独仏両国が手を結んだのだ，という説明も，現在では説得力が乏しい。冷戦が終結して15年以上経ち，ロシア（ソ連）がもはや敵ではなくなった後も，ドイツとフランスの友好関係は続いているからである。さらにいえば，独仏両国ばかりでなく，同じように戦争を繰り返してきたイギリスとフランス，もっといえばヨーロッパ諸国すべての間で戦争が起こる可能性が大幅に低下した。三十年戦争から第二次大戦までのヨーロッパの歴史が戦争に彩られてきたことを考えれば，これは大変な変化だといってよい。

　変わったのは戦争ばかりではない。今ヨーロッパを訪れる人は，いったんヨーロッパの国に入国した後，どの国に行っても，それがEU加盟国である限り，パスポートの検査を原則として受けることはなくなった。いくつかの例外

はあるが，どの国でも同じ通貨，ユーロを使うことができる。国境を越えた人や物の流れを厳しく取り締まり，マルクやフランのような通貨の信用に自分の国の栄光を重ね合わせるような時代は終わり，国境の持つ意味が変わってしまったのである。

　外の人から見れば，まるでEUという一つの国ができたように見えるだろう。実際，欧州委員会の委員長は，EUの代表として主要国首脳会議の本会合への参加を認められている。では，このようなヨーロッパの統合は，なぜ，どのように始まったのだろうか。これが本章の課題である。

　さて，ヨーロッパ諸国が国境を克服して新たな政治機構をつくるべきだという主張は，はるか昔，近代国際政治の始まる以前から繰り返し唱えられてきた。その例として，新教と旧教が争うなかでボヘミア王ポディエブラト (Podiebrad) の唱えたキリスト教諸国の連盟，あるいは三十年戦争のさなかにフランスのシューリー (Duc de Sully) が著した「大計画」を数えることができるだろう。近代国際政治が生まれ，各国の権力が固まってゆくと，そのような主権国家体系の成熟に立ち向かうかのように，ヨーロッパのすべての国が連盟をつくるべきだという主張が繰り返された。なかでもよく知られるのがサン＝ピエール (Abbé de Saint-Pierre, 1760-1825) による『ヨーロッパにおける永遠平和の構想』であり，そこで彼が主張したヨーロッパ諸国の連盟と国際裁判所の設立は，その後のルソー (Jean-Jacques Rousseau, 1712-1778) やサン＝シモン (Claude Henri de Rouvroy Saint-Simon) などのヨーロッパ統合構想に強い影響を与えた。19世紀後半に入ると，作家ヴィクトール・ユゴー (Victor Marie Hugo, 1802-1885) やジョン・ステュワート・ミル (John Stuart Mill, 1806-1873) もヨーロッパ連盟の設立を訴えている。ヨーロッパ統合構想の時代は，国際政治の時代と重なるといってよい。

　だが，ヨーロッパの統合構想を訴える人々は，思想家など，政策の実務から離れた人々がほとんどを占めており，現場の政治家は国益の確保と国家戦略の策定ばかりに腐心してきたといってよい。その状況を一変させ，ヨーロッパ統合を現実の政策構想として展開させる機会となったのが第一次世界大戦であった。ナポレオン戦争以来はじめてヨーロッパ全域を戦場として展開したこの戦争が，シュペングラー (Oswald Spengler, 1880-1936) の『西欧の没落』

(1919年) に端的に見られるように、ヨーロッパ文明は破滅する運命にあるというニヒリズムを呼び起こしたからである。そして、このシュペングラーの暗い運命論に抗するかのように、これまでなら思想家しか振り向くことのなかった大胆な構想に対して実務家も関心を寄せることになった。

そのなかでもよく知られているのが、クーデンホーフ・カレルギー (Richard Nicolaus Eijiro Coudenhove-Kalergi) の汎ヨーロッパ構想である。第一次世界大戦の惨禍がまだ生々しい1922年、カレルギーがドイツとオーストリアの新聞紙上に発表した構想は、大きな反響を呼び起こした。カレルギーはこれを著書『汎ヨーロッパへの闘争』(1925-28年) として刊行するとともに、国際汎ヨーロッパ会議 (International Paneuropean Union) を設立し、そこに作家トーマス・マン (Thomaas Mann, 1875-1955) のような文化人ばかりでなく、当時フランスの外相であったアリスティード・ブリアン (Aristide Briand, 1862-1932) を参加させることにも成功する。第二次大戦後における独仏の指導者となるアデナウアー (Konrad Adenauer, 1876-1967)、ドゴール、ポンピドー (Geogres Pompidou, 1911-1974) などがこの会議に加わったことも忘れてはならない。

実務において欧州連邦構想を進めたのがブリアンである。第一次大戦後のヨーロッパ諸国とドイツとの国交を正常化したロカルノ条約 (1925年) の締結を推進し、その功績によってドイツのシュトレーゼマン (Gustav Stresemann, 1878-1929) と共にノーベル平和賞を受賞、さらに1928年にはアメリカの国務長官ケロッグとパリ不戦条約の締結を実現したブリアンにとって、汎ヨーロッパの構想はヨーロッパにおける不戦共同体の基礎となるべきものであった。1929年、ブリアンは国際連盟における演説で欧州連邦秩序構想を発表し、成果は得られなかったものの、国際連盟における一年あまりの審議には漕ぎ着けた。ブリアンばかりではない。1939年、イギリス労働党のアトリー党首がヨーロッパは連邦をつくるか滅びるしかないと述べているが、この言葉に表れているように、欧州連邦という構想はすでに国際政治の実務において真剣に議論されるものとなっていた。

もっとも、なぜ連邦をつくらなければならないのか、その理由にはさまざまなものが入り交じっていた。ポディエブラトやサン＝ピエールなどの初期の構

想では，キリスト者の結集という宗教的な動機が大きな役割を占め，世俗国家の政策とは距離が開いている。その宗教的契機の後退した19世紀の諸構想では自由主義の延長としてのヨーロッパ統合という性格が強まり，市民を主体とする政府だからこそ国境が相対化されるというコスモポリタニズムを見ることができる。第一次世界大戦後に生まれた，より具体的な政策構想においても違いはあった。カレルギーの主張は，必ずしも不戦共同体の構築に重点を置いていたわけではない。むしろアメリカやアジアの台頭に対抗してヨーロッパが地域として団結しなければならないという地域主義（リージョナリズム，regionalism）がそこには色濃く投影されており，ブリアン外相におけるような，欧州が再度戦乱に陥ることのないように連邦を構築するという不戦共同体の観念とは対照的である。汎ナショナリズムの拡大として主張される汎ヨーロッパ主義と，それとは逆に各国のナショナリズムを克服する目的から訴えられる汎ヨーロッパ主義との間には微妙な距離が開いていた。地域主義と不戦共同体という欧州統合の二つの魂は，すでに第二次世界大戦の前から示されていたのである。

(2) 欧州共同体の設立

ナチス・ドイツの台頭とともに欧州連邦構想は頓挫する。1929年にシュトレーゼマン，1932年にはブリアンが死去するとともにロカルノ条約の精神のもとにおけるヨーロッパの相対的安定は揺らぎ，1933年のナチ政権樹立とともに終わった。1938年，ドイツがオーストリアを合邦する（アンシュルス）と汎ヨーロッパ会議は中止，カレルギーはスイス，そしてアメリカへと亡命した。だが，まさに統合構想の挫折と第二次大戦への道が重なったからこそ，第二次大戦後のヨーロッパでは，第一次大戦後の時代よりもさらに活発に，ヨーロッパの地域統合が議論されることになった。

その中心となったのが，ロベール・シューマン（Robert Schuman, 1886-1963）仏外相である。フランスとドイツが領有を争ってきたロレーヌ地方に生まれたシューマンは，母語はドイツ語系のルクセンブルク語，フランス統治下に生まれながら普仏戦争後はドイツ国民，第一次大戦後にフランス国籍，そして第二次大戦中はナチの支配下に置かれるという，まさにドイツとフランスの

抗争によって振り回される人生を強いられてきた。1948年に外相に就任したシューマンは，大戦後における独仏関係の安定を図るため，ジャン・モネ (Jean Monnet, 1888-1979) の提案を入れて，1950年，ドイツとフランスの石炭と鉄鋼の生産を国際機関の管理下に置くという，シューマン・プラン（1950年）を発表する。

　なぜ石炭と鉄鋼の管理がヨーロッパ統合と関係あるのだろうか。エッセン，ドルトムントなどの工業都市を含むドイツのルール地方とザール地方は，ヨーロッパでも有数の石炭の産出拠点と鉄鋼生産の拠点を擁しており，そのために独仏対立の焦点となってきた。第一次世界大戦後，ルール地方はドイツの賠償支払いを求めるフランスによって占領され，ドイツ経済の悪化を招いた。ナチ政権が成立すると，この地を含むラインラントに進駐，第二次世界大戦中には激戦地となり，ドルトムントなどの都市は連合国による激しい空爆を受けた。第二次大戦後も，初期の戦後構想の一つであるモーゲンソー・プランがルール地方における石炭・鉄鋼産業の除去を訴え，フランスはラインラントをドイツから分離すべきだと訴えるなど，連合国による強硬措置が唱えられていた。戦争が終わってもなお，ルール・ザール地方の行方が新たな独仏対立を招きかねない危険が残されていたのである。

　ヨーロッパにおける冷戦が激化し，西ドイツの建国が日程に上るなかでルール・ザール地方への対応が急務となった。シレジアの領有をポーランドに奪われたドイツが経済復興を遂げるためにはルールとザールの石炭と鉄鋼を欠かせない。だが，フランスの鉄鋼業はドイツよりも競争力が弱く，しかもルール・ザールの石炭に依存している。ドゴールによってフランスの戦後復興計画を任されたジャン・モネは，ルール・ザール地方の石炭と鉄鋼の生産を「最高機関」のもとで国際管理に移し，これによって独仏対立を回避するとともにヨーロッパ統合の第一段階として位置づけるという構想を立案した。そして，共に欧州連邦主義者であるフランスのシューマンと（西）ドイツのアデナウアーがジャン・モネの構想を受け入れることによって生まれたのがシューマン・プランであり，これにベルギー・オランダ・ルクセンブルク三国とイタリアが賛同することによってパリ条約が調印され，1952年，ヨーロッパ石炭鉄鋼共同体 (ECSC) が誕生したのである。

ここで二つの疑問が浮かぶ。まず，なぜ欧州統合は石炭・鉄鋼という個別産業の国際管理から始まり，直ちにヨーロッパ諸国が連邦を組むというところから始めることができなかったのか。そのような構想は実在した。イタリアのスピネッリ (Altiero Spinelli) は，第二次世界大戦中，幽閉されたイタリアのヴェントテーネ島でエルネスト・ロッシと共にヴェントテーネ・マニフェストを発表し，これをもととする欧州連邦運動 (Movimento Federalista Europeo) を大戦のさなかから展開，ヨーロッパ諸国は国家主権を放棄して連邦を構築すべきだと訴えていた。

しかし，大戦後もなお独仏両国の不信は続いており，両国が即座に連邦の構成を実現できる状況ではなかった。統合の父と呼ばれるジャン・モネも，大戦末期にはルールの石炭鉄鋼業をフランスの管理に移すという強硬案を策定している。石炭鉄鋼共同体の基礎には，フランスの鉄鋼業を維持しながらドイツ復興を妨げないという，統合の夢よりもはるかに現実的な政策の調整があったことは否定できない。

次の疑問は，なぜアメリカが欧州統合を認めたのか，という点にある。国際連合の構想をはじめとして，第二次大戦中から，アメリカの戦後構想は世界規模における制度構築を求めてきた。もし地域レベルでの統合を認めたなら，むしろ地域ブロックの形成を加速し，グローバルな機構の形成を遅らせることになるのではないか。一見すると当然の疑問に見えるが，これはむしろ逆であって，少なくとも戦後10年あまりの時期に限っていえば，アメリカはヨーロッパ統合に抵抗するよりは，その推進を求める側に立っていた。

その理由は独仏関係にある。冷戦期のアメリカにとってヨーロッパにおける最優先課題はソ連の封じ込めであるが，その封じ込めを実現するためには同盟国の良好な関係がなければならない。だが，ドイツに対するヨーロッパ諸国の警戒が強い限り，西欧諸国の団結を支えることもできない。ソ連とドイツを共に封じ込めるという二重の封じ込め (dual containment) を実現するうえで，アメリカにとってのヨーロッパ統合とは，軍事的威嚇に頼ることなく西ドイツを封じ込めるための制度的な枠組みであった。もちろんその基礎には大西洋同盟がある。安全保障においてNATOが基軸である限り，ヨーロッパ諸国の統合の推進はアメリカの国益に反するものではなかった。

問題の中心は西ドイツ再軍備であった。朝鮮戦争開戦後，東西対立が激化するなかで，西側陣営の防衛のためには西ドイツの再軍備を欠くことはできない。だが，フランスのなかには西ドイツの再軍備とNATO加盟への警戒が強く，妥協は容易でない。フランスは欧州防衛共同体構想を発表し，その構想を自らのフランス議会によって否決されるという事件もあった。西ドイツのNATO加盟が1954年に実現するなか，ヨーロッパの同盟国が共同歩調を保つことができるよう，ダレス米国務長官は独仏を含む共同体の実現のために動き始める。その背後には，冷戦の長期化が予想されるために，ヨーロッパ諸国の軍事協力を高めなければアメリカの負担が大き過ぎるというダレスの判断もあった。欧州統合は，アメリカにとって安定したヨーロッパを安価に達成する意味を持っていたのである。

　こうして，アメリカに抗するどころかアメリカの支援も受けて，1955年6月，ECSC加盟国がイタリアのメッシナで外相会議を開催し，石炭鉄鋼共同体に加えて原子力共同体と関税同盟を設立する原則的合意に達した。その合意をもとにして結ばれたローマ条約（1957年）では，石炭鉄鋼共同体と並んで，欧州原子力共同体（EURATOM）と欧州経済共同体（EEC）の設立が決まる。

　ここに生まれた三つの地域機構では，単純多数決を将来実現すると定めてはいたものの，多くの事項については全会一致による決定を認めており，各国の国家主権に大きな役割が残されていた。その意味では，ローマ条約の定める地域機構は，欧州連邦の諸構想などが想定するような，ヨーロッパ各国の上位に立つ超国家機構とはかなりの隔たりがある。また，安全保障は大西洋の同盟に譲り，イギリスの参加を得ることができないなど，多くの限界を抱えていたことも無視できない。

　だが，やはりローマ条約の歴史的意義は大きかったというべきだろう。石炭・鉄鋼に目的を限定せず，関税同盟の形成，共通農業政策の実現，さらに将来において工業製品についてはヨーロッパ域内における関税撤廃を模索するなど，広汎な政策領域における西ヨーロッパ各国の政策協調が，はじめて公式に約束されたからである。そして1965年のブリュッセル条約によってそれぞれの三つの委員会を統合する欧州委員会が設けられ，閣僚理事会と共に組織の共通化が実現された。さらに，国内法に対する優位，および加盟国への法の直接適

用を原則とする裁判所も設立され，1967年，欧州共同体（European Community, EC）が発足することとなった。

(3) 統合の波及，統合の限界

これまで，ヨーロッパにおける地域機構の形成について歴史的な視点から議論を進めてきたが，ここで視点を変えて，理論的にどう説明できるのかを考えてみよう。地域統合はなぜ，またどこまで進むのか，という問題である。

まず概念の整理をしておこう。地域機構（regional organization）とは，世界すべての国に開かれているのではなく，世界の特定の地域において設立された国際機構を意味しており，必ずしも国家主権への制約を伴うとは限らない。東南アジア諸国機構（Association of Southeast Asian Nations, ASEAN）や南部アフリカ開発共同体（Southern African Development Community, SADC）などはいずれも地域機構ではあるが，各国政府にその機構が加えることのできる拘束はごく弱い。これに対し，地域統合（regional integration）とは，各国政府の合意のもとで，各国政府を超える権力を付与された機構を形成することを指す学術用語であり，単なる地域機構の形成だけでは地域統合が進んだことにはならない。なお，地域主義（regionalism）とは世界の特定の地域が，その地域における各国の協力を進め，あるいは独自の利益や立場を主張することを指しており，その限りではECやEUばかりでなくASEANやSADCも地域主義の表現として理解することができる。

さて，それでは，なぜ地域統合が進むのか。各国政府ともにその統治において管轄や既得権を持つ以上，統合が進むことはそれだけ各国政府の管轄や既得権が失われることを意味している。ここで問題となるのは，なぜ各国政府がそのような権力の放棄に応じるのか，という点である。初期の欧州統合構想ではカレルギーの地域主義やブリアンの不戦共同体のように，なぜ地域統合が一般に望ましいのかという規範的な観点から説明をすることができる。しかし，現実の機構として欧州共同体が設立され，その権限が拡大するプロセスを，このような規範的な観点だけから説明することは難しい。それでは，地域統合はどのように理論的に説明できるのだろうか。

国際政治の理論的な視点から地域統合を解明した初期の業績が新機能主義

(neo-functionalism), 取り分けそのなかでもハース (Ernst B. Haas, 1924-2003) の唱えた波及理論 (spill-over theory) である。その前提は, ある経済分野における統合が実現すれば, その統合を支えるために必要なコストよりも統合によって得られる利益のほうが大きく, そのためにある分野の統合が他の分野における統合に波及するというメカニズムである。そして, 各国がより有利な選択を求めて行動するという前提から考える新機能主義においては, 地域統合が, 各国が合意しても損失の少ない経済分野, そして経済のなかでもさらに悪影響が少ない部門から開始されると考える。これは, 最も対立の厳しい安全保障問題から統合を進めるべきだと主張する, 初期の規範的な統合理論とは逆の方向だといってよい。

　この出発から始まり, 波及理論は, 地域統合が以下の三つの方向で波及していくと主張した。第一に, 経済統合がある経済部門において実現し, そのもたらす利益が大きいことが認識されると, 他の部門へと経済統合の範囲が拡大する。第二に, 経済統合が, 個別部門の統合から一般的な経済統合に発展すると, 一国では経済政策を決めることが難しくなる。そのため, 経済統合の進展は政治的な統合に波及する。そして最後に, まだ統合に加わっていない国家は, 統合による利益を得られないために逸失利益が増大し, また単独で他国や地域機関との政策調整を行う必要に迫られるために交渉コストが増大する。その結果, 統合に加わろうという諸国は統合の進展とともに増加し, 政治統合が領域的にも波及していく。このように, ある部門の統合は他の部門へ, 経済統合は政治統合へ, そしてある地域統合はより多くの加盟国を含む統合へと拡大する, というのが波及理論の基本的な構図である。

　さて, 波及理論がもし当たっているとするなら, 地域統合は順次ヨーロッパの全域へ, またヨーロッパに限らず世界各地へと波及するはずである。だが, そのような一般的な地域統合が起こることはなかった。ことに, 1965年, フランスが閣僚理事会からすべての閣僚を引き揚げたために起こったマラソン危機は, 地域統合の展開を否応なく思い知らせる事件となった。危機が生まれた原因は, 閣僚理事会の意思決定を多数決に移行することをブリュッセル条約が定めたことと, 共通農業政策に関する共同体の権限強化に対し, フランスのドゴール政権がこれを拒否したことにあり, この危機は1966年に閣僚理事会の決

定は全会一致によるものとするというルクセンブルクの合意が生まれるまで続くことになった。全会一致ということは、一つでも拒否する国家があれば理事会は決定を行うことができないという意味であり、理事会の持つ各国政府への自立性と統制力はそれだけ弱いことが示されてしまった。国家主権の壁は波及理論が想定するよりもはるかに厚かった、ということになる。

　政治学者スタンリー・ホフマン（Stanley Hoffmann）はこの点を捉え、ハイ・ポリティクスとロー・ポリティクスの二つに分けて考えることを提案した。ホフマンは、統合とは国家主権の制限であるとし、政策決定権限を地域機構に委ねて主権を制限する地域統合と、単なる国家間の政策合意に過ぎない地域協力を明確に区別したうえで、国家主権との関わりが相対的に低い分野（ロー・ポリティクス）と国家主権との関わりが極めて高い領域（ハイ・ポリティクス）を峻別し、ヨーロッパにおいて地域統合が進んでいるのはロー・ポリティクスに集中しており、国家主権の制限を伴うハイ・ポリティクスにおける地域統合は進んでいないとして、波及理論に厳しい批判を行った。

　ホフマンの批判を俟つまでもなく、マラソン危機とルクセンブルク合意が端的に示すように、機能的統合の拡大によって国家主権を克服することはできなかった。また、60年代後半から70年代にかけて、加盟国こそイギリス、デンマーク、アイルランドと増加したものの（1973年）、農業問題や予算配分に関する交渉は膠着し、理事会や委員会の権限強化も遅々として進まなかった。何よりも、第一次・第二次石油危機とその後にヨーロッパ諸国を覆った不況に対し、ECとして独自の対応を取ることができなかった。いうまでもなく、ヨーロッパの外では地域機構こそ生まれても地域統合と呼ぶことのできるような超国家機関が生まれることはない。こうして、ヨーロッパ統合も、また地域統合の理論も、長い停滞に陥ったかのように見えた。

　しかし、80年代の中頃に入ると、このような停滞は一転し、1985年にEC委員長に就任したジャック・ドロール（Jacques Delors）のもとで単一欧州議定書（1986年）と特定多数決制の採用、さらに共通通貨ユーロの導入やヨーロッパ中央銀行の設立を定めた1992年のマーストリヒト条約署名（93年11月発効）など、矢継ぎ早にこれまでにない統合の進展が実現する。どの措置をとってみても、各国の国家主権への制限を含んでおり、ホフマンの議論に従うならハ

イ・ポリティクスにおいても統合が実現したことになってしまう。

さて，どうしてだろうか。なぜ60年代の中葉に統合が停滞に陥り，なぜ80年代の中頃からまた活発に統合が進んだのか。蛍光灯が点滅するように，ある時は進み，ある時は後退するこのような欧州統合の変遷は，ただ一般に統合の波及を説き，あるいは国家主権の壁を指摘するだけでは説明することができない。ここでは視点を変えて，ヨーロッパ各国における経済政策とその環境の変化を通して，80年代における統合とそれ以後の状況を考えてみよう。

(4) グローバル化のなかの地域統合

まず，ヨーロッパ各国の政府は，どこまでヨーロッパの統合を求めていたのだろうか。戦争をするよりは各国政府が協力を進めるほうが望ましいには違いないが，1950年代も終わりになれば，冷戦の膠着とともに西欧各国の間では戦争の可能性が遠のき，地域統合の誘因は戦争の回避よりも経済的な合理性のほうに移行していた。経済統合の進展を各国政府が求めるかどうかが各国の経済政策によって左右されることはいうまでもない。そして，第二次世界大戦後に西欧各国の採用した経済政策は，必ずしも市場の統合を優先したとはいえないのである。

乱暴を恐れずにいえば，大戦後の西欧各国における経済政策の重心は福祉国家の建設であり，国内経済の拡大であった。福祉国家とは，政府の公共財政と経済介入によって国内経済の成長を図る一方，その経済介入と経済成長の効果として雇用拡大と賃金の上昇を実現し，社会保障と所得再配分を達成するような政策の一群と結びついた政治経済体制を指している。資本主義の枠のなかで資本と労働の矛盾を解消する点で，これは社会民主主義政党が共産党などとの違いを明示するためにも積極的に採用した政策であり，イギリス労働党や西ドイツ社会民主党などがその先頭に立つことになった。また，フランスやイタリアなど保守政党が政権を握った諸国でも，やはり共産党などからの圧力に対抗する目的からケインズ主義的，あるいは社会民主主義的な財政政策と福祉国家の実現を模索した例は多い。政治的立場を横断して，国内市場の拡大を求める政策が続けられたのである。

福祉国家の追求が貿易を排除するはずもないが，貿易拡大のもたらす経済効

果を優先するわけでもない。実際，大戦後から石油危機までの間，西欧諸国における国内市場の成長はほぼ常に工業製品の貿易総額の成長を上回っていたのである。そして，関税同盟や関税自由化が貿易促進と結びついているとすれば，各国が貿易拡大を優先しない限り，地域経済の統合への関心も限られたものとなってしまう。このように考えれば，1960年代の中頃から70年代にかけて経済統合がやや停滞に陥った理由がわかるだろう。各国が，いわば一国資本主義としての福祉国家の追求と社会民主主義的な財政政策を取り続ける限り，経済統合への関心が高まるはずもなかった。

だが，二回の石油危機によって，このような福祉国家と積極財政は限界に直面する。原油価格の上昇によって国際収支が悪化する一方，インフレと通貨信用の減退によって公共投資の効果は相殺され，不況とインフレが同時に発生するスタグフレーションが西欧経済を危機に追い込んだ。さらにニクソン大統領のドルと金の兌換停止によって固定相場制から変動相場制に移行すると，西欧各国は域外通貨に対して変動を調整する共同フロート制に移行したものの，通貨信用の減退を防ぐことはできず，イタリアやフランスではインフレが昂進した。経済危機を前にした西欧諸国は，当初は市場統合よりは自国企業と自国市場の保護に向かい，それが危機を加速する結果を招いてしまう。

規制緩和と経済自由化しか解決にならない。国内市場に特化した企業は競争に立ち遅れ，規模の利益が働くような世界市場に向けた生産を行う企業が生き残る情勢が生まれた。政府よりもいち早く対応したのが，輸出競争力のある西欧の企業である。オランダのフィリップス，西ドイツのシーメンスやダイムラー（当時）などの有力企業は，ヨーロッパ全域において企業買収や生産拠点の拡大，さらに資本調達を展開していった。貿易に強い企業が景気の牽引車となる以上，その企業の業績を支えるためにはヨーロッパ規模における経済の規制緩和を進めるほかはない。企業の広域活動を支え，後追いするかのように，西欧各国の政府も国内市場保護から規制緩和に政策を変えていった。国内市場を主体とする経済からヨーロッパ広域を基礎とする経済への転換である。

通貨についていえば，共同フロート制では通貨変動を操作できないとの認識に基づいて，フロート制に代わって1979年にヨーロッパ通貨制度（European Monetary System, EMS）を導入し，インフレの影響が比較的少なかったドイ

ツの通貨マルクを事実上中心とするバスケット通貨 ECU（European Currency Unit，エキュー）を導入し，これが現在の通貨，ユーロの原型となった。域内貿易ばかりでなく，通貨についても統合を進め，各国の通貨ではなくヨーロッパ広域で流通する信用力のある通貨単位によって経済再生の基礎をつくるのである。

　ドロール委員長のもとで展開した経済統合は，ただ50年代から漸進的に進められてきた市場統合の結末ではなく，石油危機を経験することで経済政策を一転した西欧各国が，ヨーロッパ全域を舞台とし，対外的にも競争力を持つ経済の構築に目を向けた，その帰結にほかならなかった。イギリスのサッチャー政権とアメリカのレーガン政権のもとで国内経済と金融規制緩和が進み，経済グローバル化が急速に実現したことがこの動きを加速する。具体的には，GATTウルグアイ・ラウンドの開始が迫り，アメリカ政府の要請によってサービス貿易と農業分野を含む包括的な貿易自由化が迫るなかで，国外からの自由化圧力に抗するためにも進んで域内貿易の規制緩和を拡大し，域内市場の活性化を図るほかはないという情勢が，大胆な経済統合を進める外圧として働いた。世界的な経済グローバル化に目を向けない限り，ドロール委員会のもとで進められた，製品ばかりでなくサービスや労働を含む域内の自由な移動がなぜ実現できたのか，理解することはできない。グローバリゼーションが域内市場統合を進める圧力となったのである。

　市場統合を進めるためには意思決定過程の改革が必要となった。すでに EC においては加盟国の人口を勘案して各国に票数を割り当てた特定多数決が多く取り入れられてきたが，単一欧州議定書は理事会の意思決定は特定多数決を原則とする旨の条項をローマ条約に加え，ルクセンブルク合意以来の懸案であった理事会における全会一致の慣行に明確な終止符を打つことになった。1979年以来直接選挙の実施されてきた欧州議会については，閣僚理事会との協力手続きを導入することによってそれまでの諮問機関としての役割からゆるやかに脱皮して，立法機関としての機能が強化された。このように，各国政府の代表から構成される国際機関としての性格をほぼ払拭し，各国政府よりも上位に立つ超国家的地域機構への転換を遂げたうえで，マーストリヒト条約が結ばれ，欧州共同体（EC）は欧州連合（EU）として新たに発足した。経済危機とグロー

バル化が市場統合と通貨統合への誘因となり，その経済統合の進展が機構としての超国家性を強化する結果となったのである。

(5) どこまで統合は進むのか

　地域統合は，波及理論の唱えるように，一方的かつ全面的に進んだとはいえない。だが，ホフマンの指摘するような国家主権の壁も，状況によっては乗り越えてしまうような変化も起こってきた。それでは，地域統合はどこまで進むのだろうか。EUとはヨーロッパの国境から意味を奪い，事実上の欧州連邦をつくるものなのだろうか。また，EUのような地域機構が世界各地にもこれから生まれるのだろうか。

　まず，最初の問いから考えてみよう。現在のEUの決定は，すでに各国の国内法よりも上位のものとなり，その決定に当たって加盟国が反対したり棄権した場合でもその国を拘束することが多くなった。経済において共通の通貨ユーロや共通関税制度を実現したばかりでなく，共通外交・安全保障政策や司法・内務協力という従来にない柱もマーストリヒト条約によって加えられた。これを見れば，EUは欧州連邦のようにも映るだろう。

　だが，各国の国家主権という枠がなくなったとはとてもいえない。まず，欧州委員会や欧州議会の権限が強化されたとはいえ，閣僚理事会における各国政府の合意形成が今なお大きな役割を占めており，特定多数決が原則となった後も全加盟国の合意をまず模索することが多いという。通貨同盟の設立に当たってはイギリスに適応除外（オプトアウト）を，また共通行動が求められる場面でも建設的棄権を認めているように，賛同の得難い領域については各国政府の不同意を事実上許すような制度の運用も行われている。

　オプトアウトや建設的棄権は，基本政策に反対する国家が欧州連合から離れてしまうことを食い止める措置として理解することもできるだろう。実際，1999年に導入されてから8年，一般に通貨としての使用の始まった2002年から数えても5年を経ようとする2007年2月の時点で，イギリス，デンマーク，スウェーデンの三国はユーロを導入しておらず，このうちデンマークとスウェーデンでは国民投票によってユーロ導入が否決されている。EUへの加盟を拒否する諸国は国民投票によって加盟を否決したスイスやノルウェーなど，今では

ごく少数に過ぎないが，どこまで EU の制度に参画するのか，その統合の度合いについては各国による差異が生じている。

それどころか，マーストリヒト条約を受けたアムステルダム条約でもニース条約でも EU の大幅な機能強化は実現しなかった。マーストリヒト条約以後における EU 統合の達成を象徴するはずであった欧州憲法条約についても，2004 年に各国代表が調印した後，フランスとオランダの国民投票において否決されるなど，各国による批准の行方が見えない状態が続いている。欧州連邦に向けて着実な発展が見られるとは到底いえない状況である。

だが，この点についていえば，欧州連邦をゴールとして設定し，そのゴールを尺度として EU を測定するという方法そのものが不適切なのかもしれない。現在の EU には，欧州委員会，欧州議会，さらに経済通貨同盟のように超国家性の強い機関や分野もあれば，共通外交・安全保障政策における決定過程や一部の閣僚理事会のように，今なお各国政府の意志を反映しやすい機関も残されている。現在の EU は全面的に超国家性を確立した機関でもなければ，伝統的な政府間組織としての国際機構でもない。そして，各国政府が単独で決定を行うことのできる政策分野がかつてよりもはるかに少なくなったことは，やはり否定できないのである。

統合の度合いがさまざまな機関と分野を含む EU の現状は，一律に超国家性を追求することなく，国民投票などで機関決定を拒否する国家が出現しても EU としての機能が停止することのないよう，状況に応じて各国の合意形成と妥協を図ってきた産物であった。平島健司の巧みな表現を借りるなら，「妥協を生み出す創意あふれる工夫の数々」こそが EU の魅力であり，何度かの危機や停滞を乗り越えて EU が成長を続けることを支えてきたのである。欧州連邦のような超国家性を基準として EU を判断すれば，このような実態としての統合のプロセスから目を背けることになりかねない。

次に，どこまで広がるのか。まず，EC／EU の加盟国拡大について見れば，その最大の挑戦が冷戦の終結であった。まず東西ドイツの統一が急速に進んだために，単一欧州議定書締結からマーストリヒト条約調印に至る統合の日程に支障が生まれるのではないかという懸念があった。ドロール委員長のイニシアティブもあってドイツ統一の包摂に成功した後も，共産党独裁と指令型計画経

済から離脱した後の中東欧諸国について，どこまで，どのような条件下で加盟を認めるのか，という課題が残された。無条件に新規加盟を認めたなら，それまでの加盟国との間につくられてきた統合の深度を支えることはできない。だが，加盟国を広げなければ，EUはヨーロッパの富裕地域に限られた機構となり，冷戦とはまた異なる分断がヨーロッパに生まれることになってしまう。「深さ」と「広さ」のジレンマである。

　この東方拡大問題に対して取られた方法がコンディショナリティーである。EU加盟に当たって加盟を申請する政府が満たすべき条件をあらかじめ提起し，申請を受理した後にその申請がどこまで加盟条件を満たしているかを審議する。このコンディショナリティーの内容についてはさまざまな議論があり，スロヴァキアのメチアル首相のようにEU加盟に背を向けてナショナリズムによる国民統合を図る指導者も生まれた。だが，そのメチアル首相が選挙に敗れて失墜したように，やはり中東欧諸国の加盟への意志は強く，むしろコンディショナリティーの付加が各国の民主化と市場開放を推進する一助となった。2004年5月1日にはポーランド，ハンガリー，チェコ，スロヴァキア，スロヴェニア，エストニア，ラトヴィア，リトアニア，キプロス，マルタの10か国が，また2007年1月1日にはブルガリアとルーマニアが加盟し，加盟国は総計27か国に達した。まだ旧ユーゴスラヴィアのセルビア，あるいは従来から加盟を求めてきたトルコの加盟問題などが残されているが，こと東方拡大に関する限り，基本的な決着はついたと見るべきだろう。

　その機能も加盟国の数も拡大したとはいえ，現在のEUに残された課題はなお数多い。ユーゴスラビア紛争においてEUが実効的な対処に失敗したことは，外交・安全保障においてEUがどこまで意味を持つ存在となるのか，暗い影を今なお投げかけている。東方拡大がほぼ実現した現在も，経済生活の水準と人口規模において西欧諸国に劣る中東欧諸国と他の加盟国との格差にどう取り組むのかという課題が残されている。また，民主主義の赤字，つまり各国国内における民主制の拡大とは対照的に，EUの組織においては欧州委員会と閣僚理事会の力が強く，欧州議会の権限がごく限られているという，EU組織の正統性の限界も批判を受けてきた。

　それでも，ドルに匹敵し，凌駕するほどの信用を獲得した共通通貨ユーロの

もとで，4億5千万人を超える人々を擁する広域経済圏を確立した欧州統合の成果は，やはり目ざましいといわなければならない。むしろ問題は，このヨーロッパ統合がヨーロッパ以外の地域に波及するのか，という点にある。EUのような国家主権への制約を伴う地域統合がヨーロッパの外部には見られないという判断は，広く共有されているといってよい。地域機構はあっても地域統合はない，統合はヨーロッパに限られた現象だという状況認識である。

　だが，東南アジアにおけるASEAN，ラテンアメリカにおけるメルコスール，あるいは南部アフリカにおけるSADCのような地域機構の発展について，EUを尺度としてその統合の度合いや成果を測定することが適切といえるのか。むしろ，その地域における国際関係が機構の設立によってどれほど変化したのかという地域内在的な観点から考えるべきではないか。さらに，ヨーロッパの外部の地域においても，グローバリゼーションを前にした政策的な対応として，地域機構の設立と強化が進んでいることも無視できない。これらの地域機構は，EUのような超国家性は乏しいものの，それまでの政府間交渉とは異なる政策形成の場をつくり出している。そして，従来は政府間の交渉にさえなかなか応じようとしなかった発展途上国の政府が地域機構の設立と強化に転じてゆく引き金となったのが，グローバル化の進展だったのである。ヨーロッパにとどまらない各地の地域機構を理解するためには，地域統合という視点だけではなく，次章に述べるように，グローバリゼーションと国際政治全般における制度形成という観点から考える必要があるだろう。

第15章 国際政治の制度化

　国際関係において，制度，体制，秩序，組織などといったものは，およそあり得ないのだろうか。国際関係において，秩序が形成される条件とは何か。予算を見ても，人員を見ても，国際連合（以下，国連と略称）は世界政府と呼べるようなものではない。だが，国連のような公式の組織ばかりでなく，非公式の協議や機構を見れば，国際関係における制度形成はやはり進んできた。そのような制度化はなぜ生まれ，どこまで進むのか，また各国の政策選択にどのような影響を与えるのか，制度形成の条件を探ってみよう。

(1) 国際機構とその時代

　第二次世界大戦後の国際関係において，何らかの制度と呼べるものを広く見渡したとき，そこには三つの種類を認めることができる。第一が，国連を中心とする公式の国際機構，第二がアメリカの対外的な影響力を基礎としてつくられた国際体制，第三が世界全体ではなく，地域レベルで構成された地域機構である。まず，戦後世界における国際機構の展開を，ここでおおまかにまとめてみよう。

　第二次大戦後に設立された組織のなかで，その中心となる役割を期待されたのは国連とその関連組織であった。ところが，このような「国連ファミリー」は，第二次大戦中における連合国の結束を基礎として，大国相互に協調関係が存在することを前提としてつくられていた。ことに，国連の中核である安全保障理事会（以下，国連安保理と略称）は全会一致を原則としないものの，常任理事国に拒否権を認めており，そのために常任理事国の間に対立が生まれたならば安保理の機能不全を招いてしまうという限界を抱えていた。冷戦が始まって米ソ両国の対立が激化すると，安保理ではソ連による拒否権の行使が繰り返

され，安保理の役割は大きく後退する。この状況を反映して，国際機構に関する議論は国際政治の専門家の間でも衰えてしまい，国際関係は制度や法ではなく国家と力の支配する権力闘争の世界であるという，古典的なリアリズムが広く受け入れられる素地ができる。

　だが，1970年代の末期から，研究の流れに変化が生まれる。アメリカ経済の競争力が衰え，ブレトンウッズ体制が解体し，製造業と通貨信用における優位が揺らいだこの時代，それまでの国際貿易や国際通貨の体制は実は安定していたのではないか，そしてアメリカの経済的後退が国際経済体制の動揺を招いているのではないか，という議論が生まれた。アメリカの影響力が大きかったからこそ国際通貨や貿易の体制が支えられてきたのではないかという疑いは，国際体制は覇権によって維持されるものではないのかという着想につながってゆく。覇権安定論（Theory of hegemonic stability）の始まりである。

　覇権安定論が注目するのは，国連を中心とする公式の国際機構ではなく，通貨・貿易などの領域における政府間の非公式の合意を含む，いわば事実上の国際制度である。国際通貨や貿易においては，国際通貨基金や関税と貿易に関する一般協定（GATT）を典型として，各国政府による裁量の幅をかなり広く取った制度がつくられ，条約上の責務が明確な他の国際機構とは対照的であった。それまでは，このような機構は公式の国際機構としてはやや未成熟であるかのように見なされることもあったが，各国の政府は拘束力が弱い場合であってもその制度の枠のなかで行動を取ることが多い。このような公式・非公式の合意によって支えられた制度にまで視野を広げて考えるなら，国際関係は思いのほか制度形成が進んでいるのではないか。そのような関心から，公式の国際機構と区別する意味で，このようなややソフトな制度のことを国際体制（international regime）と呼ぶようになった。

　本来の国際体制論は，アメリカの覇権が失われることによって国際体制が不安定になるという議論であり，国際関係の制度化よりはむしろ制度化の後退を予想していた。だが，アメリカの経済的影響力が後退した後でも，世界貿易体制あるいは通貨体制が混乱状態を続けたわけではない。ブレトンウッズ体制が崩壊した後で，主要7か国の蔵相・中央銀行総裁の協議によって通貨信用の安定が急がれた。貿易不均衡が拡大した後も，アメリカは自由貿易という原則を

放棄することはなく，また各国も貿易自由化に結果としては応じてきた。蔵相・中央銀行総裁の協議はＧ７として定例化され，ウルグアイ・ラウンドの妥結によってGATTを世界貿易機構（WTO）に組み替えることが決まったことからもわかるように，1980年代の後半を迎えると，むしろ貿易と通貨における制度化が進み，それまでは緩やかな拘束しか持たなかった国際体制は，次第に明確なルールによって運用される方向に転換したのである。この状況を前にして，学説でも，覇権が弱まった状況のもとでも国際体制は安定することが可能であるという考え方が受け入れられるようになり，国際関係の制度化に対して新たな展望が開かれた。

　1980年代後半から90年代初めにかけての時期は，また地域統合の加速した時代でもあった。第14章で触れたように，ヨーロッパではドロール委員会のもとで通貨ユーロの導入など一連の経済統合が進められた。それまでは地域各国の間で経済協力や地域機構が成長することの乏しかったラテンアメリカ地域では，ブラジル，アルゼンチン，ウルグアイ，パラグアイの四国が南米共同市場（メルコスール）を創設し，順調に加盟国と準加盟国を拡大して，今では南米10か国を網羅する自由貿易圏を構成している。アジアでも，東南アジアのASEAN諸国が構成する東南アジア自由貿易連合（AFTA），さらに中国・アメリカを含むアジア太平洋圏を網羅したAPECなど，これまでになく積極的に地域機構の構築が急がれた。先進工業国ばかりでなく，国家主権に最も固執してきた発展途上国の間でも制度形成が進んだのである。ヨーロッパの外でこれほど数多くの地域機構が生まれた時代はかつてない。

　さらに，この1980年代後半から90年代初めという時代は，米ソ冷戦が終結した時期とも重なっている。それまで国連を中心とする公式の国際機構の機能を阻んできたのは米ソ対立であっただけに，冷戦が終わり，常任理事国が協力することによって国連機構が実効性を取り戻すのではないか，そんな期待も広がった。イラクによるクェート侵略の直後，アメリカのベーカー国務長官とソ連のシュワルナゼ外相が緊密な連絡と協力関係を保ち，国連安保理が678号決議を行ってイラクへの制裁に承認を与えたのは，この新時代を象徴する出来事だった。イラクへの攻撃は多国籍軍によって行われ，国連が直接関与することはなかったが，カンボジア暫定統治機構（UNTAC）のように，国連を主体と

したこれまでの平和維持では考えられない規模の活動も始まった。

1990年代は，経済活動における国際体制，世界各地の地域機構，さらに国連を中心とする諸機関さえも活動の領域を広げていったために，国際機構への期待が高まる時代であった。国際機構の研究も一気に加速する。そこでは単なる国家間の協力という枠を超え，民主主義の実現，人権の保障など共通の理念を共有する各国が協力することによって，国際関係の法的制度化が進むのではないかという展望が論じられた。冷戦の激しい時代に広く見られた国際機構に対する疑いとは打って変わって，国際関係における法の支配という，リアリズムとは対極に立つ秩序が現実の可能性として議論されたのである。

冷戦終結から15年以上を経た現在，このような国際関係の制度化への期待は，やや後退したように見える。貿易体制でいえば，WTOがつくられた後も，各国政府の裁量はまだ大きい。数多くの地域機構がつくられながら，ここでも各国政府の権限を制約するような機構はごく少なく，その例外ともいうべきヨーロッパでも，憲法条約の採択に見られるような各国による判断の違いが露呈している。国連でいえば，有志連合によるイラク介入問題は国連安保理の分裂を招き，米ソ対立が終わった今もロシア・中国とアメリカとの距離は大きく開いている。冷戦時代のように国際機構の役割を軽視することはもはやできないが，国際関係の制度化が着実に進んでいると判断することもできない。

(2) 空間としての国際機構

伝統的な国際機構論では，国家主権を大規模に制約するような国際機構が実現し，世界各国は，仮にその機構による決定が自国に不利益を与える場合であってもそれに従うという状態を理想として掲げ，その理想を尺度にとって，現実がどこまで発展しているのかを考えてきたといってよい。超国家機構が国際機構の理想だ，という考え方である。そして，そのような超国家機構が現在の世界にはほとんど見られず，欧州連合（EU）は原則というよりは例外に過ぎないことも明らかだろう。これだけを見れば，国際政治の制度化は絵に描いた餅だ，ということになる。

だが，国際政治の制度化は，決して超国家機構と同義ではない。ここでは，二つの前提を立てて議論を進めることにしたい。第一に，世界各国の国家主権

を大規模に制約するような国際機構は存在しない。第二に，各国政府は，それが自国に有利に働くという保証のない限り，国家主権を制約するような国際機構への参加は拒み，また自国に明確に不利な決定は，それが国際機関による決定であっても従うことはない。この二つの前提が満たされるなら，各国政府は国際機構に従うよりは単独行動を選び，超国家機構は成立しない。だがここで重要なのは，一見すると国際関係の制度化の可能性を否定するようなこの二つの前提が満たされた場合でも，なお制度化の可能性が残されることである。

そもそも国際機構を主体として捉えることが適切なのだろうか。国際機構を主体として考える見方は，結局のところ，国家を主体とする国際政治から国際機構が主体となった国際政治への変化という，いわば世界連邦的な変動を想定した議論に立脚している。しかし，仮に国際機構が国家に代わる主体としての力を持っていない場合であっても，その国際機構という空間において，さまざまな各国の合意がつくられる可能性は残る。主体としての国際機構ではなく，空間としての国際機構に注目することによって，それまでとは異なるような国際機構に対する新たな意味づけを行うことができるのである。

警察，検察，裁判所と，国内社会では法を執行する主体は明確であるが，国際関係ではそうではない。国際機関において各国が合意し，決定が行われた後も，その決定が実施されるときに期待されるのは各国政府の自発的協力であり，協力しない政府に対して制裁を加える力は常に限られている。国内法の持つような強制力，いわば牙を，国際機関の決定は備えていないのである。

そして，法を執行する仕組みが弱いために，法を制定する権力の性格も変わってしまう。国内政治における議会が立法の場であるとすれば，国連総会や国連安保理をはじめとする国際機関は交渉の場である。そこで決まるのは各国の間の，いわば紳士協定のような合意であって，その拘束力が限られている以上，合意があるからといって現実にそれが法として執行されることは期待できない。国内政治における政府の役割を国際機関に求めることはできないのであり，その限りでは国際関係における無政府状態に変化はないとするリアリズムの立場が妥当する。

しかし，国際機関の決定に牙が伴っていない場合であっても，その空間において交渉が行われ，合意が形成されること自体の意義は残される。無政府状態

が日常であり，法治が原則というよりは例外に近い国際関係であるからこそ，それが無制限の権力闘争に陥ることを防ぐためには交渉と合意が不可欠である。そして，各国の間で合意形成を図るとき，仮に国際制度のもとで行われる交渉が，各国それぞれの二国間での交渉に比べて，より有効に働くと考えることができるのならば，国際機構が超国家機構ではなく，実効的制裁を加える力を備えていなくても，なお国家間における交渉と合意を育む空間としての役割は果たすことになる。主体としてではなく，空間として国際機構の持つ役割に目を向けるのである。

　ここで二つの点が議論になるだろう。まず，自国に不利な決定が行われるなら直ちに各国が国際機構を離脱するという仮定が成り立つとき，つまりイヤなら出て行く自由が保障されているとき，国際機構において合意がつくられたとしてもその意味はないのではないか。確かに，常にどの問題についても各国の選択が一つに絞られ，しかもその問題について各国の利益が相反関係に立つという状態，ゲームの理論でいえばパレート効率性（いわゆるパレート最適）を満たす均衡が存在しないとき，各国の協力を期待することはできない。だが，現実の国際関係においては，「出て行く」かどうかだけが問題になるわけではなく，しかも相手の行動を知ることのできない状態で決定を強いられないとも限らない。協力（collaboration）するかしないかという選択に迫られるのではなく，調整（coordination）によって自国と他国の利得が変化する場合，複数の解のなかからどれを自国が選び，どれを他国に選ばせるかが争点となり，それだけ国際交渉と合意形成の重要性が増すことになる。イヤだから出て行くという行動だけに注目する議論は，実は国際関係の実態のうち，ごく限られた現象しか見てはいないのである。

　次に，国際機構の有無は，各国の決定とは関わりがないのではないか，という議論があるだろう。何が自国にとって有利であり，何が不利なのかをはっきり認識している政府は，二国間の交渉を行う場合でも，国際機構を舞台として国際交渉を行う場合でも，その行動に違いはないのではないか。もしこの想定が妥当するとすれば，国際機構があってもなくても結果に違いはないことになるから，合意形成の空間として国際機構を捉えることに意味はない。だが，この想定が成り立つとは限らない。国際機構のなかで各国が行動するとき，そこ

で合意されたルールに他国が左右されると考えられる限度では，相手の行動に対する予想は国際機構が存在しない場合とは異なるものになるだろう。相手がルールに従う可能性があり，しかも自国もルールに従っても重大な不利益を受けないとすれば，仮にそのルールの持つ拘束力がごく弱い場合であっても，国際機構の存在が各国の政策選択に影響を及ぼすことになる。そして，各国の政策選択に影響を及ぼすことによって，国際機構は各国が自国の利益だけを求めるために結果として共倒れになる危険を緩和する役割を果たすことになる。

以上の入り組んだ議論をまとめれば，国際機構は各国よりも上位の超国家的な主体ではなく，各国の利害調整の場として，その機能を期待することができる。主体から空間へという国際機構に対する視点の転換は，次に述べるような覇権安定論の展開のなかでも見ることができるだろう。

(3) 覇権と国際体制

先に述べたように，非公式的ルールの遵守も含めて広く捉えた国際的制度を国際体制と呼ぶ。厳密に定義すれば，国際体制とは，あるグループの諸国が受け入れた，特定の争点における相互の期待，規則，規制，計画，そして組織と財政の規約である。この，いかにも込み入った定義は，狭い意味の国際機構よりも広い国際制度を概念として捉えるためにつくられているといってよい。この国際体制について当初指摘されたのが，覇権があるからこそ国際体制が安定するという覇権安定論であったが，その枠組みは，それを提案したロバート・コヘイン本人によって修正されることになる。覇権と国際体制の関係についてまとめておこう。

覇権安定論とは，一口にいえば，覇権国家（hegemon）が公共財（public goods）を提供することによって国際体制は安定する，という議論である。ここでいう覇権とは，すべての領域における世界大国という意味ではなく，国際関係のなかの特定の領域（争点領域）について圧倒的な権力を擁する状況を指している。たとえば戦後のアメリカは，ソ連という強力な対抗者がいた以上は軍事的には覇権を独占できなかったが，国際貿易や国際通貨についていえば，少なくとも第二次世界大戦直後からしばらくの間は覇権を保持していた。

また，公共財とは，すべての利用者に利用する機会が開かれ，利用者が増え

ても追加費用の発生しない財を指す経済学の用語である。少しわかりにくいが，誰もが無料で利用することのできる大きな橋が川にかかっている状態を考えればよいだろう。橋の利用者が増えれば混雑するように，純粋な公共財は現実の生活では稀であるが，その限界のなかでも橋や道路のような準公共財がなければ経済生活は成り立たない。ここで重要なのは，高速道路の建設や港湾施設の整備を考えればわかるように，市場経済に委ねているだけでは公共財の十分な供給を期待することができないことである。

　国際関係においても公共財は存在する。たとえば，貿易の決済に用いる通貨は，十分に信用がなければその役には立たないため，ただ各国通貨に頼るだけでは意味がない。しかし，その基軸通貨は，それを発行する国の国内ばかりでなく，国外でも十分に流通していなければ貿易取引の決済に用いることはできないだろう。ところが，国際関係には国家を超える上位の権力が存在しないか，あるいはその権力がきわめて限られているために，たとえば国連のような超国家機関による基軸通貨の発行を期待することは難しい。国内社会において政府の役割を果たすものが存在しない以上，国際関係においては大国がその役割を代行するほかはない，と考えることもできる。ここに，覇権国家が公共財を供給するという議論の根拠がある。

　公共財を供給する覇権国家と，公共財を利用する他の国家との間には，負担の不均衡を避けることができない。公共財による便益を享受しながらその対価を負担しない主体のことをフリーライダー (free rider) と呼ぶが，公共財を供給する覇権国家は，フリーライダーの増加とともに覇権を保持することが難しくなってしまう。そして，覇権が後退すれば公共財の供給も低下し，国際体制全体が不安定を招くことになるだろう。これが覇権安定論の骨子であり，1970年代以後のアメリカ経済の後退と国際通貨・貿易体制の混乱を結びつける議論として大きな注目を集めたのである。

　だが，結果としていえば，アメリカの経済的覇権が後退した後も，国際体制は崩壊しなかった。それどころか，まさにアメリカの覇権が衰えていった後に，各国間の政策協力がさらに進み，国際貿易体制や国際通貨体制の強化が実現したのである。アメリカの覇権が圧倒的だった時代に存在したのは安定したマーケットであり，各国間の政策調整や合意形成は限られたものに過ぎなかっ

た。覇権が緩やかに凋落した後に，政府間の政策調整は拡大したのである。この現実を前にして，覇権安定論を唱えたコヘインは議論を一転し，その著作『覇権後の国際政治経済学』（After Hegemony, 1998年）において，覇権衰退後における国際体制維持の条件について論じることになった。

　それはなぜか。ごく簡単にまとめていえば，通貨や貿易などについて安定した国際体制が存在することに対して，多くの政府が利益を見いだしていたからである。各国政府が，制度を保持する費用を単独で負担する意志はなく，また自国政府による裁量の幅を最大限に保とうとすると仮定しても，貿易取引や通貨市場が不安定になることによって大きな不利益を受けることが確実である限り，国際体制を保持するためのコストを負担することを選ぶだろう。そして，各国がその裁量を保とうとするために緩やかな合意にとどめられてきた国際体制のもとでも，その国際体制が崩壊しないように，その緩やかな合意の自発的な遵守が続く可能性は残るだろう。つまり，国際体制の保持が自国の利益となる限りにおいて，覇権を保持しない諸国の政府も国際体制の枠のなかで行動を続けるのである。また，他国が費用の分担に応じる限り，覇権国家も国際体制からは離脱しない。こうして，覇権が後退した後も国際体制が維持される条件が見いだされることになる。

　それでは，国際体制がもたらす利益とは何だろうか。第一に，予測可能性の増大を挙げることができる。その場その場で各国が合意を行うのではなく，多国間で長期的に保持すべき合意が形成されたなら，将来に対する不安を大幅に減らすことができる。それはまた，経済取引の安定を実現するとともに，将来の不安定を見越した投機的な行動を抑制する効果も期待できるだろう。

　第二に，情報入手コストの削減がある。国際交渉は，相手国政府の行動を予測できないために，国内での取引よりも常に情報の入手が難しい。ここで，慣習や非公式の合意のような形であっても，ある制度が保持されていれば，同様の取引を続ける限り，新たに情報を獲得する必要はなくなることになる。

　第三に，交渉コストの削減がある。国際交渉では，本来は二国間で交渉を行ったほうが自国に有利な決着を得やすい。だが，貿易や通貨のように多国間を網羅する領域については，二国間交渉に頼ることで交渉の数は増え，しかも相互の交渉の結果が違えばそれが他の交渉に影響を与えることで，交渉の数を

さらに増えてしまい，制度は著しく脆弱になってしまう。多国間交渉が交渉コストの削減に有効なのは当然だろう。

国際体制とは，このような予測可能性の拡大，情報入手コストの削減，さらに国際交渉のコストの削減という具体的な利益を各国政府にもたらすことができる。そのため，各国が自分の国の利益を第一に考え，その利益を大きくすることだけを考えたとしても，国際体制を保持し，そのなかで政策調整を行うことが十分に可能となる。

この結論は重要である。結局のところ，覇権安定論とは，世界連邦のような上位の権力が存在しない国際関係においては大国がその世界連邦の役割を代行するという議論であって，上位の権力が存在しない限り各国は狭義の国益を越えた行動を取るはずはないという前提についてはリアリズムを継受していたといってよい。だが，各国政府が自己利益を追求するという前提を置いても，国際機構の役割は失われない。国際体制の継続は，世界連邦もなく，また覇権が後退した時代にあっても，各国の合意によって国際機構という空間が保持される可能性を示していると考えることができる。このような枠組みをもとにして，国際体制の具体的な動向を，貿易と通貨について検討してみよう。

(4) **国際貿易体制**

国際貿易に関する主要な課題は，保護貿易か自由貿易かという選択である。経済学者の目から見れば，多国間の自由貿易こそが経済成長を支える最も有利な仕組みであり，少なくとも20世紀に入ってからは，自由貿易の優位という考えに反対する議論はごく少なくなっていた。しかし自由貿易には勝者の論理という性格がつきまとう。競争で優位に立つことができない側から見れば，自由貿易とは常に自国の経済に対して大きな代償を要求する制度と受け取られる可能性が残るのである。結果から見れば，貿易体制は自由化と保護の組み合わせとして進展してきたといってよい。

現在の貿易体制の原型をつくることになったのが，大恐慌期のアメリカである。ルーズヴェルト大統領は，スムート・ホーリー法の高関税政策を転換し，工業製品について大胆な関税引き下げを実行し，伝統的な高関税政策を転換する一方，農業部門に関してはむしろ，政府から補助金を支給し，関税によって

国内市場を守るなど，保護主義に傾いていった。第二次世界大戦後の貿易体制はこの流れを継受して，基本的に工業製品における自由化と農業製品における保護の二つを組み合わせたものとなった。GATTは何よりも工業製品における先進国の自由貿易を拡大するための機構として生まれたのであり，少なくともその発足時においては，農業部門が管轄から外されていたのである。そして，発展途上国の多くは，農産物や農業製品については競争力は持つが工業製品については競争力を持たないため，初期の戦後貿易体制については，その枠の外に置かれることになった。

　各国が貿易政策について持つ裁量を常に保つように制度の運用が行われてきたことも否定できない。第二次大戦後の自由貿易体制は，各国の抵抗を予想して周到につくられ，少なくともITO（国際貿易機構）構想が挫折した後は，各国協議によってのみ貿易自由化を図るという原則が確立した。各国政府からすれば，自由貿易という原則を直接に適応されたなら国内の貿易政策における自由な選択を行うことができなくなるために，政府の判断する余地は残さなければならない。そこで，自由主義という原則を前提としたうえで，各国の貿易政策に関する裁量を保つという，「埋め込まれた自由主義（embedded liberalism）」に基づく国際貿易体制が生まれる。貿易体制が他の国際機関に比べて，緩やかな合意に支えられる性格を持つことになったのは，このような自由貿易原則と政策裁量の保持の妥協として説明することができる。

　その後のGATTは，ケネディ・ラウンド（1963-1967），東京ラウンド（1973-1979），ウルグアイ・ラウンド（1986-1994）を通して緩やかに工業製品の自由化を進め，ウルグアイ・ラウンドでは農業製品の自由化にも一応の合意を得たうえで世界貿易機構（WTO）に改組された。WTOとGATTは組織の目的は共有しているが，各国の通商政策への制裁手段において違いがある。各国の自発的協力に基本的に依存するGATTと異なり，WTOは，自由貿易に違反した行為を取る国に対して，パネルを通した裁定によって制裁を与えることができるからである。この点でWTOは，その外形に関する限り，GATTよりも公式の国際機構に近いということができる。

　だが，現実にWTOによって自由貿易が規律されているとは，まだいうことはできない。各国は，自分たちに有利な部分だけ国際貿易体制を利用（フリー

ライド）し，できるだけ自分たちへの制限を避けようとして，拘束力の強いWTOの裁定を回避する行動を取っているからである。

　アジア太平洋経済協力会議（APEC）の設立はその一例である。80年代後半の東アジア諸国は，日本を先頭に，韓国，台湾，シンガポール，香港，その後にASEAN諸国が続く，雁行型発展などと呼ばれるような世界的輸出工場地域を構成していた。これらの諸国は自由貿易体制の果実を享受してきたが，各国国内には競争力のない経済部門も抱え，それらの部門に対しては保護主義が残されていた。そして，アメリカ市場への依存度が高いために，アメリカとの貿易紛争を抱えるわけにはいかない。貿易の自由化を進めなければアメリカとの紛争が起こってしまうが，外から自由化を押し切られたくもない。このジレンマのなかで，日本とオーストラリアの提案によって生まれたAPECは，アメリカを加盟国に含むことによって対米関係を保ちながら，各国への拘束力の弱いガイドラインを通じた経済自由化を進め，それによって強いられた自由化を回避する試みであった。

　APECばかりではない。EU，メルコスール，AFTAなどの地域機構における貿易自由化は，WTOによって強制される前に，その地域の諸国にとって有利な条件のもとで自由化を進めるという意味を持っていた。貿易自由化は避けることができないが，全面的な自由化を進めたら，各国の経済は大きな犠牲を払うことになる。そこで，自分の望むところから，地域各国のレベルで，自発的に自由化を進めていこうという仕掛けが生まれたのである。国際貿易の領域では，GATT以来国際体制の制度化は進んでいるが，各国政府の裁量はなおかなり保たれているというべきだろう。

　ここで二点の補足をしておきたい。まず，いつ国際貿易体制ができたのか。戦後経済が自由貿易を原則にしたとはいえ，各国の間で貿易政策の調整が進み，国際貿易体制の制度化が進行したのは，アメリカが経済的に圧倒的な力を持っていた石油危機前ではなく，むしろその後の覇権が相対的に衰えた後だったのである。これをコストの観点から見ると，アメリカの覇権が後退した時期のほうが体制維持コストが上がっており，それでもなお国際貿易体制の制度化が進んだのは，経済危機に直面した各国が，国際協調によって自由貿易体制を維持しなければならなくなったからである。アメリカの覇権が強い時代こそ国

際体制が安定的に形成されるという覇権安定論の見方が妥当しないことはここからも明らかだろう。

　また，自由貿易体制と実際の貿易量の拡大にはどこまで関係があるのかも問わなければならない。一般論としては，戦後世界では自由貿易体制が国際的に承認され，そのもとで貿易量が拡大したといわれるが，実際にそのような因果関係があったかどうかは疑わしい。貿易の量的な拡大は，各国の政策と国際市場の規模によって左右される面が強く，貿易体制の変化が貿易量の拡大を直ちに招くことは期待できないからである。また，貿易紛争においてある国に有利な決定が生まれたとしても，それが市場の変化につながるとは限らない。たとえば，日米半導体紛争では世界シェアの70％を占めていた日本の半導体産業に対して，アメリカが数値目標を含む厳しい要求を行い，日本企業に相対的に不利な合意が成立した。実際に，日本の半導体産業はその決着の後は凋落を続けるが，日本に代わって優位となったのは韓国企業であってアメリカの企業ではない。制度の変化と市場の動向を直接に結びつければ政策効果を過大視する危険があることに注意する必要があるだろう。

　WTOに移行することで制裁力を強めたとはいえ，国際貿易体制においては，その制度を自己の利益のために利用しつつ，不利となる場面ではルールに従わないようなフリーライダーの出現を阻止することはできない。また，各国それぞれが，自由化の犠牲者となるような競争力のない産業部門を抱えている以上，ルールの拘束から逃れようとする国家も必ず現れることになる。さらに，工業部門の競争力の弱い発展途上国が残る限り，自由貿易体制の主体が先進工業国を中心とするという限界も残るだろう。だが，ここまで留保を加えたうえでも，なお，国際貿易体制が維持され，自由化が緩やかに拡大してきたことの意義は大きい。各国がその裁量を手放そうとしない領域においても制度形成が進んだからである。

(5) 国際通貨体制

　国際貿易の展開には，流通量が十分にあり，信用が高く，安定した貿易決済通貨が必要となるため，基軸通貨とその信頼を支える国際通貨体制は，自由貿易体制と表裏の関係に立つものであった。だが，通貨政策は各国の経済政策の

まさに中核であり、国際協調には最もなじみにくい領域でもある。国際通貨体制は公式の国際機構ではなく、各国政府の裁量を保ちながら政策調整を行う国際体制としてしか生まれようはなかった。

いうまでもなく、戦後通貨体制の出発点は固定相場と金本位制である。これは、金によってドルの対外的価値が保証されるという前提のもとで、加盟国はドル平価を保つ責任を負うとともに、加盟国の出資によって国際通貨基金（IMF）を創設し、加盟国の国際収支が危機に陥った場合にはIMFが貸付を行う、という制度である。ドル以外の通貨が信用を失い、ヨーロッパにおけるドル不足が憂慮されるという、第二次世界大戦直後の状況をそのまま反映する制度であった。

だが、大戦直後におけるドルの優位は次第に失われる。ヨーロッパ諸国の通貨が交換性を回復する一方で、アメリカの国際収支が赤字を続け、ドルの信用は下落した。ことに1960年代のアメリカではベトナム戦争による軍事支出の拡大と、偉大な社会とも呼ばれた国内における福祉拡充の結果として膨大な財政赤字を抱えてしまい、最終的に金とドルの交換を支えることができなくなり、変動相場制へ移行する（ニクソン・ショック、1971年）。戦後国際通貨体制、いわゆるブレトンウッズ体制は、ここに崩れてしまった。

これだけを見れば、アメリカの覇権が凋落するとともに国際体制が不安定化したのだから、まさに覇権安定論の通り、ということになるだろう。だが注意しなければならないのは、大戦後から60年代までの国際通貨体制は、決して各国政府の間の緊密な連絡などに支えられてはいなかった、ということである。この時期の国際通貨体制を支えたのは、要するにドルの信用であって、IMFではなかった。そして、ドル危機の顕在化した1970年、IMFは特別引出権（SDR）を創設したが、固定相場制の崩壊を食い止めることはできず、各国が変動相場制に移行してしまう。国際機構として通貨体制の保持に成功したとはとてもいえない。

変動相場制に移行した後も、IMFの役割は拡大せず、どのような場合に通貨市場に介入するか、その通貨政策の担い手は、IMFから各国政府の手に復帰していった。先進工業国では、プラザ合意（1985年）やルーブル合意（1987年）など、先進国蔵相・中央銀行総裁会議（G5、後にG7）などにおいて為

替レートを維持するための協調介入を行う方向に動き，それだけ先進国の通貨政策にIMFの及ぼす機能は後退している。むしろ，もともと各国政府が裁量を保とうとする領域だけに，IMFの指導よりも主要国の政策調整のほうが各国政府には受け入れやすい体制だったということができる。

　IMFの役割は，主要通貨ではなく，発展途上国の通貨の信用保持に向かっていった。そのきっかけとなった累積債務危機（1982-83年）では，メキシコに端を発した経済危機が，ラテンアメリカから東南アジア諸国を席巻する，発展途上国政府への資金貸付全体の危機に広がった。このとき，IMFは，その各国政府に対する緊急融資を媒介として，発展途上国への資金の流れを左右する，資金のゲートキーパーとしての新たな役割を獲得する。IMFの貸付だけではとても十分とはいえないが，IMFが融資した後でなければ民間銀行が貸付を行わなくなったため，実際の融資総額を上回る影響力を獲得したのである。そして，この緊急融資に当たってIMFが各国に要求する資金供給の条件（コンディショナリティー）が，結果としては発展途上国の経済政策を大きく左右する力を持つことになった。その後，ソ連・東欧圏の崩壊による移行経済支援，またアジア通貨危機（1997年）における緊急融資などで，発展途上経済への資金を左右する主体としてのIMFの役割はさらに増大していった。

　これまでは貿易体制の変化と通貨体制の変化を，いわば横並べにして議論してきた。確かに，両者とも，各国政府の裁量を残しながら政策協調の制度が組み立てられた点を見る限り，かなりの類似性がある。国際貿易体制と同様，あるいはそれ以上に，国際通貨体制がよりハードな国際機構に発展するとは考えにくい。いつ，どのように通貨介入するかなど，各国の事情に合わせて判断する余地を各国の通貨当局は手放しそうにないからである。そして，裁量は残しても協力は拡大した。政策の調整について見れば，各国政府の合意形成は非公式とはいえ貿易以上に制度化が進み，アメリカの連邦準備銀行を中心とした中央銀行のネットワークによって通貨市場が維持されているといってもいい過ぎではない。ここでも，国家主権への制約が弱く，各国が独自行動を取ることができるのに，なお協調行動が保たれているのである。

　だが，貿易自由化と通貨・金融の自由化とでは重要な違いもある。何よりも，一世紀近くの間，緩やかに進められてきた貿易の自由化と異なり，金融自

由化はごく近年に始まった現象にすぎず，それを管理する協調介入体制も発足してまだ間もない。しかもその内実は，米国のドル防衛と，それ以後の管理通貨制度への移行，石油危機以後ヨーロッパ市場に滞留したユーロダラーの還流，82年の累積債務危機への対応，旧ソ連東欧諸国の世界市場への再統合，そして97年アジア通貨危機への対応など，各国協議によって着実に制度を設計するというよりは，突発的事件に対応を迫られた危機管理の連鎖であった。貿易体制に比べれば，国際金融における協議の定例化は立ち遅れ，通貨当局を直接網羅する規範も乏しい。

　一つの危機への対応が，次の危機を深める因果関係さえ見ることができる。ユーロダラーの還流は，ラテンアメリカ諸国への政府貸付を生み，この政府貸付が累積債務危機の引き金となった。旧ソ連・東欧に課せられた厳しいコンディショナリティーは，通貨危機のもとの東南アジア諸国に対するコンディショナリティーの原型となり，その苛酷な条件が短期資金引き揚げをさらに加速した。国際経済の制度化とは，それをつくることで予見可能性を高め，取引の安定を実現することが目的のはずであるが，そのような役割を担う国際金融制度は，残念ながら実現していない。

　なぜだろうか。それは，通貨取引と金融の自由化が，より大きな経済のグローバル化と結びつき，制度の整備よりも市場のほうが先へ進んでしまっているからである。そこで，国際政治の制度化を考える最後の課題として，グローバリゼーションと国際政治について考えてみよう。

(6) グローバリゼーションと制度形成

　グローバリゼーション（globalization），あるいはグローバル化は，現在広く用いられている言葉だが，その意味は明確ではない。一方には，既存の国境を越えて，モノ，人，カネ，そして情報が加速的に行き来する状況を想定し，国民国家と国民経済を国境で守ってきた伝統的な国際関係のイメージと対照する意味で用いられる「グローバル化」があり，相互依存と基本的に意味が重なっている。他方では，大国の意思に沿ってつくられた覇権秩序，という意味が込められることもあり，この場合の「グローバル化」とは「アメリカ化」，つまりアメリカの政府や企業の利益に合わせて外部から強制された変化という意味

になる。しかし、どちらの意味で使う場合でも、貿易と並び、あるいはそれ以上に強調される変化が金融の自由化であり、金融市場の規制緩和である。そこが、従来の相互依存論との違いであるといってよい。

　もともと貿易の自由化に比べて、金融の自由化については経済学者の間でも合意はなく、それを実現する制度や政策についても共通の了解はなかった。しかし、ブレトンウッズ体制が倒れ、管理通貨制度に移行してから、肥大した通貨市場を統制する国際的制度はなくなった。市場介入は、各国通貨当局のその場での合意に頼り、協調介入が実現した場合でも市場を左右できる保障はなくなった。その通貨金融体制の転換期に、イギリスとアメリカで金融制度の規制緩和が行われ、それに起因する短期資本の膨大な越境移動が始まる。ある国・地域で金融自由化が行われたなら、そこに資本が流出する可能性があるだけに、どの国でも金融自由化を政策課題として追求せざるを得なくなる。つまり、貿易の自由化が各国政府による慎重な協議によって進められたのとは異なって、通貨金融の自由化は、既成事実から出発して、さしたる計画や準備もなしに、いわば将棋倒しのように世界に広がったのである。

　もっと広げていえば、グローバリゼーションとは、先進工業国の間で1980年代から急速に進んだ経済自由化と規制緩和、そしてそれによってもたらされた貿易・金融に跨る世界市場の統合を指している。イギリスのサッチャー政権、アメリカのレーガン政権に始まった新自由主義経済は、ヨーロッパ諸国では伝統的福祉国家政策の転換を、発展途上国では輸入代替工業化の最終的崩壊と輸出指向工業化の拡大をもたらした。旧社会主義諸国における移行経済もこれに含めて考えてよいかもしれない。そして、グローバル化が進み、金融を自由化し、市場の統合を進めた世界が、それではどのようなものになり、どんな問題が生まれるのか、実は研究者も政策決定者も、まだわからないのである。

　グローバル化に伴って国際関係にはどのような変化が生まれるのだろうか。本書の終わりに当たり、この問題について、ここでは主権国家消滅、政策収斂、制度の失敗という、三つの仮説に沿って考えてみよう。

　まず、主権国家の消滅という仮説がある。世界経済が成立すれば、国民経済という観念が意味を失い、その国民経済に根差した国民国家観念も、現実から離れ、陳腐化し、緩やかに消滅に向かう、という議論がある。1960年代に行わ

れた多国籍企業に関する議論では企業の多国籍化に焦点が置かれていたが，今では企業ばかりでなく政府さえも，その管轄や決定が国際機関の決定や国際協議を度外視しては成り立たないことがごく普通となった。ここに，特に世界政府などができなくても，各国政府が単独で決定できる案件はどんどん少なくなり，機能面からいえば主権国家は死滅したような事態を迎える，という議論が生まれる根拠がある。

この議論は，「消滅」という誇張された表現を取り除けば，(1)政府と企業の間で，政府が企業を統制できなくなる，という意味と，(2)政府と国際機構の間で，政府の決定権限が国際機構（あるいは地域機構）に代位されてゆくという意味，さらに(3)国内市場と国際市場の統合の結果，政府と市場の間で，それぞれの政府だけでは市場の変化に介入できなくなるという意味の，三つに分けて考えられる。どれを取っても政府の役割の変化は簡単に指摘できるが，税制と通貨供給を通じて経済活動に関与できる主体が各国政府であり，それに代わるような政治権力は国内にも国外にも存在しないことも間違いがない。役割は変わっても，国家が消滅するというところまではいえそうもない。

次に，政策の収斂という仮説がある。グローバル化した市場という，与えられた国際的条件のもとで各国が国際競争力を拡大しようとすれば，結果的には同じような経済政策の追求を招く。この，各国経済政策の平準化は，さらに各国国内における政治行政制度と団体・結社の関係の平準化を通して，政治経済体制の平準化までも招くだろう。こうして，市場における統合が，国内の経済政策，ひいては政治体制の収斂までも招き，各国の主権という枠を残しながらも，それぞれの国家が似た者同士になる，という立論である。ここでは特に，市場の優位とか覇権的秩序とかいった一般的な前提は立てられていない。ただ，どの国も同じ市場の条件に立ち向かい，同じような選択肢から政策を選ばざるを得なくなれば，結果的には政策の平準化が生まれるのではないか，そう考えられているのである。

だが，結果として各国の政策が似たものになってゆくとしても，同じ時期に同じように変化するとまでいうことはできない。そもそも，市場の変化に対して各国が取り得る政策の選択肢は一つではないし，そのどれが採用されるかを国外の条件だけから判断することは難しい。そして，経済政策のそれぞれが国

内社会の既得権と結びついている以上，政策の変化は国内のさまざまな主体に影響を及ぼすことは避けられないから，できる限り既存の制度の枠を保ちながら変化を進めるほうが政治的には合理的なのである。それまでのやり方が踏襲されるという，この径路依存性（path dependency）がある限り，同じ外圧にさらされたからといって同じように政策が収斂するとまではいえないだろう。

　最後に指摘すべき議論が，制度の失敗，つまり市場の規制緩和と自由化の結果として，各国政府はもちろん，国際的な政策調整を行っても管理することのできない，一種の妖怪が世界市場に生まれた，という議論である。政府による競争制限的規制をなくし，金融市場の境界を壊し，規制緩和を実現したが，そこで生まれた巨大な自由市場はもはや国際管理もできない存在となり，形を変えた無政府状態が出現する。いわば世界規模における市場の失敗であり，その管理不能な状況がグローバル化の最大の問題だ，という状況把握である。これは，1997年7月のタイ為替市場崩壊に起因するアジア通貨危機とともに強く認識されるようになった変化であり，自由化の受益者であったはずのヘッジ・ファンドの運用者，ジョージ・ソロスさえこのような主張を行っている。

　恐らくここに，グローバリゼーションに関わる最大の問題が潜んでいる。アジア通貨危機を典型として，グローバル化に伴って生まれた混乱は，アメリカの覇権のもとで安定を達成した秩序とも，また各国が横並びに類似した経済政策を採用する体制とも，さらに各国政府が政策調整を行うことで制度化を深めてゆく世界とも，かなりの違いがある。そこにあるのは，これまでには予想もされなかった市場の変化に各国政府が追われ，危機があることはわかっていても対処する方法がなく，対処する方法がわかってもそれを実現するリソースがないという，秩序というよりは秩序の欠落にほかならない。経済のグローバル化が進む速度に対し，各国政府が単独でそれに対応することはもとより不可能であり，また国際政治の制度化はとてもそれに追いつかない。

　グローバリゼーションと制度形成との間に開いたギャップが，恐らく現代世界に残された最大の課題である。グローバリゼーションが進むなかで，政策的介入はどこまで有効なのか。そして，グローバリゼーションのなかで取り残される低所得地域が紛争地帯となってしまうことを，どうすれば防ぐことができるのか。その答えはまだ見つかっていない。

研究課題

　国際政治を論じるときには，自分の用いる概念の意味を明らかにしつつ，どのような問いに対してどのような議論を立てているのかを明示しなければならない。さらに，常に具体的な事例と結びつけて論じることで，理論と実証を有機的に結びつける必要がある。また，具体例の選択に当たっては，一つの，しかも自分に都合の良い事例だけを選ぶのでは十分ではない。異なる事例を取り出し，それらを比較することによって，自分の立てている議論がどのような場合にどこまで当てはまるのか，その理論の有効性と限界を明らかにできるからである。

第1章　国際政治のなかから任意の事件（その事件の種類，起こった地域，時代は問わない）を選び，その事件についてどのような解釈が行われてきたのかをまとめなさい。さらに，同じ出来事の解釈がなぜ異なるのかを，国際政治におけるさまざまな問題の捉え方や学説の違いと結びつけて論じなさい。

第2章　政府と直接関わりのない一般の市民が国際関係について自分の主張や利益を述べようとするとき，それを行うためにはどのような機会があり，またそれぞれの方法にはどのような有効性があると考えられるか。自分がその立場に立ったと仮定して，さまざまな角度から論じなさい。

第3章　国際関係において各国の従う行為規範は存在するか。存在する場合，各国はその規範になぜ従うのか。存在しない場合，それはなぜか。具体的な事例を少なくとも三つ以上挙げて論じなさい。

第4章　対外政策において，相対利得の拡大を目的とする行動と絶対利得の拡大を目的とする行動のうち，どのような状況のもとで相対利得の拡大を各国が目指

すと考えるか。二つ以上の争点領域を選び，それぞれの争点領域によって各国の選択がどのように異なるかに留意しつつ，どのような利得の獲得を各国が目指すと考えられるのかについて論じなさい。

第5章　経済制裁はどのような場合に有効か。歴史上の出来事のなかから少なくとも三つの事例を選び，経済制裁が成功した例と失敗した例を対照しながら，経済制裁の成功する条件について論じなさい。

第6章　議院内閣制と大統領制において，外交政策の決定に当って，そのプロセスに重要な違いがあると考えられるか。議院内閣制と大統領制によって情報の流れや決定の主体がどのように異なるのかに注意しつつ，両者における意志決定の手続きの相違について論じなさい。

第7章　バンドワゴンは自国の安全を危機にさらす行動であり，力の均衡に比べて対外政策において採用される可能性が乏しい。この命題の当否について，複数の具体的な事例に則して論じなさい。

第8章　抑止戦略の成功には核兵器の保有が必要であると考えられるのか。歴史上（現代を含む）の事例のなかから，核兵器と関わりのない抑止の事例と，核兵器と関わりのある抑止の事例を取り出し，両者を比較しながら，抑止における核兵器の役割について論じなさい。

第9章　ある独立国の政府に対し，その国以外の政府によって特定の政策を採用させる必要があると仮定する。この場合，自国の求める政策を採用させるためにどのような影響力を行使することができるだろうか。また，どのような政策課題についてその影響力がより実効性を持つと考えられるか。自分がその立場に立たされたと考えて，多様な方策の適否について論じなさい。

第10章　少なくとも三つ以上の事例を取り上げ，戦争の開始において世論が開戦を促したと考えられる事例と，逆に世論が開戦を遅らせた，あるいは開戦を阻止

したと考えられる事例を比較して検討しなさい。そして，世論の参加がなかった場合には結果が違ったと考えられるかどうかについても論じなさい。

第11章　現実の国際関係において，民族自決という原則はどのように適応され，どのように適応されなかったのか。第一次世界大戦後の世界から二つ以上の具体的な事例を取り出し，その時代における民族自決概念の違いに注意しつつ論じなさい。

第12章　冷戦期におけるさまざまな国際危機のなかから，危機が戦争に展開しなかった事例を取り上げ，それがなぜかを論じなさい。

第13章　相互依存の進展が各国の対外政策の決定に対して，具体的にどのような変化を及ぼすと考えられるのか。その対外政策の変化が相互依存以外の要因によって説明できる可能性に十分注意しながら論じなさい。

第14章　地域統合とは，国際関係を地域ごとのブロックに分断し，各地域ごとの保護主義的な性向を高めるものである。この命題について論じなさい。

第15章　貿易自由化と金融自由化との間には，どのような違いがあると考えられるか。自由化を進める主体，それを反対する主体，さらに制度化の過程などに注意して考えなさい。

参考文献

　以下に掲げるのは，このテキストを書くに当たって参照した文献と，さらに発展して各章の内容を掘り下げて理解するために有用な文献の両方を含んでいる。ここには，かなり発行年度の古い書物も数多く含まれている。一般書店での入手が難しいためにとまどうかもしれないが，新刊書だけで国際政治を学ぶことはできないので，ここはぜひ，図書館などを活用して読み進めていただきたい。また，英文の論文も一部含まれている。ここに引いたものは一時代を画したような代表的な論考だけに，ここも苦手意識を振り払って挑戦していただきたい。

第1章
- E. H. カー『危機の二十年』(井上 茂訳) 岩波文庫，1996年
- 高坂正堯『現代の国際政治』講談社学術文庫，1989年
- シルレル『三十年戦史』全二部 (渡辺格司訳) 岩波文庫，1943年
- 進藤榮一『現代国際関係学』有斐閣，2001年
- 田中明彦『世界システム』東京大学出版会，1989年
- 中西 寛『国際政治とは何か』中公新書，2003年
- 山本吉宣・田中明彦『戦争と国際システム』東京大学出版会，1992年
- Kenneth N. Waltz, *Theory of International Politics*. Boston: Addison-Wesley, 1979.
- Waltzer, Michael, *Just and Unjust Wars: A Moral Argument with Historical Illustrations.* New York: Basic, 1977.

第2章
- カント『永遠平和のために／啓蒙とは何か』(中山 元訳) 光文社古典新訳文庫，2006年
- 大沼保昭『戦争と平和の法——フーゴー・グロティウスにおける戦争，平和，正義』

東信堂，1995年
・坂本義和『国際政治と保守思想（坂本義和集第1巻）』岩波書店，2004年
・ヒューム『市民の国について』岩波文庫（小松茂夫訳）1982年
・チャールズ・ベイツ『国際秩序と正義』（進藤榮一訳）岩波書店，1989年
・マキアヴェリ『君主論』（佐々木 毅訳）講談社，2004年
・スピノザ『国家論』岩波文庫（畠中尚志訳）1976年
・フランツ・ファノン『地に呪われたる者』（鈴木道彦他訳）みすず書房，1996年
・ホッブズ『リヴァイアサン（全4巻）』（水田 洋訳）岩波書店，1992年

第3章
・マイケル・スミス『現実主義の国際政治思想』（押村 嵩訳）垣内出版，1997年
・ヘドリー・ブル『国際社会論―アナーキカル・ソサイエティ』（臼杵英一訳）岩波書店，2000年
・Alexander E. Wendt, "The Agent-Structure Problem in International Relations Theory." *International Organization* 41 (1987): pp.335–370.
・Kenneth Waltz, *Man, the State and War*. New York: Columbia University Press, 1959.
・J. David Singer, "The Level-of-Analysis Problem in International Relations." In Klaus Knorr and Sidney Verba, eds., *The International System: Theoretical Essays*. Princeton, N.J. : Princeton University Press, 1961: pp. 77–92.

第4章
・フリードリッヒ・マイネッケ『近代史における国家理性の理念』（菊盛英夫他訳）みすず書房，1976年
・カリエール『外交談判法』（坂野正高訳）岩波文庫，1978年
・ジョージ・ケナン『アメリカ外交50年』（近藤晋一訳）岩波書店，1952年
・ジョセフ・ナイ『ソフト・パワー』（山岡洋一訳）日本経済新聞社，2004年
・ハンス・モーゲンソー『国際政治―権力と平和』（現代平和研究会訳）福村出版，1998年
・David A. Baldwin, "Power Analysis and World Politics: New Trends versus Old

Tendencies," *World Politcs* 31 (1979): pp.471-506.
・Alexander Wendt, "Anarchy is What States Make of It: the Social Construction of Power Politics." *International Organization*, 46 (1992): pp.391-425.

第 5 章
・五百旗頭真編『戦後日本外交史』有斐閣，1999年
・H. キッシンジャー『外交（全 2 巻）』（岡崎久彦監訳）日本経済新聞社，1996年
・坂野正高『現代外交の分析』東京大学出版会，1971年
・H. ニコルソン『外交』（斎藤 眞他訳）東京大学出版会，1965年
・渡辺昭夫編『戦後日本の対外政策』有斐閣，1985年
・Richard Ned Lebow, *Between Peace and War*. Baltimore & London: The Johns Hopkins University Press, 1981.

第 6 章
・G. アリソン『決定の本質』（宮里政玄訳）中央公論社，1977年
・草野 厚『政策過程分析入門』東京大学出版会，1997年
・アーネスト・メイ『歴史の教訓』岩波現代文庫（進藤榮一訳）岩波書店，2004年
・Graham Allison and Morton Halperin, "Bureaucratic Politics: A Paradigm and Some Policy Implications." *World Politics* 24 (1972), supplement: pp. 40-79.
・Peter B. Evans, Harold K. Jacobson, and Robert D. Puttnam. 1993. *Double-Edged Diplomacy*: *International Bargaining and Domestic Politics*. Berkeley: University of California Press.
・Robert Jervis, "Hypotheses on Misperception." *World Politics* 20 (1968): pp.454-479.
・Rovert Jervis, "Cooperation under the Security Dilemma," *World Politics* 30 (1978), pp.379-414.

第 7 章
・岡 義武『国際政治史』岩波書店，1955年
・高坂正堯『古典外交の成熟と崩壊（著作集第 6 巻）』都市出版，2000年

- 山本吉宣・田中明彦『戦争と国際システム』東京大学出版会，1992年
- クラウゼヴィッツ『戦争論』（篠田英雄訳）岩波文庫，1968年
- ゴードン A. クレイグ，アレキサンダー L. ジョージ『軍事力と現代外交』（木村修三訳）有斐閣，1997年
- J. ジョル『ヨーロッパ100年史（上下）』（池田 清訳）みすず書房，1975-76年
- M. ハワード『ヨーロッパ史と戦争』（奥村房夫他訳）学陽書房，1981年

第8章

- ヴィクター・チャ『米日韓反目を超えた提携』（倉田秀也訳）有斐閣，2003年
- 梅本哲也『核兵器と国際政治1945-1995』日本国際問題研究所，1996年
- E. H. カー『両大戦間における国際関係史』（衛藤瀋吉他訳）清水弘文堂，1968年
- 黒沢 満『核軍縮と国際平和』有斐閣，1999年
- 土山實男『安全保障の国際政治学』有斐閣，2004年
- 船橋洋一編『同盟の比較研究』日本評論社，2001年
- B. ラセット『安全保障のジレンマ』（鴨 武彦他訳）有斐閣，1984年
- Zagare, Frank C. 1990. "Rationality and Deterrence." *World Politics* 42: 238-260.

第9章

- I. ウォーラーステイン（川北 稔訳）『近代世界システムⅠ／Ⅱ』岩波書店，2006年
- チャールズ・カプチャン『アメリカ時代の終わり』（坪内 淳訳）日本放送出版協会，2003年
- 藤原帰一『デモクラシーの帝国』岩波新書，2002年
- 古矢 旬『アメリカニズム』東京大学出版会，2002年
- 山本吉宣『「帝国」の国際政治学―冷戦後の国際システムとアメリカ』東信堂，2006年
- Doyle, Michael W., *Empires*. Ithaca, NY: Cornell University Press, 1986.
- Hart, Michael and Antonio Negri, *Empire*. Cambridge, Mass.: Harvard University Press, 2000.

第10章

- E. W. サイード『オリエンタリズム（上下）』（今沢紀子訳）平凡社，1993年
- G. ジョン・アイケンベリー『アフター・ヴィクトリー』（鈴木康雄訳）NTT出版，2004年
- ブルース・ラセット『パクス・デモクラティア　冷戦後世界への原理』（鴨 武彦訳）東京大学出版会，1996年
- Doyle, Michael W., "Kant, Liberal Legacies, and Foreign Affairs," *Philosophy and Public Affairs*, 12-3/12-4 (Summer/ Fall, 1983).
- Edward D. Mansfield and Jack Snyder, "Democratization and the Danger of War." *International Security*. 20 (1995): pp.5-38.

第11章

- B. アンダーソン『想像の共同体（増補）』（白石さや他訳）NTT出版，1997年
- E. ケドゥーリー『ナショナリズム』（小林正之他訳）学文社，2003年
- E. ゲルナー『民族とナショナリズム』（加藤 節訳）岩波書店，2000年
- 月村太郎『ユーゴ内戦』東京大学出版会，2006年
- 日本比較政治学会編『民族共存の条件』早稲田大学出版部，2001年
- 藤原帰一『戦争を記憶する』講談社現代新書，2001年
- E. ホブズボウム編『創られた伝統』（前川啓治他訳）紀伊国屋書店，1992年
- E. ホブズボウム『ナショナリズムの歴史と現在』（浜林正夫他訳）大月書店，2001年

第12章

- ウォルター・ラフィーヴァー『アメリカの時代—戦後史のなかのアメリカ政治と外交』（久保文明他訳）芦書房，1992年
- W. W. ウィリアムズ『アメリカ外交の悲劇』（高橋 章他訳）お茶の水書房，1986年
- 佐々木卓也『封じ込めの形成と変容』三嶺書房，1993年
- ジョン L. ギャディス『ロング・ピース—冷戦史の証言』（五味俊樹他訳）芦書房，2002年
- 細谷雄一『戦後国際秩序とイギリス外交』創文社，2001年

- メアリー・カルドー『新戦争論』(山本武彦他訳) 岩波書店，2003年
- 最上敏樹『人道的介入』岩波書店，2001年
- ルイス・ハレー『歴史としての冷戦』(太田 博訳) サイマル出版会，1970年

第13章

- 大芝 亮『国際組織の政治経済学——冷戦後の国際関係の枠組み』有斐閣，1994年
- 日本比較政治学会編『グローバル化の政治学』早稲田大学出版部，2000年
- 山影 進『対立と共存の国際理論』東京大学出版会，1994年
- 山本吉宣『国際的相互依存』東京大学出版会，1989年
- 鴨 武彦『国際安全保障の構想』岩波書店，1990年

第14章

- 植田隆子『現代ヨーロッパ国際政治』岩波書店，2003年
- W. ウォーレス『西ヨーロッパの変容』(鴨 武彦他訳) 岩波書店，1993年
- 大西健夫・岸上慎太郎編『EU統合の系譜』早稲田大学出版部，1995年
- 佐々木隆生・中村研一編『ヨーロッパ統合の脱神話化』ミネルヴァ書房，1994年
- 田中俊郎『EUの政治』岩波書店，1998年
- 平島健司『EUは国家を超えられるか』岩波書店，2004年
- Katzenstein, Peter J., ed. *Tamed Power: Germany in Europe*. Ithaca, N.Y., Cornell University Press, 1997.

第15章

- 大芝 亮『国際組織の政治経済学』有斐閣，1994年
- R. ギルピン『グローバル資本主義 危機か繁栄か』(古城佳子訳) 東洋経済新報社，2001年
- 古城佳子『経済的相互依存と国家』木鐸社，1996年
- ロバート・コヘイン『覇権後の国際政治経済学』(石黒 馨・小林 誠訳) 晃洋書房，1998年
- 船橋洋一『アジア太平洋フュージョン——APECと日本』中央公論社，1995年

・Stephen Krasner, "State Power and the Structure of International Trade," *World Politics* 28 (1976): 317-47
・Robert O. Keohane, "The Theory of Hegemonic Stability and Changes in International Economic Regimes,: 1967-1977," in his, *International Institutions and State Power: Essays in International Relations Theory*. Boulder: Westview, 1989: 84-86.

【本文のなかで一部を利用した著者（藤原帰一）の論文】
・「アジア冷戦の国際政治構造」東京大学社会科学研究所編『現代日本社会』第7巻，東京大学出版会（1992年）
・「ナショナリズムは二つの顔」『地域紛争を知る本』宝島社（1994年）
・「田舎の冷戦・都会の冷戦」『総合的地域研究』第6号（1994年）
・「主権国家と国民国家」岩波講座『社会科学の方法』第10巻，岩波書店（1994年）
・「国民の崩壊・民族の覚醒―民族紛争の政治的起源」日本比較政治学会編『民族共存の条件』早稲田大学出版部（2001年）
・「世界戦争と世界秩序」東京大学社会科学研究所編『20世紀システム』第1巻，東京大学出版会（1998年）
・「冷戦の終わりかた―合意による平和から力の平和へ」東京大学社会科学研究所編『20世紀システム(6)機能と変容』（東京大学出版会，1998年）
・「ヘゲモニーとネットワーク―国際政治における秩序形成の条件について」東京大学社会科学研究所編『20世紀システム(6)機能と変容』（東京大学出版会，1998年）
・「国際政治体系における帝国の問題―力の分布と政策選択」日本国際政治学会（共通論題）提出論文（2003年10月18日，つくば市）
・「戦争はどう論じられてきたか」大芝亮・藤原帰一・山田哲也編『平和政策』有斐閣，2006年

索　引

配列は五十音順

●あ　行

INF条約 ･････････････････186
IMF ････････････････238, 239
アイゼンハワー ･･････178, 182
アクトン ･････････････････165
アジア太平洋経済協力会議（APEC）
　････････････････････227, 236
ASEAN ･･････214, 223, 227, 236
アダム・スミス ･･･････42, 195
新しい戦争 ･･････････････189
アデナウアー ････････209, 211
アトリー ･････････････････209
アーネスト・メイ ････････82
アパルトヘイト ･･････････67
アフガン戦争 ･････････････111
AFTA ･･････････････227, 236
アーヘンの和約 ･･･････18, 97
アムステルダム条約 ･･････221
アリスティード・ブリアン
　→ブリアン
アリソン ････････78, 79, 80, 82
アルザス・ロレーヌ地方 ･･94, 161
アレクサンドル一世 ･･････100
アレクシス・ド・トックビル
　→トックビル
アンシュルス ･････････････82
安全保障のジレンマ ･････76, 77
国連安全保障理事会→国連安保理
アントニオ・ネグリ ･･････129
アンドレ・グンダー・フランク
　→フランク
アンドロポフ ････････185, 186
EEC ･････････････････････213
E. H. カー ････････････････48

EC ････････････････214, 219
ECSC ･･････････････211, 213
イスパニア継承戦争 ････90, 96, 97
一方的抑止 ･･････････････107
イボ族 ･･･････････････････161
イマニュエル・ウォーラーステイン
　･･････････････････････127
イメージ ･････････････････81
EU ･･･193, 194, 207, 208, 214, 219, 220,
　221, 222, 223, 228, 236
イラク戦争 ･････････････79, 153
イラン・イラク戦争 ･･････84
インクレメンタリズム ････64
ヴァレンシュタイン ･･････15
ヴァンデンバーグ決議 ････180
ヴィクトール・ユゴー ････208
ウィリアム・ウィリアムズ ･･177
ウィリアム・ペン→ペン
ウィルソン ･･････131, 146, 149, 169,
　170, 186
ヴィルヘルム二世 ･･････93, 141
ウィンウィン（win-win） ････71, 86
ウィーン会議 ･･･････････99, 100
ウィーン議定書 ･･････････100
ウィンストン・チャーチル
　→チャーチル
ウィンセット（win-set） ････85, 86
ウィーン体制 ･･･97, 99, 101, 102, 105,
　112, 113, 120, 176
ウェストファリア会議 ････99
ウェストファリア条約 ･････13, 16, 18,
　96, 158
ウェストファリア体制 ････176
ウェーバー ･･･････37, 39, 124, 167

ウェリントン公 ･････････････102
ウォーラーステイン ･････127, 128
ウォルター・ラフィーバー ････177
ウォルツ ･･･････････････45, 93
ウルグアイ・ラウンド ････219, 227, 235
UNTACK ･･･････････････227
『永遠平和のために』･････････148
英独建艦競争 ････････････102
英仏協商 ･･････････････113
英仏植民地戦争 ････････････96
APEC ･････････････････227
英露協商 ･･････････････113
SADC ･･････････････214, 223
エスニックグループ ･････160, 169
NGO ･･････････････････197
ABM ･･････････････109, 119
エリツィン ･････････････187
エリック・ホブズボーム ･･････163
OECD ･･････････････143, 145
欧州委員会 ･･････････220, 221, 222
欧州議会 ･･････････220, 221, 222
欧州協調 ･･････････････101
欧州共同体→EC
欧州経済共同体→EEC
欧州原子力共同体→EURATOM
欧州連合→EU
オーストリア継承戦争 ･･･････96
オスマン・トルコ ･･････････101

● か 行

海上封鎖 ･･････････････67, 68
介入のジレンマ ･･････････133, 134
拡大抑止 ･･････････････110
核の傘 ･･････････････110
核不拡散条約（NPT）･･･････203
閣僚理事会 ･･････213, 220, 221, 222
家産官僚 ･･････････････24
家産官僚制 ････････････38

カスルリー ････････････100
カーゾン線 ････････････179
カーター ･････････････184
GATT ････････････226, 235
家父長的支配 ･･････････38
カルボナリの反乱 ･････････101
カール・マルクス→マルクス
カレルギー ･･･････209, 210, 214
関税と貿易に関する一般協定→GATT
カント ･････28, 29, 30, 32, 42, 148, 149
カンボジア暫定統治機構→UNTAC ････････････････227
危機 ･･･････････････63
危機管理 ････････････77, 78
危機管理型政策決定 ･･･････63
キケロ ･･･････････････123
北大西洋条約機構 ･･････112, 180
北ドイツ連邦 ･･･････････94
キッシンジャー ････119, 120, 184, 198
キッシンジャー外交 ･････119, 120
ギャディス ･･････105, 106, 111, 178
キューバ危機 ･････67, 68, 78, 111, 183
共通関税制度 ･･････････220
京都議定書 ････････････198
協力者 ･････････････134
協力者のジレンマ ･･･････133, 134
均衡モデル ････････････93
『近代世界システム』･････････127
金日成 ･･････････････181
グスタフ・アドルフ ･･････････15
グーデンホーフ・カレルギー
　→カレルギー
クリミア戦争 ･･････101, 102, 145
グリム兄弟 ･･････････159, 163
クリントン ････････････203
グレアム・アリソン→アリソン
クレマンソー ･････････146
グロティウス ･･････････25, 26, 32

グローバリゼーション ……240, 241, 243
軍縮 ………………………………70
軍備管理 …………………………70
経済制裁 ………………………66, 67
経済的リベラリズム …………42, 43
ゲオルグ・イエリネック ………35
結合の多元性 …………………196
『決定の本質』 …………………78
ケナン ……………………180, 181
ケネス・ウォルツ→ウォルツ
ケネディ …………………………68
ケネディ・ラウンド …………235
ゲームの理論 ……………………72
現実主義→リアリズム
現状維持 …………………………90
『権力と相互依存』 ……………195
権力の一元性仮定 ………………55
権力の多元性仮定 ………………56
権力のトレードオフ ……………57
権力非代替性 ……………………56
黄禍論 …………………………142
公共財 …………………………231
公共ルールの形成 ……………203
攻撃的リアリズム ………………95
攻守同盟 …………………112, 113
交渉反復の可能性 ………………72
好戦国家 …………107, 108, 110
合理的行為者（決定者）モデル …78
国益 ………………………………34
国際環境計画（UNEP） ………201
国際危機 …………………………77
『国際政治の理論』 ……………93
国際体制 ……193, 194, 226, 227, 231, 233, 234
国際通貨基金→IMF
国際汎ヨーロッパ会議 ………209
『国際政治における認知と誤謬』…81
『国富論』 ………………………195

国民国家 ……123, 129, 154, 158, 162, 164, 167, 168, 170
国民統合 ………………………164
国民文化 ………………………163
国連安保理 …………225, 227, 229
国連開発計画 …………………144
国連総会 ………………………229
国連貿易開発会議 ……………144
五国同盟 ……………100, 106, 113
ゴジンジェム …………………135
国家安全保障会議文書68号 …181
国家主権 …………………………16
国家承認 …………………………69
国家理性 …………………………34
『国家論』 ………………………24
国交断絶 …………………………69
コヘイン …195, 196, 198, 200, 231, 233
コミットメント ………110, 112, 132
孤立主義 …………………133, 145
ゴルバチョフ ………70, 185, 186, 187
コンディショナリティー …222, 239, 240

●さ 行
最悪事態原理 ……………………76
サイバネティックス理論 ………82
再保障条約 ………………………94
サッチャー ……69, 84, 186, 219, 241
サミット …………143, 145, 197
サラエボ事件 …………………116
三国協商 …………………113, 116
三国同盟 …………………………94
サン＝シモン …………………208
三十年戦争 ……13, 15, 26, 90, 96, 98, 113, 122, 158, 176, 188, 207
三帝同盟 …………………………94
サンディニスタ政権 …………185
サン＝ピエール …………208, 209
サンフランシスコ体制 ………176

ジェレミー・ベンサム→ベンサム
シグナル ……………………110, 115
自己充足予言 ………………………76
G7 …………………………227, 238
七月革命 …………………………101
七月危機 …………………………117
G5 ………………………………238
資本主義 …………………………124
『資本主義の最高の段階としての帝国主義』……………………………124
市民社会 …………………………165
『市民政府二論』……………………40
ジャーヴィス ……………81, 82, 84
『社会契約論』………………………40
ジャック・ドロール→ドロール
ジャン=ジャック・ルソー ………40
ジャン・モネ ……………………211
自由主義的ナショナリズム ‥166, 168
自由貿易協定 ………………………70
宗教戦争 …………………………96
囚人のジレンマ ……………………72
修正主義学派 ………………177, 178
従属理論 ……………………127, 128
周辺 ………………………………128
主権 …………………………………35
シュトレーゼマン …………209, 210
ジュネーブ四巨頭会談 ……182, 183
シュペングラー …………………208
シューマン …………………210, 211
シューマン・プラン ……………211
シューリー ………………………208
シュリーフェン・プラン ………117
シュンペーター …………………125
情報 …………………………61, 63
ジョージ・ケナン→ケナン
ジョージ・W・ブッシュ ………137
ジョセフ・ナイ→ナイ
ジョルジュ・ソレル→ソレル
ジョン・ステュワート・ミル ……42, 149, 208
ジョン・ルイス・ギャディス
　→ギャディス
ジョン・ロック ……………………40
シラー ………………………………16
新アシェンダ連合（NAC）………203
新機能主義 ………………………214
新思考外交 ………………………186
神聖同盟 ……………………100, 113
神聖ローマ帝国 ……………………13
スイス ………………………160, 161
スカルノ ……………………142, 183
スコットランド啓蒙学派 ……27, 42
スコットランド国民党 …………162
スタインブルーナー ………………82
スタグフレーション ……………218
スターリン ……69, 84, 179, 180, 181, 182
スターリン批判演説 ……………182
スタンリー・ホフマン→ホフマン
スパイラル・モデル ……………117
スピネッリ ………………………212
スピノザ ……………………24, 26
清教徒革命 …………………………96
政策決定論 …………………………78
政治的共同体 ……………………161
政治的リベラリズム ………42, 43
正統主義 ……………………99, 100
正統派史学 ………………………178
政府開発援助 ………………………70
政府内政治（官僚政治）モデル‥78, 79
セオドア・ルーズベルト
　→ルーズベルト
世界システム論 ……………127, 128
世界戦争 ……………………175, 176
世界貿易機構→WTO
絶対利得 ……………………………58
瀬戸際政策 …………………67, 68
ゼロサム仮定 ………………………55
ゼロサム・ゲーム …………76, 77

ゼロサム状況 ･････････････････71
先進国首脳会議→サミット
戦争 ･･････････････12, 18, 66, 68
戦争拡大のジレンマ ･･････133, 135
『戦争と平和の法』･･････････････25
『戦争の研究』････････････････････93
1848年諸革命 ･････････････99, 102
専門技術的政策決定 ･････････････63
相互依存 ･･････191, 193, 194, 204, 205
相互依存論 ･･･････････････････199
相互確証破壊 ････････････････107
相互抑止 ･･････107, 110, 111, 115, 183
『想像の共同体』･･････････････164
相対利得 ･･･････････････････････58
争点序列 ･･･････････････････197
争点領域 ････････････････････56
総力戦 ･･･････････････････････176
組織過程モデル ･･････････････････78
ソフトパワー ････････････59, 200, 203
ソレル ･･･････････････････31, 32

●た 行
第一次核兵器制限条約（SALTI）･･197
第一次石油危機 ･･････････････197
第一次戦略兵器制限条約 ･･･････70
第一次ベルリン封鎖 ･････････180
対テロ戦争 ･･････････････････137
WTO ･･･････････227, 228, 235, 236
ダマンスキー島事件 ･････････113
ダラディエ ･･････････････････82
ダレス ････････････････178, 182, 213
単一欧州議定書 ･･････････216, 221
単独行動主義 ･･････････････137, 152
地域機構 ･･････････････････193, 214
地域主義 ････････････････････210, 214
地域統合 ････････････････････193, 214
チェイニー副大統領 ･･･････80, 81
チェ・ゲバラ ･･････････････････32
チェルネンコ ･････････････････185

チェンバレン ･･････････････68, 83
力の均衡 ･･････89, 90, 92, 95, 102, 107,
　　　　108, 111, 137, 148, 149, 191, 199
力の分布 ･･･････････････････130
チャーチル ･･････････････69, 83, 180
チャールズ・リンドブロム ･････64
中枢 ･･･････････････････････128
中ソ対立 ･･･････････････････183
中ソ友好同盟条約 ･･････････106, 113
朝鮮戦争 ･･････････111, 118, 181, 213
創られた伝統 ･････････････････163
２レベルゲーム ･････････････85, 87
帝国 ･･･････････122, 128, 131, 133, 137
『帝国』････････････････････････129
帝国主義論 ･･････････････123, 127, 141
『帝国主義論』･･･････････････124
ディズレーリ ･･････････････････94
デカブリストの反乱 ･････････101
手探り型政策決定 ･･･････････63, 64
デタント ･･･････････････････120
鉄のカーテン演説 ･･･････････180
デビッド・ヒューム→ヒューム
デモクラティック・ピース ･････148
電撃戦 ･･･････････････････････53
ドイツ統一 ･･･････････････････187
ドイル ･･･････････････････148, 150
東京ラウンド ･････････････････235
東西冷戦→冷戦
東南アジア自由貿易連合（AFTA）
　　　　････････････････････････････227
東南アジア諸国機構→ASEAN
東方拡大 ･････････････････････222
同盟 ･･････････････････････････111
同盟の固定化 ････････････････115
特定多数決 ･･･････････････････219
特別引出権（SDR）･･･････････238
ドゴール ･･････････････209, 211, 215
トックビル ･･････････････151, 152
ドブルイニン ･･････････････68, 185

トーマス・ベーリー ………… 177
トマス・ホッブズ→ホッブズ ……23
トランスナショナル・リレーションズ
　………………………… 197
取引コストの低減 …………… 203
トルーマン ………………………83
トルーマン・ドクトリン ……177, 180
泥沼 …………………………… 135
ドロール …………… 216, 219, 221

●な　行
ナイ …………… 195, 198, 200, 203
長い平和 ……………… 105, 111
ナショナリズム …… 159, 163, 164, 165, 167, 171, 174
NATO …… 106, 112, 114, 130, 131, 143, 187, 212
七年戦争 ……… 42, 96, 97, 98, 145
ナポレオン ………………………98
ナポレオン戦争 … 90, 97, 99, 113, 145, 176
ナポレオン帝国 ……………… 131
南部アフリカ開発共同体（SADC）
　………………………… 214
南米共同市場→メルコスール …… 227
二月革命 ……………………… 101
ニクソン …………… 119, 184, 218
ニクソン・ショック …………… 238
ニクソン訪中 ………………… 119
西ドイツ再軍備 ……………… 213
二重の封じ込め ……………… 212
ニース条約 …………………… 221
日米安全保障条約 …… 112, 130, 131
日米安保条約→日米安全保障条約
認知枠組 …………………………81
ネガティヴ・リンケージ ………72
ネーション …………… 160, 165
ネーデルラント戦争 ……………96
ネビル・チェンバレン …………82

ノンゼロサム状況 …………58, 71

●は　行
ハイ・ポリティクス ………… 216
波及理論 …………… 215, 216, 220
覇権安定論 … 226, 231, 232, 233, 234, 237, 238
覇権国家 ……………… 231, 232
ハース ………………………… 215
バスケット通貨（ECU） ……… 219
パーセンテージ協定 ……………69
『パックス・デモクラティア』 …… 148
バッテル ……………………26, 32
パトナム …………………………86
ハプスブルク ……………………96
ハプスブルク朝 ……………… 122
ハプスブルク帝国 …………96, 98
パリ条約 ………………… 18, 97
パリ和平会議 ………………… 170
パレート効率性 ……………… 230
ハンガリー動乱 ……………… 183
ハンス・モーゲンソー ……………48
バンドワゴン …… 92, 93, 94, 102, 114, 121, 130, 131
非公式帝国 …………………… 132
ビスマルク ………… 93, 94, 113, 141
ビスマルク外交 ……………… 120
非政府組織 …………………… 197
ヒトラー ………………… 68, 82, 83
ビトリア …………………………26
ヒューム ……………………27, 30
ビリヤード・モデル ……………36
ファショダ事件 ……………68, 113
ファッショダ事件 …………… 141
ファノン ……………………31, 32
封じ込め ………………… 181, 182
フェルディナント二世 ……………15
普墺戦争 …………………………94
不均衡モデル ……………………93

索　引　**263**

複合的相互依存 ‥‥195, 198, 200, 204
フーゴー・グロティウス
　→グロティウス
フセイン ‥‥‥‥‥‥‥‥‥‥‥79
フセイン政権 ‥‥‥‥‥‥‥‥153
ブッシュ ‥‥‥‥‥‥‥80, 84, 187
部分核停 ‥‥‥‥‥‥‥‥‥‥68
ブライアン ‥‥‥‥‥‥‥‥‥146
プラザ合意 ‥‥‥‥‥‥‥‥‥238
フランク ‥‥‥‥‥‥‥‥127, 128
フランス革命 ‥‥‥40, 43, 44, 98, 99
フランツ・ファノン→ファノン
ブリアン ‥‥‥‥‥‥209, 210, 214
ブリュッセル条約 ‥‥‥‥213, 215
フリーライダー ‥‥‥‥‥232, 237
フリーライド ‥‥‥‥‥‥‥‥235
ブルガーニン ‥‥‥‥‥‥‥‥182
フルシチョフ ‥‥‥‥‥‥182, 183
ブルース・カミングス ‥‥‥‥178
ブルース・ラセット→ラセット
ブレジネフ ‥‥‥‥‥184, 185, 186
ブレトンウッズ体制 ‥‥226, 238, 241
プロイセン ‥‥‥‥93, 94, 96, 98, 99
フロンドの乱 ‥‥‥‥‥‥‥‥96
文化的共同体 ‥‥‥‥‥‥‥‥161
米韓相互防衛条約 ‥‥‥‥112, 131
米ソ冷戦→冷戦 ‥‥‥‥‥‥‥171
米中接近 ‥‥‥‥‥‥‥‥73, 118
米比相互防衛条約 ‥‥‥‥‥‥112
兵力引き離し ‥‥‥‥‥‥‥‥70
平和共存 ‥‥‥‥‥‥‥‥‥‥183
ベトナム戦争 ‥‥‥111, 119, 130, 173,
　　178, 184
ベートマン・ホルヴェーク ‥83, 109
ヘドレー・ブル ‥‥‥‥‥‥‥21
ベネディクト・アンダーソン ‥‥164
ベルギー ‥‥‥‥‥‥‥‥‥‥160
ベルサイユ体制 ‥‥‥‥‥‥‥176
ベルリン会議 ‥‥‥‥‥‥‥‥94

ベルリンの壁 ‥‥‥‥‥‥183, 187
ペン ‥‥‥‥‥‥‥‥‥‥‥‥28
ベンサム ‥‥‥‥‥‥29, 30, 32, 42
ヘンリー・キッシンジャー
　→キッシンジャー
防衛線 ‥‥‥‥‥‥‥‥‥‥‥136
貿易自由化 ‥‥‥‥‥‥‥‥‥61
防御的リアリズム ‥‥‥‥‥‥95
ポジティヴ・リンケージ ‥‥72, 73
ボーダン ‥‥‥‥‥‥‥‥‥‥35
ホッブズ ‥‥‥‥‥‥23, 24, 26, 32
ポディエブラト ‥‥‥‥‥208, 209
ホブソン ‥‥‥‥‥‥124, 125, 128
ホフマン ‥‥‥‥‥‥‥‥216, 220
ポーランド継承戦争 ‥‥‥‥‥96
ポンピドー ‥‥‥‥‥‥‥‥‥209

●ま　行

マイケル・ドイル→ドイル
マイケル・ハート ‥‥‥‥‥‥129
マキャベリ ‥‥‥‥‥‥‥‥38, 98
マーシャルプラン ‥‥‥‥177, 180
マーストリヒト条約 ‥‥219, 220, 221
マックス・ウェーバー
　→ウェーバー ‥‥‥‥37, 124, 167
マッツィーニ ‥‥‥‥‥‥‥‥165
マハン ‥‥‥‥‥‥‥‥‥‥‥51
マラソン危機 ‥‥‥‥‥‥215, 216
マルクス ‥‥‥‥‥‥‥‥‥30, 31
マルタ米ソ首脳会談 ‥‥‥‥‥187
マルティン・ルター ‥‥‥‥‥14
マレンコフ ‥‥‥‥‥‥‥‥‥182
マンチェスター学派 ‥‥‥‥42, 195
ミサイル・ギャップ論争 ‥‥‥183
ミュンヘン会議 ‥‥‥‥‥‥‥68
ミュンヘン協定 ‥‥‥‥‥‥82, 83
ミュンヘンの教訓 ‥‥82, 83, 84, 146
ミル→ジョン・ステュワート・ミル
民主主義の赤字 ‥‥‥‥‥‥‥222

民族自決······132, 161, 166, 167, 168, 169, 170
無政府状態············11, 17, 229
ムッソリーニ·················82
メアリー・カルドー···········188
名誉革命····················96
メッテルニヒ············99, 120
メルコスール······223, 227, 236
毛沢東····················181
モスクワ条約···············188
モロ族····················161
モントリオール議定書········201

●や 行
ヤルタ会談················179
宥和政策···················68
雪どけ···············182, 183
ユーゴ内戦················173
ユトレヒト条約·······18, 90, 97
EURATOM················213
ユーロ···········208, 220, 222
抑止············106, 107, 111, 115
抑止戦略··············107, 199
ヨーロッパ石炭鉄鋼共同体→ECSC
ヨーロッパ通貨制度（EMS）······218
ヨーロッパ連合→EU
四国同盟··············100, 113

●ら 行
ラインラント···············211
ラセット··········148, 149, 150
リアリズム···27, 33, 48, 192, 193, 199, 200, 204, 228, 229, 234
利益の相反性···············71
リチャード・ルボウ···········63
リベラリズム··········42, 43, 193
ルイ14世··················96
ルイス・J・ハレー···········177
ルイ・ブラン···············101

ルクセンブルク合意·······216, 219
ルーズベルト···83, 131, 142, 146, 179, 180, 234
ルソー····················208
ルーブル合意···············238
ルボウ·····················68
ルール・ザール地方··········211
ルンデスタッド·············130
レイキャビク米ソ首脳会談······186
冷戦······171, 172, 177, 178, 179, 182, 183, 192, 211, 221, 225, 227, 228
レイモン・アロン·············48
『レヴァイアサン』············23
レーガン·········185, 186, 219, 241
歴史主義的ナショナリズム··166, 168
レーニン············124, 125, 141
ロイド・ジョージ·········83, 146
ロカルノ条約··········209, 210
ロシア遠征··················98
ロナルド・レーガン→レーガン
ロバート・アクセルロッド········72
ロバート・コヘイン··········195
ロバート・ジャーヴィス
　→ジャーヴィス
ロバート・ダール············49
ロバート・パトナム··········85
露仏協商··················113
ロベール・シューマン
　→シューマン
ロー・ポリティクス··········216
ローマ条約············213, 219
ローマ帝国················122
ロマノフ朝················122

●わ 行
ワーテルローの戦い··········100
ワルシャワ条約機構··········106
湾岸戦争·············173, 187

著者紹介

藤原　帰一（ふじわら・きいち）

1956年	東京都に生まれる
1984年	東京大学大学院法学政治学研究科博士課程中退
1984年	東京大学社会科学研究所助手
1988年	千葉大学助教授
1992年	東京大学社会科学研究所助教授
現在	東京大学法学政治学研究科教授
専攻	国際政治・比較政治・東南アジア政治
主な著書	『戦争を記憶する』（講談社）
	『デモクラシーの帝国』（岩波書店）
	『平和のリアリズム』（岩波書店）
	『「正しい戦争」は本当にあるのか』（ロッキング・オン）
	『映画のなかのアメリカ』（朝日新聞社）
	『これは映画だ！』（朝日新聞出版）
	『戦争の条件』（集英社）
	『平和政策』（有斐閣）（大芝 亮・山田哲也と共編）
	『不安の正体！』（筑摩書房）（金子 勝・宮台真司・A.デウィットと共著）
	『「イラク戦争」検証と展望』（岩波書店）（寺島実郎・小杉 泰と共編）
	『テロ後』（岩波書店）（編著）
	『東アジアで生きよう！』（岩波書店）（金子 勝・山口二郎と共編）
	『グローバル化した中国はどうなるか』（新書館）（国分良成・林 振江と共編）

放送大学大学院教材	**国際政治**
8910324-1-0711(テレビ)	

発　行●2007年4月1日　第1刷
　　　　2019年2月20日　第11刷

発　行　所●一般財団法人　放送大学教育振興会
　　　　　〒105-0001　東京都港区虎ノ門1-14-1
　　　　　　　　　　郵政福祉琴平ビル
　　　　　電話　東京　03(3502)2750

著　者●藤原　帰一

市販用は放送大学大学院教材と同じ内容です。定価はカバーに表示してあります。
落丁本・乱丁本はお取り替えいたします。Printed in Japan

ISBN978-4-595-13504-0　C1331